国家卫生健康委员会"十四五"规划教材
全国中医药高职高专教育教材

U0726016

供中医学、中药学、针灸推拿学等专业用

# 中医药高职高专教育课程思政案例

**主　　编**　邓　山

**副 主 编**　孙　晓　李　莹　马玉美　李文辉

**编　　委**（按姓氏笔画排序）

马玉美（保山中医药高等专科学校）

马涵英（首都医科大学）

王益兰（长沙卫生职业学院）

邓　山（遵义医药高等专科学校）

刘　琳（济南护理职业学院）

孙　晓（山东药品食品职业学院）

李　莹（湖南中医药高等专科学校）

李文辉（重庆三峡医药高等专科学校）

狄婷婷（承德护理职业学院）

张　颖（承德护理职业学院）

范　姝（江西中医药高等专科学校）

胡荟婕（广东江门中医药职业学院）

胡钰颖（肇庆医学院）

姜喜梅（山东中医药高等专科学校）

袁　轩（遵义医药高等专科学校）

郭笑雨（重庆医科大学）

**编写秘书**　胡钰颖（肇庆医学院）（兼）

人民卫生出版社
·北　京·

**图书在版编目（CIP）数据**

中医药高职高专教育课程思政案例 / 邓山主编 .
北京：人民卫生出版社，2025. 7. -- ISBN 978-7-117
-38282-3

　Ⅰ. G711

中国国家版本馆 CIP 数据核字第 20254M1G31 号

| | | |
|---|---|---|
| 人卫智网 | www.ipmph.com | 医学教育、学术、考试、健康，购书智慧智能综合服务平台 |
| 人卫官网 | www.pmph.com | 人卫官方资讯发布平台 |

**中医药高职高专教育课程思政案例**

Zhongyiyao Gaozhi Gaozhuan Jiaoyu Kechengsizheng Anli

主　　编：邓　山
出版发行：人民卫生出版社（中继线 010-59780011）
地　　址：北京市朝阳区潘家园南里 19 号
邮　　编：100021
E - mail：pmph @ pmph.com
购书热线：010-59787592　010-59787584　010-65264830
印　　刷：人卫印务（北京）有限公司
经　　销：新华书店
开　　本：850 × 1168　1/16　　印张：9.5
字　　数：268 千字
版　　次：2025 年 7 月第 1 版
印　　次：2025 年 7 月第 1 次印刷
标准书号：ISBN 978-7-117-38282-3
定　　价：49.00 元

打击盗版举报电话：**010-59787491**　**E-mail: WQ @ pmph.com**
质量问题联系电话：**010-59787234**　**E-mail: zhiliang @ pmph.com**
数字融合服务电话：**4001118166**　**E-mail: zengzhi @ pmph.com**

# 《中医药高职高专教育课程思政案例》
# 数字增值服务编委会

# 修订说明

为了做好新一轮中医药职业教育教材建设工作,贯彻落实党的二十大精神和《中医药发展战略规划纲要(2016—2030年)》《教育部 国家卫生健康委 国家中医药管理局关于深化医教协同进一步推动中医药教育改革与高质量发展的实施意见》《教育部等八部门关于加快构建高校思想政治工作体系的意见》《职业教育提质培优行动计划(2020—2023年)》《职业院校教材管理办法》的要求,适应当前我国中医药职业教育教学改革发展的形势与中医药健康服务技术技能人才培养的需要,人民卫生出版社在教育部、国家卫生健康委员会、国家中医药管理局的领导下,组织和规划了第五轮全国中医药高职高专教育教材、国家卫生健康委员会"十四五"规划教材的编写和修订工作。

为做好第五轮教材的出版工作,我们成立了第五届全国中医药高职高专教育教材建设指导委员会和各专业教材评审委员会,以指导和组织教材的编写与评审工作;按照公开、公平、公正的原则,在全国1 800余位专家和学者申报的基础上,经中医药高职高专教育教材建设指导委员会审定批准,聘任了教材主编、副主编和编委;确立了本轮教材的指导思想和编写要求,全面修订全国中医药高职高专教育第四轮规划教材,即中医学、中药学、针灸推拿、护理、医疗美容技术、康复治疗技术6个专业共89种教材。

党的二十大报告指出,统筹职业教育、高等教育、继续教育协同创新,推进职普融通、产教融合、科教融汇,优化职业教育类型定位,再次明确了职业教育的发展方向。在二十大精神指引下,我们明确了教材修订编写的指导思想和基本原则,并及时推出了本轮教材。

**第五轮全国中医药高职高专教育教材具有以下特色:**

**1. 立德树人,课程思政** 教材以习近平新时代中国特色社会主义思想为引领,坚守"为党育人、为国育才"的初心和使命,培根铸魂、启智增慧,深化"三全育人"综合改革,落实"五育并举"的要求,充分发挥思想政治理论课立德树人的关键作用。根据不同专业人才培养特点和专业能力素质要求,科学合理地设计思政教育内容。教材中有机融入中医药文化元素和思想政治教育元素,形成专业课教学与思政理论教育、课程思政与专业思政紧密结合的教材建设格局。

**2. 传承创新,突出特色** 教材建设遵循中医药发展规律,传承精华,守正创新。本套教材是在中西医结合、中西药并用抗击新型冠状病毒感染疫情取得决定性胜利的时候,党的二十大报告指出促进中医药传承创新发展要求的背景下启动编写的,所以本套教材充分体现了中医药特色,将中医药领域成熟的新理论、新知识、新技术、新成果根据需要吸收到教材中来,在传承的基础上发展,在守正的基础上创新。

**3. 目标明确,注重三基** 教材的深度和广度符合各专业培养目标的要求和特定学制、特定对象、特定层次的培养目标,力求体现"专科特色、技能特点、时代特征",强调各教材编写大纲一定要符合高职高专相关专业的培养目标与要求,注重基本理论、基本知识和基本技能的培养和全面素质的提高。

**4.能力为先,需求为本**　教材编写以学生为中心,一方面提高学生的岗位适应能力,培养发展型、复合型、创新型技术技能人才;另一方面,培养支撑学生发展、适应时代需求的认知能力、合作能力、创新能力和职业能力,使学生得到全面、可持续发展。同时,以职业技能的培养为根本,满足岗位需要、学教需要、社会需要。

**5.规划科学,详略得当**　全套教材严格界定职业教育教材与本科教育教材、毕业后教育教材的知识范畴,严格把握教材内容的深度、广度和侧重点,既体现职业性,又体现其高等教育性,突出应用型、技能型教育内容。基础课教材内容服务于专业课教材,以"必需、够用"为原则,强调基本技能的培养;专业课教材紧密围绕专业培养目标的需要进行选材。

**6.强调实用,避免脱节**　教材贯彻现代职业教育理念,体现"以就业为导向,以能力为本位,以职业素养为核心"的职业教育理念。突出技能培养,提倡"做中学、学中做"的"理实一体化"思想,突出应用型、技能型教育内容。避免理论与实际脱节、教育与实践脱节、人才培养与社会需求脱节的倾向。

**7.针对岗位,学考结合**　本套教材编写按照职业教育培养目标,将国家职业技能的相关标准和要求融入教材中,充分考虑学生考取相关职业资格证书、岗位证书的需要。与职业岗位证书相关的教材,其内容和实训项目的选取涵盖相关的考试内容,做到学考结合、教考融合,体现了职业教育的特点。

**8.纸数融合,坚持创新**　新版教材进一步丰富了纸质教材和数字增值服务融合的教材服务体系。书中设有自主学习二维码,通过扫码,学生可对本套教材的数字增值服务内容进行自主学习,实现与教学要求匹配、与岗位需求对接、与执业考试接轨,打造优质、生动、立体的学习内容。教材编写充分体现与时代融合、与现代科技融合、与西医学融合的特色和理念,适度增加新进展、新技术、新方法,充分培养学生的探索精神、创新精神、人文素养;同时,将移动互联、网络增值、慕课、翻转课堂等新的教学理念、教学技术和学习方式融入教材建设之中,开发多媒体教材、数字教材等新媒体形式教材。

人民卫生出版社成立70年来,构建了中国特色的教材建设机制和模式,其规范的出版流程,成熟的出版经验和优良传统在本轮修订中得到了很好的传承。我们在中医药高职高专教育教材建设指导委员会和各专业教材评审委员会指导下,通过召开调研会议、论证会议、主编人会议、编写会议、审定稿会议等,确保了教材的科学性、先进性和适用性。参编本套教材的1 000余位专家来自全国50余所院校,希望在大家的共同努力下,本套教材能够担当全面推进中医药高职高专教育教材建设,切实服务于提升中医药教育质量、服务于中医药卫生人才培养的使命。谨此,向有关单位和个人表示衷心的感谢!为了保持教材内容的先进性,在本版教材使用过程中,我们力争做到教材纸质版内容不断勘误,数字内容与时俱进,实时更新。希望各院校在教材使用中及时提出宝贵意见或建议,以便不断修订和完善,为下一轮教材的修订工作奠定坚实的基础。

人民卫生出版社有限公司

2023 年 4 月

# 前　言

习近平总书记指出："要从党和国家事业发展全局的高度，坚守为党育人、为国育才，把立德树人融入思想道德教育、文化知识教育、社会实践教育各环节。""各门课都要守好一段渠、种好责任田，使各类课程与思想政治理论课同向同行，形成协同效应。"因此，建设高水平人才培养体系，必须抓好课程思政建设，将价值塑造、知识传授和能力培养融为一体，培养德智体美劳全面发展的高素质技术技能人才。

中医药作为中华文明的杰出代表，是中国各族人民在几千年生产生活实践和与疾病斗争过程中逐步形成并不断丰富发展的医学科学，不仅为中华民族繁荣昌盛做出了卓越贡献，也对世界文明进步产生了积极影响。党和政府高度重视中医药工作，特别是党的十八大以来，以习近平同志为核心的党中央把中医药工作摆在更加突出的位置，中医药传承创新发展取得显著成绩。习近平总书记指出："中医药学是中国古代科学的瑰宝，也是打开中华文明宝库的钥匙。当前，中医药振兴发展迎来天时、地利、人和的大好时机，希望广大中医药工作者增强民族自信，勇攀医学高峰，深入发掘中医药宝库中的精华，充分发挥中医药的独特优势。"

课程思政是基于"三全育人"理念，是寓价值观引导于知识传授和能力培养之中，帮助学生塑造正确世界观、人生观、价值观的一种教育理念。教育部印发的《高等学校课程思政建设指导纲要》强调："把思想政治教育贯穿人才培养体系，全面推进高校课程思政建设，发挥好每门课程的育人作用，提高高校人才培养质量。""医学类专业课程，要在课程教学中注重加强医德医风教育，着力培养学生'敬佑生命、救死扶伤、甘于奉献、大爱无疆'的医者精神，注重加强医者仁心教育，在培养精湛医术的同时，教育引导学生始终把人民群众生命安全和身体健康放在首位，尊重患者，善于沟通，提升综合素养和人文修养，提升依法应对重大突发公共卫生事件能力，做党和人民信赖的好医生。"

中医药教育是我国医学教育的重要组成部分，医学院校承担着培养高素质技术技能人才和中医药事业接班人的社会责任，同时也肩负着中华优秀传统文化传承发展和创新的历史使命，在医学院校中医药类专业推进课程思政建设，意义重大。为了助力提升中医药类课程的思政育人效果，促进中医药类专业学生树立崇高的理想信念和高尚的医者精神，具备良好的职业道德和优秀的个人品格，我们组织编写了这本《中医药高职高专教育课程思政案例》。

《中医药高职高专教育课程思政案例》深入提炼中医药知识背后的核心价值、思维方式与人文精神，如"道法自然""天人合一"的哲学思想、"辨证论治""执中致和"的思维方式、"医乃仁术""大医精诚"的医德医风、"以人为本""悲天悯人"的人文修养、"悬壶济世""大医医国"的家国情怀、"未病先防""既病防变"的健康理念等；同时挖掘中医药知识宝库中的优秀文化、典籍精华，仁德之心、仁术之能、仁人之行，红医精神、创新精神、工匠精神，爱国、敬业、诚信、友善等课程思政元素。师生在课堂教学、临床实践过程中，将这些课程思政元素有机融入教学和学习活动之中,通过春风化雨、润物无声,实现以文化人、以德育人,从而不断提高思想水平、政治觉悟、道德品质、文化素养,成为社会主义核心价值观的坚定信仰者、积极传播者、模范践行者,成为德才兼备、德技双馨的高素质中医药事业建设者和接班人。

《中医药高职高专教育课程思政案例》系首次编写,不当之处在所难免,敬请广大读者批评指正。

编者

2023 年 3 月

# 目 录

## 上篇　中医药文化篇

## 下篇　社会主义核心价值观篇

# 上篇  中医药文化篇

# 第一章　中医药的起源

ER-1-1

## 学习目标

通过学习中医药的起源，学生能够认识到中医药起源于人类与疾病进行斗争的社会实践。教师应教导学生尊重生命、敬畏生命、爱护生命，树立学生学习中医药的自信心和自豪感，培养学生甘于奉献、勤于实践、勇于创新、开拓进取、精诚致业、善于总结的精神。

## 案例导读

人类的生产活动是最基本的实践活动，是决定其他一切活动的基础。人的认识，也是通过物质的生产活动，逐渐地了解自然的现象、自然的性质、自然的规律性、人和自然关系的一种活动。医学知识是人们对疾病的过程和对其治疗方法的认识，中医药学起源于人类的生产、生活实践。中医药作为中华民族的文化瑰宝，有数千年的历史，是中华民族灿烂文化的重要组成部分，为中华民族的繁衍生息、繁荣昌盛做出了巨大的贡献，不仅是中国的骄傲，也对世界文明的发展做出了重要的贡献。

中医学理论体系形成于先秦至两汉时期。中医学经一种活动过对医药经验的总结提升，逐步形成了较为系统、完整的学术体系，《黄帝内经》《难经》《神农本草经》《伤寒杂病论》这四部经典著作的问世，标志着中医学的理、法、方、药学术体系已经建立。

远古"神农尝百草""伏羲制九针"和历代无数先辈在医疗探索、实践中展现出甘于奉献、勤于实践、勇于创新、开拓进取、精诚致业、善于总结的精神，则是我们中医学生学习的榜样。

## 案例一　尝味百草、和药济人：神农

远古时期，由于生产力低下，华夏先民在生活生产的不断地探索和经验积累中发现，服用某些动植物可以解除病痛；而服用某些动植物则会发生不适，甚则昏迷、死亡。经过无数次的试验、观察、口尝身受后，先民逐步学会了辨别药物的方法，朦胧中掌握了药物的性能，慢慢积累了一些药物使用知识，这就是早期动植物药的发现。随着人类的进化，开始有目的地寻找防治疾病的药物和方法，所谓"神农尝百草""药食同源"，真实、生动地反映了我们的祖先在与自然灾害和疾病斗争过程中发现药物、逐步积累经验的历史过程。

神农生活在距今大约五六千年前的黄河流域，是上古时期姜姓部落的首领。传说神农是农业与医药的创始人。古书中关于神农创医药的传说很多。《淮南子·修务训》载："古者民茹草饮水，采树木之实，食蠃蚌之肉，时多疾病毒伤之害。于是神农乃始教民播种五谷，相土地，宜燥湿肥硗高下，尝百草之滋味，水泉之甘苦，令民知所辟就。当此之时，一日而遇七十毒。"《搜神记》亦载："神农以赭鞭鞭百草，尽知其平毒寒温之性，臭味所主，以播百谷。"

【案例分析】

神农尝百草的传说历代广为流传，反映出上古时期人们在发现和认识药物的过程中曾付出过生命的代价，是人类实践的真实写照。它歌颂了神农为拯救人民生命而甘于奉献、无畏牺牲的伟大精神。有关神农氏的传说当然是神话，但是反映了我国劳动人民由渔猎时代过渡到原始农业、畜牧业时代发现药物、积累经验的艰难历程，包含着远古先民们的探索、奋斗、失败、成功，我们可以把神农看作象征性人物，神农尝百草创医药之说，正是这一历史时期千百万劳动人民创造医药的反映。

【案例讨论】

1. 从该案例中我们能挖掘出什么样的医者精神？
2. 作为医学生，如何做到尊重生命、敬畏生命、守护生命？

# 案例二　创制汤剂、增效减毒：伊尹

《汤液经法》，据传为商代伊尹所著，是我国古代医药史上的重要典籍，最早见于《汉书·艺文志》的记载，但至宋代时原书已亡佚。伊尹是商宰相，名伊，尹是官名，一说名挚。传说奴隶出身，原为有莘氏女的陪嫁厨师，负鼎俎以滋味取悦于汤，汤用为"小臣"，后任国政，佐汤伐桀。有姜、桂于烹调之论。皇甫谧在《针灸甲乙经·序》中云："伊尹以亚圣之才，撰用神农《本草》以为《汤液》。"南北朝名医陶弘景在《辅行决脏腑用药法要》中说："诸名医辈，……咸师式此《汤液经法》。"元代王好古也认为："殷伊尹用《本草》为《汤液》，汉仲景广《汤液》为大法，此医家之正学，虽后世之明哲有作，皆不越此。"可见，历代医家亦认为伊尹对方剂的形成影响深远，《汤液经法》也被认为是最早记载汤剂的著作。由此，伊尹创制汤剂的故事也广为流传。

后世亦有人将伊尹与黄帝、神农并称为"三圣人"，认为："原百病之起愈，本乎黄帝；辨百药之味性，本乎神农；《汤液》则本乎伊尹。"从"神农尝百草"到"伊尹创《汤液》"，汤剂的出现，实现了药物使用从单方到方剂的转变，应用中药灵活配伍，应对复杂病情，增强疗效，并减少药物的毒副作用，为日后中医方剂学的基本原理形成并且不断完善、发展做了准备。

中药的服用方法，经历了从生药吞食到煮汁饮汤的发展过程。早在"神农尝百草"时代，人们是直接把药放在嘴里咀嚼，或者将干燥的药物切碎吞服，这种原始吞服方法在古籍中被称为"㕮咀"。这种服药方法不仅因药物未经加工，影响肠胃吸收以及药效的发挥，还容易产生毒副作用。魏晋时期谯周《古史考》中记载："太古之初，人吮露精，食草木实，山居则食鸟兽，衣其羽皮，近水则食鱼鳖蚌蛤，未有火化，腥臊多，害肠胃。于是有圣人出，以火德王，造作钻燧出火……"这说明了人类开始学会"用火"，并制作熟食，同时还认识到饮食与肠胃疾病的关系。后来，随着制陶、冶炼业的发展以及用火技术的普及，药物制剂方法也随之发展变化。人们在烹调菜肴的启示下，把几味药物混合起来，加水煮成汤剂饮服，"药食同源"的思维促进了汤剂的诞生。汤剂在临床上的应用，使人们由习惯于用生药转为用熟药，由重剂量使用单味药转为适量混用复味药。汤剂不仅服用方便，可以提高疗效，减少药物的副作用；而且也拓宽了用药范围，拓展了药物研究和发展的空间，加速了医药学的发展与进步。

【案例分析】

伊尹创制汤剂源于历史传说，汤剂的发明不是偶然的，也绝非个人所能为，是早期无数先民在长期采药、用药实践中不断积累和总结进而创制出的。在商代，陶器的制成与使用、烹调经验的积累，以及人们所掌握的药物知识的不断增加，都为汤剂的发明提供了必要条件。汤剂的发明是我国医药学发展史上的重大进步。

**【案例讨论】**

伊尹创汤剂为方剂学的形成与发展做出了什么样的贡献？

# 案例三　创立四诊、反对巫术：扁鹊

扁鹊（前407—前310），姬姓，秦氏，名越人（秦越人），又号卢医，春秋战国时期的渤海人，因其医术精湛，医德高尚，深得民众爱戴，是我国先秦时期影响最大的医学家，也是中国医学史上第一位有正式传记的医学家，关于他的生平事迹，载于司马迁的《史记·扁鹊仓公列传》中。扁鹊师承长桑君学医，学成后长期在民间行医，来往于各诸侯国之间。从司马迁的不朽之作《史记》及先秦的一些典籍中可以看到扁鹊既真实又带有传奇色彩的一生。扁鹊在总结前人诊疗经验的基础上创造出"切脉、望色、听声、写形"的方法诊断疾病，并准确地对证施以针熨、汤药等治疗技术，奠定了中医临床诊断和治疗方法的基础。在这四诊法中，扁鹊尤擅长望诊和切诊。

扁鹊擅长望、闻、问、切四诊，尤以望诊和切脉著称。据《史记·扁鹊仓公列传》记载："扁鹊过齐，齐桓侯客之。入朝，见曰：'君有疾在腠理，不治将深。'桓侯曰：'寡人无疾。'扁鹊出，桓侯谓左右曰：'医之好利也，欲以不疾者为功。'后五日，扁鹊复见，曰：'君有疾，在血脉，不治恐深。'桓侯曰：'寡人无疾。'扁鹊出，桓侯不悦。后五日，扁鹊复见，曰：'君有疾，在肠胃间，不治将深。'桓侯不应。扁鹊出，桓侯不悦。后五日，扁鹊复见，望见桓侯而退走。桓侯使人问其故，扁鹊曰：'疾之居腠理也，汤熨之所及也；在血脉，针石之所及也；其在肠胃，酒醪之所及也；其在骨髓，虽司命无奈之何。今在骨髓，臣是以无请也。'后五日，桓侯体病，使人召扁鹊，扁鹊已逃去，桓侯遂死。"张仲景在《伤寒杂病论·序》中提到的"望齐侯之色"即出于此，也反映了扁鹊高超的望诊水平。在脉诊方面，《史记·扁鹊仓公列传》记载："赵简子为大夫，专国事。简子疾，五日不知人，大夫皆惧。于是召扁鹊。扁鹊入视病，出，董安于问扁鹊。扁鹊曰：'血脉治也，而何怪……不出三日必间，间必有言也。'居二日半，简子寤。'"司马迁赞扬其："至今天下言脉者，由扁鹊也。"

扁鹊兼通内、外、妇、儿、五官、针灸各科。《史记·扁鹊仓公列传》云："过邯郸，闻贵妇人，即为带下医；过洛阳，闻周人爱老人，即为耳目痹医；来入咸阳，闻秦人爱小儿，即为小儿医；随俗为变。"

在对疾病的治疗上，扁鹊善于使用汤药、针砭、按摩、熨贴、手术等多种方法，有时还采用综合疗法。最典型的例子是治愈虢太子的尸厥证。据《史记·扁鹊仓公列传》记载：扁鹊途经虢国（今河南陕州区一带），恰逢太子暴死。扁鹊向喜好医术的中庶子详细询问了虢太子从发病至"死亡"的经过。听过中庶子的介绍，扁鹊断定虢太子并未死，而是患了尸厥证。扁鹊请求治之。他让弟子子阳针刺太子的百会穴，太子一会儿就苏醒了；又让弟子子豹配制使药力深入体内五分的熨药，以八减方的药剂煎煮它们，交替热敷在两胁下，太子便坐了起来；又服汤药二十余天，太子完全康复。后世"起死回生"这一典故就出于此。

扁鹊还是一位朴素的唯物论者，在当时巫术盛行的时代，敢与鬼神迷信、巫术进行斗争。他认为阴阳不协调是导致疾病的主要原因，故治疗时强调调节机体的阴阳平衡。《史记·扁鹊仓公列传》提到的"病有六不治"，即"骄恣不论于理，一不治也；轻身重财，二不治也；衣食不能适，三不治也；阴阳并，脏气不定，四不治也；形羸不能服药，五不治也；信巫不信医，六不治也"。其中的"信巫不信医"不治，反映了扁鹊的朴素唯物主义思想。

扁鹊的著作，据《汉书·艺文志》载有《扁鹊内经》《扁鹊外经》等，可惜均已亡佚。现存《难经》3卷，原题秦越人撰写，但据后人考证，系汉时托名扁鹊的著作。

《难经》又称《黄帝八十一难经》《八十一难》，是继《黄帝内经》之后的又一部中医理论性著作。其主要内容及成就包括：在脉学部分，首创"独取寸口"的诊脉方法，且一直被后世医家推崇，至今仍是中医临床最常用的脉法。在经络部分，着重讨论了经脉的长度和流注次序，阴阳各经气绝的症状和预后，十二经脉与别络的关系，以及奇经八脉等，丰富和完善了中医的经络理论。在腧穴部分，首次提出八会穴及其主治，并进一步完善了十二经原穴理论，详述原穴的治病机制，为原穴的临床应用奠定了理论基础。在针法部分，着重讨论了针刺补泻法。在脏腑部分，主要介绍了人体脏腑的解剖、生理功能及其与组织器官的关系。在解剖方面，所记载的人体脏器大小、长短、容量等，较《黄帝内经》有很大进步。在疾病部分，主要论述了病因、病机和病证。在病证方面，着重列举积聚、伤寒、泄泻、癫狂、心痛、头痛作为临床辨证的范例。这些理论直到今天，仍然有效地指导着中医的临床实践。

《难经》这部医学理论性著作，既有对《黄帝内经》精义的发挥至道、剖析疑义、垂示后学，也有对中医理论的开创性发挥，可谓补《黄帝内经》之所未发，扩前圣而启后贤，对后世中医学理论的发展产生了深远的影响。尤其是"独取寸口"的诊脉法、三焦命门理论、针灸补泻方法等为历代医家所尊崇，并不断发扬光大。自东汉以后，《难经》一直作为中医经典著作之一流传于世。

【案例分析】

扁鹊在总结前人诊疗经验的基础上创造出"切脉、望色、听声、写形"的方法诊断疾病，并准确地对证施以针熨、汤药等治疗技术，奠定了中医临床诊断和治疗方法的基础。

扁鹊是一位朴素的唯物论者，在当时巫术盛行的时代，敢与鬼神迷信、巫术进行斗争。他提出的"六不治"中"信巫不信医"不治，反映了他的朴素唯物主义思想。

【案例讨论】

1. 从该案例中我们能挖掘出什么样的医者精神？
2. 我们如何在以后的医疗实践中践行本案例中挖掘的医者精神？

## 案例四　外科鼻祖、发现麻药：华佗

华佗（约145—208），字元化，东汉沛国谯（今安徽亳州）人。华佗通晓内、外、妇、儿、针灸等科，尤精于外科及针灸，且敢于冲破封建礼教的束缚，提倡外科手术治疗，以其高超医术受人敬仰，被后人尊为"外科圣手""外科鼻祖"。他发明了以酒送服麻沸散进行全身麻醉的方法，应用于腹腔肿物切除及胃肠手术等，开创了麻醉药用于外科手术的先河。据《后汉书》本传记载："若疾发结于内，针药所不能及者。乃令先以酒服麻沸散，既醉无所觉，因刳破腹背，抽割积聚。若在肠胃，则断截湔洗，除去疾秽；既而缝合，傅以神膏，四五日创愈，一月之间皆平复。"酒服麻沸散的麻醉术的应用，提高了外科手术的技术和疗效，并扩大了手术治疗的范围。欧美全身麻醉外科手术的记录始于18世纪初，比华佗晚1600余年。

我国关于麻醉药应用的记载很早，见《列子·汤问篇》。元代危亦林《世医得效方》卷十八："颠扑损伤，骨肉疼痛，整顿不得，先用麻药服，待其不识痛处，方可下手。或服后麻不倒，可加曼陀罗花及草乌五钱，用好酒调些少与服，若其人如酒醉，即不可加药。"后世多沿用并有改进。中华人民共和国成立后，应用曼陀罗、樟柳碱等中药麻醉于临床，使中药麻醉重新得到重视和应用。

【案例分析】

华佗发明的这种麻醉药，在我国医学史和世界医学史上都是较早的，在世界麻醉学和外科手术史上占有重要地位，历代的中药麻醉，也在麻沸散的启示下发展。

【案例讨论】

1. 华佗为何被后人称为"外科圣手""外科鼻祖"，他的事迹体现了医者什么样的职业精神？

2. 结合华佗发明"麻沸散"的事例，谈谈你对敬业的理解。

# 案例五　天花克星、免疫先驱：人痘

天花大约在汉代传入我国，唐朝后流行日益广泛，成为危害严重的流行病。唐朝以前的医家对天花病毒的症状、危害有了较为正确的描述，对天花的预后也有了初步认识。晋代葛洪在《肘后备急方》中记载了一次暴发流行的天花；隋朝医家巢元方在《诸病源候论》中记录了天花患者的表现，并提出伤寒致病的假说；孙思邈提出天花是一种传染病。宋元时期，人们对天花、水痘、麻疹等疾病加以区分，并进一步认识到天花的传染性，提出了一些判断天花预后的方法。明清时期，人们对天花的免疫有了明确的认识，并根据天花出痘的时间、部位、颜色和形态等，对感染天花的预后有了较为准确的判断。更重要的是，人们观察到一个村落天花患者症状相似、每个人一生只会出一次天花、患病以后机体具有免疫能力、下次天花流行时不再感染等情况，明确了天花的传染性和可预防性，这些对天花的认识为人痘接种术的发明奠定了基础。自宋以后，许多医家都致力于对天花预防法的探索，研制"稀痘方"，但疗效不佳。直到发明了人痘接种法，天花预防才找到了确实可靠的办法。

关于种痘的起源，董正山《牛痘新法》（1844 年）说："自唐开元之间，江南赵氏始传鼻苗种痘之法。"朱纯《痘疹定论》（1713 年）则认为宋真宗时，相王旦曾请峨眉山神医给其子种痘以预防天花。然以上二说还缺乏有力证据。此外，俞茂《痘科金镜赋集解》（1727 年）写道："闻种痘法起于明隆庆年间宁国府太平县，得之异人丹传之家，由此蔓延天下。至今种花者，宁国人最多。"因为明万历年间（1573—1620 年）已有不少关于种痘记载，故此说比较可靠由此看来，我国人痘接种术最迟在 16 世纪或更早一些时候就已经发明了。

至于种痘的方法，当时有 2 种：一种是痘衣法，即以痘疹患儿之内衣，令未痘儿穿上，以达到出痘的目的，此法效果不佳。另一种是鼻苗法，此法又分为 3 种一用痘浆，一用干痘痂屑（旱苗）吹入鼻内，一用湿痘（水苗）棉裹之塞入鼻中，使其出痘。痘浆太危险，一般不用，常用者为旱苗或水苗。以后又将时苗（痘疮患者的痘痂）改为熟苗（种痘后出痘的痘痂），减轻了痘苗的毒性。种痘法发明后，逐渐由南向北推广起来，至清初已是南北风行了。康熙二十年（1681 年）朱纯嘏给清廷的皇子皇孙们种痘后，清政府更是大力推行。如康熙在《庭训格言》写道："国初人多畏出痘，至朕得种痘方，诸子女及尔等子女皆以种痘得无恙。今边外四十九旗及喀尔喀诸藩俱命种痘，凡所种皆得善愈。尝记初种痘时，年老人尚以为怪，朕坚意为之，遂此千万人生者，岂偶然耶？"由于种痘法在我国城乡的普遍实行，对防止天花的流行起了显著作用。

中国的人痘苗接种术对外传播，亦启发了牛痘苗的发明。1652 年前后，龚廷贤弟子戴曼公到日本，把人痘接种法传授给日本医学界。1622—1722 年，俄罗斯遣人至中国学痘医。此后，此术又传入朝鲜、土耳其。1712—1717 年，英国驻土耳其公使（Montaque）夫人给自己 5 岁的女儿种了人痘。于是我国的人痘接种术传到了欧洲，并在 1722 年天花疫情中发挥了非常重要的作用。1786 年，英国乡村医生贞纳（Jenner）发明牛痘之后，经过一段时间才逐渐取代了人痘接种术。

【案例分析】

天花是人类历史上第一个被彻底消灭的传染病,中国的"人痘接种术"对此做出了巨大贡献,它不仅是牛痘发明前预防天花的有效方法,亦是人工免疫法的先驱。

【案例讨论】

1. 如何通过该案例树立学习中医药的自信心和自豪感?

2. 历代医家都对传染病的防治进行了积极的探索,由此我们能汲取什么样的职业精神?

# 案例六　现存最早医方专书:《五十二病方》

1972 年初至 1974 年初,考古工作者在湖南长沙东郊马王堆发掘了三座西汉墓,其中在三号墓中出土医学帛书和竹木简医书共 14 种,《五十二病方》即为其一。该书撰人未详,约为春秋战国时期的作品,书中共记 52 种疾病的治疗方法,因以为名。现能辨认的医方约 283 首(据考原为 300 余首),用药 247 种。本书不见于历代文献记载,是迄今为止发现的最早的医方书,它真实地反映了西汉以前我国临床医学和方药学的发展水平。

在临床医学方面,书中提到的病名有 103 个,所治疾病范围涵盖内、外、妇、儿、五官等科。从书中对一些疾病的治疗,我们已经看到了中医辨证论治的雏形。书中所论疾病,虽然涉及临证各科,但是外科所占篇幅最大,包括外伤、痈疽、痔疮等,尤其是对痔疮的治疗达到了令人惊叹的程度。据书中所言,痔疮可以采用内治、外治、内外治结合等方法。在外治中又有熏、涂抹、坐浴、手术等。

在方药的使用上亦别具特色,其处方从选药到剂量,都灵活变通,皆根据病情需要。此外,《五十二病方》记载治法多样,既有汤药内服,也外用熏、药浴、敷贴、砭、熨、灸、按摩、角法(拔罐)等。这些治法,也从一个侧面反映了西汉以前的医疗技术水平。

在战国时期,我国就施行了外伤创口的药物和酒剂的清理消毒,这些内容在出土的《五十二病方》中有明确的记载。《五十二病方》中还有用水银制剂治疗疥等外科病的内容,这是世界医学史上最早的相关记载。

---

**知识链接**

马王堆三号汉墓出土的帛画《导引图》,是我国现存最早的医疗体操图,也是世界上最早的医疗保健体操图。图长约 100cm,高约 50cm,共有 44 幅人物图像。《导引图》中所载导引方法,不仅有强身健体、预防疾病的作用,有些方法也具有治疗疾病的作用。在《导引图》的文字说明中,直接提到以导引治病的内容有十余处,如"引聋""引温病""引痹痛"等,说明当时的人们已经认识到,导引术具有防病治病的双重功效。此外在《导引图》中,还有一些动作姿态是模仿动物的,如"信"(鸟伸)、"熊经"等,这是仿生学在医疗体操中的运用,对后世影响很深。

---

【案例分析】

《五十二病方》是迄今为止发现的最早的医方书,它真实地反映了西汉以前我国临床医学和方药学的发展水平,其所载方药,是古代劳动人民长期与疾病斗争过程中积累起来的宝贵经验。

【案例讨论】

通过学习本案例,思考《五十二病方》中外科疾患的治疗记录给我们带来的创新启示,谈谈如何在未来的医疗工作中进行实践创新。

# 案例七　中医理论形成标志:《黄帝内经》

《黄帝内经》包括《素问》《灵枢》,此书约成书于战国至秦汉时期,东汉至隋唐仍有修订和增补。原书各 9 卷,每卷 9 篇,合计 162 篇,据《汉书·艺文志》记载,当时有医经 7 家,共计 216 卷,但绝大部分已经失传,而《黄帝内经》是仅存者。从考古出土的许多医书及《黄帝内经》本身的记载可以得知,在《黄帝内经》成书以前,曾有过更为古老的医药文献。《黄帝内经》正是在这些更原始、更古老的医学文献的基础上,经过许多医家不断加以搜集、整理、综合而成书的。

关于《黄帝内经》的成书年代,历来就存在争议,倾向性的看法认为《黄帝内经》这部著作,并不是出自一人的手笔,也不是一个时代,一方的医学成就,而是在一个相当长的历史时期内,众多无名家的论文汇编。其主要内容出自战国,秦汉以来历代均有所补,其汇编成书的时间约在西汉初年。

《黄帝内经》系统论述了人的生理、病理、疾病以及治未病和疾病治疗的原则及方法,确立了中医学的思维模式,标志着中医学从单纯的临床经验积累发展到了系统理论总结阶段,形成了中医药理论体系框架,是中医理论体系形成的标志性著作。《素问》所论内容十分丰富,包括阴阳五行、脏象气血、腧穴针道、病因病机、诊法病证、治则治法、医德养生、运气学说等,较为详尽地论述了人体生理、病理、诊断、治疗的有关内容,突出了古代的哲学思想,强调了人体内外统一的整体观念。《灵枢》全面阐述了五脏六腑、精神气血、津液、人体气质类型等内容,特别是对经络腧穴理论和针刺方法的记载更为翔实,例如对针法的论述不仅强调守神、候气的重要性,而且提出了数十种针刺方法,还详细介绍了针具使用、针刺部位、针刺深浅、针刺禁忌、针刺与四时的关系等内容,为后世针灸学的发展奠定了坚实的基础。

《黄帝内经》运用阴阳五行学说,阐明了因时、因地、因人制宜等辨证论治的原理,体现了人体与外界条件统一的整体观念,为中医理论的形成奠定了基础。其基本精神和成就大致可概括为以下几方面。

注重整体观念。人体内部的整体观:指出人体结构的各个部分不是孤立的,而是彼此相属、互有联系的。由于脏腑之间有特定的经络联系,因此局部病变可以影响全身,全身的状况又可以影响局部,体表的色、脉、神、形必然反映脏腑的状况,这就是中医诊断上"四诊合参"的客观依据。在治疗上,要把人的全身作为一个统一的整体看待,纵观全局来进行辨证论治。机体与情志的整体观:在形神关系问题上,提出情志与功能相关联的见解。认为人的情志活动是正常现象,但如果太过又能损伤机体导致疾病。故而可以运用整体观,以一种情志活动来调整另一种异常的情志活动,使其恢复正常,这就是中医的情志疗法。这些思想对中医病因学、心理卫生学、精神治疗学都有重要意义。人与自然的整体观:指出人体健康与天地自然密切相关,因此,治病要强调适应自然规律,必须因时、因地、因人制宜。人与社会环境的整体观:指出患者的生活起居、思想感情、精神面貌、社会地位、周围环境等与疾病的形成都有关系。《黄帝内经》一书中有关医学心理学和医学社会学的论述,是中医学的宝贵财富之一。

运用阴阳五行学说。阴阳五行学说,本是古代的一种哲学思想,它既为古代科学所运用,也为古代医学所运用。阴阳和五行,开始并无联系,战国后期,邹衍首先将阴阳和五行学说相结合。从马王堆出土的简帛医书来看,有的已经谈到阴阳却只字未提及五行。由此可知,真正系统地将阴阳五行学说引入医学的,当首推《黄帝内经》。此后,阴阳五行学说便成了中医病因病机、辨证论治等所采取的一种思维方法和哲学基础,并且成了中医学理论的重要组成部分。

《黄帝内经》把阴阳的对立统一看成万事万物的普遍规律。人的生理、病理变化也不例外。在正常的情况下，人体的阴阳两方面是平衡的，一旦这种平衡遭到破坏，人体就会生病。"阴平阳秘，精神乃治；阴阳离决，精气乃绝"，所以在诊断疾病时，要"察色按脉，先别阴阳"，采用"阳病阴治、阴病阳治""寒者热之，热者寒之"等治疗原则，调理阴阳，使人体恢复到"阴平阳秘"的健康状态。

五行是指木、火、土、金、水，其观念始于《尚书·洪范》，书中写道："五行，一曰水，二曰火，三曰木，四曰金，五曰土。……水曰润下，火曰炎上，木曰曲直，金曰从革，土爰稼穑。润下作咸，炎上作苦，曲直作酸，从革作辛，稼穑作甘。"古人认为五行是人们日常生活中不可缺少的五种基本物质，这五种基本物质构成了客观世界，并且它们并非孤立存在，而是互相依存和彼此制约的。古人用五行之间的相生相克关系来说明事物变化的道理，包含了朴素的唯物论观点和辩证法思想。

《黄帝内经》认为世间各种事物都可以拿五行相配，并运用五行之间的关系，比拟五脏之间的相生和相克关系。又以五脏的相生、相克论述人体疾病的各个方面。此外，人体与外界的气候、饮食五味以及人体内在的情志等，也都可以运用五行学说来加以说明。这样，便把人体脏腑组织之间以及人体与外在环境、内在情志合成一个统一整体。

重视脏腑经络。脏腑经络学说是中医理论体系中的重要组成部分，以研究人体五脏六腑、十二经脉、奇经八脉等的生理功能、病理变化及其相互关系为其主要内容。《黄帝内经》认为五脏六腑是维系人之生命的重要器官。《灵枢·本神》篇说："是故五脏主藏精者也，不可伤，伤则失守而阴虚，阴虚则无气，无气则死矣。"《灵枢·本脏》篇又说："六腑者，所以化水谷而行津液者也。"亦不可损伤。在研究方法上，《灵枢·经水》说："若夫八尺之士，皮肉在此，外可度量切循而得之，其死可解剖而视之，其脏之坚脆，腑之大小，谷之多少，脉之长短，血之清浊，气之多少……皆有大数。"由此可见，两千多年前的医家是通过解剖来认识人体内脏结构的。《黄帝内经》十分重视经络学说，认为人体通过十二经脉和奇经八脉把人体的内脏器官、体表、头面躯干及四肢各个部分密切地联系在一起，使人体形成了一个互相联系的统一的整体，同时经络又是运行全身气血的通道，指出业医者非通晓它不可。

注重疾病预防。《黄帝内经》中多处论述精神调养、锻炼身体、调节饮食起居、适应环境和避免外邪侵袭，这种朴素的预防思想，是在人与自然统一的整体观基础上，认识致病因素，掌握自然规律，逐步积累经验而总结出来的。《黄帝内经》指导人们顺应自然的规律保健防病，并强调防病胜于治病。这些认识，至今仍有深刻的现实意义。

【案例分析】

《黄帝内经》比较系统地总结了当时的医学成就和医疗经验，对中医学的理论体系及其系统结构作了较全面的阐述，从而确立了中医学的理论原则，为中医学的发展奠定了基础，标志着中医学由单纯积累经验的阶段发展到系统的理论总结阶段，它为临证医学的发展提供了理论指导和依据。中医发展史上出现的许多著名医学家和不少医学流派，其学术渊源主要来自《黄帝内经》。因此，历代医家都非常重视《黄帝内经》，尊之为"医家之宗"，成为学习中医学必读的古典医籍。它是几代医学家共同劳动创造的，是先秦医学经验和理论的总结，内容十分丰富。该书全面论述了人与自然的关系，人体的生理、病理及疾病的诊断、防治等，不但为中医学理论体系的确立奠定了基础，同时也是中医学在理论与实践诸方面继续发展的基石。

【案例讨论】

1.《黄帝内经》对中医药起源发展的贡献体现在哪些方面？

2.《黄帝内经》除了是一部医学巨著，其中的很多观点，也为我们立身处世提供启示，试着讨论"正气存内，邪不可干"。

## 案例八　中医辨证论治之始：《伤寒杂病论》

张仲景（约150～154—约215～219），名机，仲景乃其字，南阳郡涅阳（今河南省邓州市穰东镇，一说今南阳市）人。他天资聪慧，曾师从同郡张伯祖习医，经过多年刻苦钻研和临床实践，因其医术高超及在中医学上的卓越贡献，被后人尊为"医圣"。张仲景生活在东汉末年，连年混战不息，战后又遇凶年，瘟疫大流行，人民死亡惨重，到处是白骨露野的惨状。据张仲景在《伤寒杂病论·序》中记载："余宗族素多，向余二百，建安纪元以来，犹未十稔，其死亡者，三分有二，伤寒十居其七。"由于当时的统治者不重视医学，而社会上迷信巫祝，严重影响医学的发展。当时的医生，或是墨守成规，"各承家技，终始顺旧"；或是庸医医术低劣，医德沦丧，诊病之时，"按寸不及尺，握手不及足""相对斯须，便处汤药"，其结果，导致许多患者枉送了性命。仲景有感于此，立志发奋钻研医学，为民解除疾苦，并"勤求古训，博采众方"，并结合当时医家以及自己长期积累的医疗经验，总结撰写出《伤寒杂病论》。《伤寒杂病论·序》中记载："感往昔之沦丧，伤横夭之莫救，乃勤求古训，博采众方，撰用《素问》《九卷》《八十一难》《阴阳大论》《胎胪药录》，并平脉辨证，为《伤寒杂病论》合十六卷，虽未能尽愈诸病，庶可以见病知源，若能寻余所集，思过半矣。"

《伤寒杂病论》对东汉以前的中医临床经验进行了总结，提出了辨证论治范例，标志着中医临床辨证论治则的初步确立。该书以六经论伤寒，以脏腑经络论杂病，提出了包括理、法、方、药在内的中医临床辨证论治范例，使医学的基本理论与临床实践紧密结合，从而成为中医临床医学的基石。

全书载方269首（去除重复），基本上概括了临床各科的常用方剂，故被誉为"方书之祖"。由于所载方剂大多疗效可靠，切合临床实际，所以至今仍广为应用。其对方剂学的贡献，包括提出了较为严密完整的组方原则，并根据病情变化和兼证的不同，对处方进行加减化裁，体现辨证论治特点。将治疗八法运用于方剂之中，且已经认识到选择适合病情需要或药物特点的剂型和煎服法，是符合治疗要求和充分发挥药效的重要保证。我国历代许多有成就的医学家都非常重视对《伤寒杂病论》的研习。

自唐宋以来，《伤寒杂病论》的影响远及海外，日本、朝鲜及东南亚等地的国家都有学者研究仲景学说。日本的汉方医学家直接采用该书的原方治病，还把其中的某些方剂制成成药，广泛运用于临床。

**【案例分析】**

《伤寒杂病论》这部将中医学基本理论和临床实际紧密结合之作，是我国第一部理、法、方、药具备的医学经典著作，也是我国中医发展史上影响最大的著作之一。它以整体观念为指导思想，以六经辨治伤寒、以脏腑经络辨治杂病，提出了中医临床辨证论治范例，并收载创制了法度严谨、药简效宏的临床常用方剂，成为后世中医临证医学之基石，一直指导着医家的临床实践，被医家奉为圭臬。

**【案例讨论】**

1. 请试着讨论张仲景的经历对医学生成长成才的启示。
2. "勤求古训，博采众方"，谈谈你从这句话中受到的启发。

## 案例九　中药学发展奠基石：《神农本草经》

《神农本草经》是我国现存最早的药物学专著。对于它的成书年代，说法不一。目前认为，

《神农本草经》非一时一人之作，大约是秦汉以来许多医学家不断加以搜集，直至东汉时期才最后加工整理成书的。《神农本草经》共载药物 365 种，以应周天之数，包括草、谷、米果、木、虫、鱼、家畜、玉石等类。其中植物药居多，计有 252 种，动物药 67 种，矿物药 46 种。

《神农本草经》首创药物的三品分类法。《神农本草经》将药物按照功效的不同，分为上、中、下三品。三品分类法本身也存在药物分类太过笼统，三品划分界限不清、标准难以把握等问题，如瓜蒂，本是催吐药，应列入下品，却列在上品。尽管三品分类法存在诸多不当，后来逐渐被其他分类法取代，但它毕竟是我国药物学最早、最原始的药物分类法，曾经指导着人们的临床实践。

《神农本草经》提出七情和合的理论。《神农本草经·序录》指出："药有阴阳配合，子母兄弟，根茎华实，草石骨肉。有单行者，有相须者，有相使者，有相畏者，有相恶者，有相反者，有相杀者，凡此七情合和视之，当用相须相使者良，勿用相恶相反者，若有毒宜制，可用相畏相杀者，不尔，勿合用也。"七情和合理论的重要意义在于可以指导临床最大限度地提高药效，并避免药物毒副作用的发生。

《神农本草经》论述了君臣佐使的组方原则。《神农本草经·序录》指出："药有君臣佐使，以相宜摄合和，宜用一君二臣三佐五使，又可一君二臣九佐使也。"就是说，一首方剂，不是将药物随意堆砌在一起，而是将药物按照一定的组方规律聚合而成的。方中既有对疾病起主要治疗作用的君药，也有辅助君药的臣药，以及辅助君臣药、治疗兼证、协调引导的佐使药。虽然该书所提到的君臣佐使各药在方中的比例未免有些机械，但提出总的方剂组方原则，却是《神农本草经》的重要成就。

《神农本草经》记述了药物的性味及采集加工方法。《神农本草经·序录》提出："药有酸、咸、甘、苦、辛五味，又有寒、热、温、凉四气，及有毒、无毒，阴干、暴干，采治时月，生熟，土地所出，真伪，陈新，并各有法。"这就是说，医者既要掌握药物的四气、五味及有毒无毒等情况，还要了解药物的采收季节、贮藏方法、生熟程度、生长地域、真伪新陈、质量优劣等。《神农本草经·序录》还指出："药性有宜丸者，宜散者，宜水煮者，宜酒渍者，宜膏煎者，亦有一物兼宜者，亦有不可入汤酒者，并随药性，不得违越。"由此表明，当时在药物制剂上亦积累了丰富的经验。

《神农本草经》阐述了药物的功效和主治。书中较为详细地描述了药物的功效与主治病证，所治疗的疾病达 170 余种，涉及内、外、妇、五官各科。记述了用药原则和服药方法：在用药原则上，《神农本草经·序录》提出："治寒以热药，治热以寒药，饮食不消以吐下药，……痈肿疮瘤以创药，风湿以风湿药，各随其所宜。"提出要根据临床实际情况对症用药。另外，该书还提出用药要适量，病除而止，不宜过剂。如"若用毒药疗病，先起如黍粟，病去即止。不去，倍之；不去，十之；取去为度"。在服药方法上，《神农本草经·序录》提出："病在胸膈以上者，先食后服药；病在心腹以下者，先服药而后食；病在四肢血脉者，宜空腹而在旦；病在骨髓者，宜饱满而在夜。"这些原则和方法，多为后世医药学家所借鉴。

《神农本草经》是集秦汉以前药物学之大成的名著，它的内容是丰富而广泛的，比较系统而真实确切。它不像《诗经》《山海经》等所记载的那样零散怪诞，也不像金元以后某些本草著作的附会玄虚。书中贯穿着朴素的唯物主义思想，系统地总结了秦汉以前医家和民间的用药经验，所载药物大多疗效比较确切，对后世药物学的发展有着重要影响。书中所述药物学理论，包括药物性能、功效及加工炮制方法，以及君臣佐使的相互配合，四气五味的互异，丸散汤酒不同剂型的应用，从小剂量开始服药的服药方法，针对不同病位采取不同的服药方法和服药时间等等，直到今天，还都在指导着临床医疗实践。

【案例分析】

中草药的发现、应用及发展，离不开古代医者的努力探索与无私奉献。以《神农本草经》

等古代药学典籍为代表的古代药学，几千年来守护着华夏子民的繁衍生息，是中国传统文化的重要组成部分，是中国古人勤劳与智慧的结晶，书中所载的很多药物在医学飞速发展的今天仍然发挥着重要作用。《神农本草经》的问世标志着我国中药学理论体系的初步构建。

【案例讨论】
《神农本草经》是如何奠定中药学理论体系基础的？

? 复习思考题

1. 如何理解医学知识是人们对疾病过程和治疗方法的认识，中医药学起源于人类的生产、生活实践？

2. 请谈谈在未来的学习中和工作中，如何实践甘于奉献、勤于实践、勇于创新、开拓进取、精诚致业、善于总结的精神。

（胡钰颖）

ER-1-2

扫一扫，测一测

# 第二章　历代名医故事

ER-2-1

PPT课件

## 学习目标

　　通过历代名医医德、医风、学风等方面的故事介绍，学生从古代医学先贤为学为人和行医事迹中接受中医药文化的人文精神沐浴熏陶，对生命至上、敬佑生命、救死扶伤、甘于奉献、大爱无疆、廉洁行医、谦虚好学等优良品质有进一步认识；加强医者仁心教育，教师应引导学生始终把人民群众生命安全和身体健康放在首位，增强文化自信和专业情感教育，坚定从医初心和使命。

## 案例导读

　　中华文明源远流长。在祖国中医药历史发展长河中，涌现出许多医德高尚、医术高超的名医，他们用自己的言行举止诠释着医乃仁心仁术、大医精诚的理念。他们的医德故事代代流传，生生不息，被传为佳话，是医界之楷模、道德之典范。

　　历代名医故事是一部"鲜活"的课程思政教材，既包含了丰富的医学理论及临床思想，又蕴含着深厚的中医药文化，渗透着历代名医的"道"与"术"思想。

　　当代医学生承担着健康中国的重任，作为中医学事业的接班人和建设者，不仅需要具备扎实的专业知识和实践能力，更需要具备医学人文关怀和良好的医德医风。

　　通过对历代名医医德、医风、学风等方面的故事介绍，结合医药先贤们的求学与从医经历，介绍他们的医德案例、感人事迹及医德思想，讲授蕴含其中的人文精神，学生能够从古代医学先贤为学为人和行医事迹中接受中医药文化人文精神的熏陶，对生命至上、敬佑生命、救死扶伤、甘于奉献、大爱无疆、廉洁行医、谦虚好学等优良品质有进一步认识。培养起学生"护佑生命、甘于奉献、大爱无疆"的医者精神，弘扬历代名医名家"道"与"术"，形成凸显中医药文化特色、弘扬中医文化主旋律、富有中医药文化特色的思政课程体系，加强医者仁心教育，引导学生始终把人民群众生命安全和身体健康放在首位，厚植人民情怀，传承践行中华优秀传统文化中的人文精神，增强文化自信和专业情感教育，树立专业自信心与自豪感，坚定从医初心和使命。

## 案例一　不畏强权、创立诊籍：淳于意

　　淳于意（约前205—前150），临淄（今山东淄博）人，是西汉汉文帝时期的名医，"淳于"是姓，"意"是名字。因其曾任齐国的太仓长，人称仓公，或太仓公。太仓是古代国家设置的大粮仓，淳于意就是掌管粮仓的官员，作为粮官却热衷于医学，并且有着精湛的医术。

　　早年，淳于意为了学习医学，拜公孙光为师，研习古方。公孙光非常喜爱这个学生，认为他天资聪颖，将来"必为国工"。于是，公孙光又将淳于意推荐给临淄的名医公乘阳庆。当时公乘阳庆

已年过花甲，他将古代先人流传的"脉书上下经、五色诊、奇咳术、揆度阴阳外变、药论、石神、接阴阳"等知识全部传授给淳于意。淳于意出师后，医术大进，尤其精于诊断，临证时辨证施治，针药合用，有起死回生之术。

淳于意四处行医，足迹遍及山东，曾为齐国的侍御史、王孙、中御府长、郎中令、中尉、中大夫、齐王侍医遂等人诊治过疾病。由于淳于意医术精湛且学识渊博，各诸侯王均想招募其为己所用，但淳于意不甘心只为王公贵族治病，便时常找借口拒绝。他曾经先后拒绝了赵王、胶西王、济南王、吴王等诸侯王的邀请，因此遭到诸侯王们的嫉恨。

史载齐文王患肥胖病，气喘、头痛、目不明、懒于行动。淳于意听说后，认为这些症状属于形气俱实，应当调节饮食，运动筋骨肌肉，开阔情怀，疏通血脉，以泻身体内的有余之物，反对庸医使用灸法治疗。然而，齐文王没有听从淳于意的建议，继续使用灸法治疗，最终死于治疗不当。齐文王死后，几个诸侯王便借机诬告淳于意"不为人治病，病家多怨之者"，汉文帝派人拘拿了淳于意，并押送到长安定罪。查案时，又发现淳于意曾经私自迁徙户籍，违背了汉代的户籍管理制度，最终淳于意被判"肉刑"。淳于意没有儿子，只有五个女儿，当皇帝下诏书命他进京问罪时，淳于意感伤自己没有儿子，押解进京无男随行。幼女缇萦虽然只有十五岁，却挺身而出，愿意随父起解西入长安。一路上缇萦悉心照顾老父，到达长安后，她又大胆上书汉文帝，为父申冤，同时陈述"肉刑"的种种弊端，并提出愿为官婢，以换得父亲"改过自新"的机会。汉文帝感其赤诚，不但释放了淳于意，还废除了由来已久的"肉刑"。

汉文帝在诏问淳于意时，要求他介绍自己的经历，淳于意如实向皇帝陈述了自己拜师、行医、授徒的经历。其间，在讲述自己行医过程时特别提到："今臣意所诊者，皆有诊籍。""诊籍"就是医案，是淳于意临床诊疗病例的记载，一共有 25 则。每则病案均记载了患者的姓名、年龄、性别、职业、居里、症状、病名、治疗、预后等内容。司马迁将这些内容详细记载在《史记》中。"诊籍"成为我国医学史上现存最早的医案记录，其内容可靠且完整，已涵盖了现代医案的基本要素，集中反映了淳于意的学术思想。

从"诊籍"所记录的患者身份、职位来看，既有王侯将相、达官贵人，也有百姓、奴仆、侍者、医生等，说明淳于意的接诊范围较为广泛。其中，男性 18 例、女性 7 例，涉及内、外、妇、儿、伤、口腔、精神等各科疾病。25 例病案中并不是全部治愈，而是"时时失之"，其中病情较重，难以医治而亡者有 10 案。淳于意对自己主观认识上的失误也如实记载，反映出淳于意认真严谨的态度。"诊籍"中所使用的诊断方法已包括望、闻、问、切四诊法，尤其注重脉法，在 25 则病例中有 20 例主要通过脉诊进行诊断。其中一案讲到齐国的淳于司马患病，每日"泄数十出"，泄下情况非常严重，淳于意仔细诊脉后认为，淳于司马因饱食之后又驱疾行走，伤及胃肠所致，嘱其"为火剂米汁饮之"。有个叫秦信的医生听后大笑，认为淳于意诊断错误，断言淳于司马在九日后会死掉。九天后，患者在淳于意的调治下痊愈了，其关键就在淳于意根据其脉象做出了正确诊断。

从"诊籍"所记述的 25 例病案中可以看出，每案都对发病机理进行了详细分析，其治疗方法和剂型亦颇为丰富。在治愈的 15 则病案中，就有内服、外用、针灸、物理疗法等治法。其治疗已涉及多种后世常用药物和方法，如用苦参汤治龋齿、用药酒祛风、用芫花驱虫、用硝石逐瘀、用熏药祛寒、用冷敷泻火等，这些治法至今仍为中医界所习用。"诊籍"中提到的齐太医所用的"半夏丸"被认为是我国最早使用丸药的记载。

"诊籍"为后世研究淳于意的医学成就、医学思想提供了可靠的医史文献资料，在我国医药史上具有极高的研究价值。"医之有案如史之有传"，医案既是复诊或病案讨论的一手资料，也是疾病统计和临床科研的重要依据。淳于意的"诊籍"为后世了解西汉时期的医学水平保留了珍贵的历史资料。

此外，淳于意像扁鹊一样，没有把医学经验的传授限定在神秘而狭小的范围内，而是广泛传授医术，他因材施教，培养宋邑、高期、王禹、冯信、杜信、唐安以及齐丞相府的宦者平等人，是秦汉时期文献记载中带徒最多的一位医家。

【案例分析】

案例主要展现了淳于意刻苦钻研医术、不畏惧强权、创建诊籍、传道授业的事迹。淳于意心怀苍生，淡泊名利，不畏权贵，更愿意游医乡里，为普通百姓治病，这种高尚的苍生大医精神值得后世学习。淳于意创立"诊籍"，是医学的伟大创举之一。"诊籍"不仅反映了淳于意高超的医术，更体现了其对待患者不分贫穷贵贱、一视同仁。淳于意在"诊籍"中不仅记录了医治成功的病例，也记录了诊断错误的病例，展现其实事求是、不文过饰非的良好品质，尤其值得同学们学习。淳于意不仅是良医，还是一名良师，他注重医学传承教育，无私奉献，不吝惜自己所学，愿意把医术传承给更多的人。

【案例讨论】

1. 淳于意学医和行医的故事，带给我们什么样的启发？应学习淳于意的哪些精神？
2. 结合淳于意在"诊籍"中真实记录患者病情，谈谈如何培养求真务实的科学态度？

# 案例二 杏林春暖、敷浴治疠：董奉

中药铺的匾额上，常题有"杏林"二字。"杏林"一词是中医药界常用的词汇，成为中医学界的代称，医家常以"杏林中人"自居。人们也常用"杏林"二字来赞扬德艺双馨的仁医。"杏林"这个词是怎么来的呢？

"杏林"一词源自东汉末年医学家董奉。董奉医术高明，与同时代的华佗、张仲景齐名并称"建安三神医"。尽管史书上关于董奉的生平记载有缺，但他所留下的杏林精神，深深地影响了中医学的医风医德。

葛洪《神仙传》中记载的一个故事，足证董奉高超的医术：当时交趾（地名）有一位太守名叫士燮，因中毒昏睡了3天。云游而至的董奉得知，就将药丸放入他的口中，用水送服。不一会儿，士燮的脸色逐渐恢复，眼睛也能睁开，手也能动了。过了半天他就能坐起来，4天后就能开口说话，如同往常。

而唐朝李翰编著的儿童识字课本《蒙求》，其中亦有"董奉活燮，扁鹊起虢"，说的就是董奉曾以一丸药使病死已3日的士燮起死回生的故事，将董奉与春秋战国时期曾使虢太子起死回生的名医扁鹊相提并论，这已然是一种极高的荣誉。

据晋代葛洪《神仙传》卷十记载："君异居山间，为人治病，不取钱物，使人重病愈者，使栽杏五株，轻者一株，如此数年，计得十万余株，郁然成林……"晋代陈寿《三国志》也有类似记载。

这些古籍记载的是晚年在庐山下隐居的董奉，并不种田，为众多慕名而来求医的人治病，却有一个独特的规矩：董奉治病不取分文，但要求被治愈者种植杏树回报，这些杏树后来渐成漫山杏林。后来，杏子熟了以后，董奉又把卖杏果得来的钱换成大米，用来施济穷人。有一年，因为粮食绝收，周边村庄闹起了严重的饥荒，百姓流离失所。危急关头，董奉为百姓打开了自家的粮仓，无偿发放所有的粮食。

丰年为百姓们无偿看病开药，荒年赈灾济民，这是一代名医董奉医者大爱精神的真实写照。为了感谢他的善举，人们自发地在董奉的家门口挂上一幅"杏林春暖"的牌匾，董奉的善举被后世所传颂，以"杏林春暖"或"杏林春满"称颂他的医道高明、医德高尚。医学界的"杏林"典故也由此而来。

此后，人们留下大量文字赞誉董奉的杏林，至今庐山尚存有杏林遗迹，历代文学名家在庐山也留下了许多与杏林相关的名篇。李白写有"禹穴藏书地，匡山种杏田"。杜甫写有"香炉峰色隐晴湖，种杏仙家近白榆"。王维写有"董奉杏成林，陶潜菊盈把"，将董奉之杏和陶潜之菊并列对偶进行了赞誉，可算是站在中华文化史的高度，对董奉进行赞誉。后来人们又在董奉隐居处修建了杏坛、真人坛、报仙坛，以纪念董奉。

如此一来，杏林一词成为中医学界的代称，人们喜用"杏林春满""誉满杏林"这类的话语来赞美像董奉一样具有高尚医风的仁医，也常用这类话语称颂医生医术的高明和高尚的医德。历代医家也以此鞭策自己。

杏林文化因为董奉的杏林故事，应运而生，后来，"杏林"一词便成为中医界的誉称和中医学的代名词。医者仁心，流芳千年，"杏林精神"从此也就成为医者信仰的代名词。例如，医家以位列"杏林中人"为荣、医著以"杏林医案"为佳、医技以"杏林圣手"为赞、医德以"杏林春暖"为誉、医道以"杏林养生"为崇。

"杏林"佳话也成为历代医家激励、鞭策自己提高医技、治病救人的典范。比如，唐朝的谢景先以医技闻名，他在董奉杏林故地建立草堂，为百姓治病。明朝的郭东曾效仿董奉，在自己所居住的山脚下，种杏千余株成杏林。苏州名医郑钦谕，庭院也设杏圃，患者馈赠的物品多拿去接济贫民。元朝的严子成，在书画家赵孟頫病危时将他治愈，赵孟頫特意画杏林图相赠。

千百年来，人们之所以怀念、景仰董奉这位千古神医，在于他毕生所培育、实践的杏林文化，蕴含着"善、诚、和"等从医理念，体现了古代医家的优秀品质，也彰显了中华传统美德的精神内涵。

### 【案例分析】

案例展现了德艺双馨仁医董奉医术高明、扶危济困的故事。通过讲述"杏林"故事的由来及佳话，展现历代医家以"杏林"鞭策和勉励自己成为医道高明、医德高尚的医者。介绍董奉及杏林故事的由来，使同学们传承弘扬这种优良品质，实现"道"与"术"的统一结合，成为德艺双馨、具备仁心仁术的医者。

### 【案例讨论】

1. 结合实际，谈谈如何践行"杏林精神"，成为一名"春满杏林"的医者？
2. "杏林"为什么会成为中医界的代名词？

## 案例三　针灸鼻祖、著作等身：皇甫谧

皇甫谧（214—282），字士安，幼名静，自号玄晏先生，安定郡朝那人（今甘肃省平凉市灵台县朝那镇），西晋时期著名的针灸学家，在文史、医学等方面都有非凡的建树。

皇甫谧出生后不久丧生母，因家贫，被过继给了叔父，他自幼顽劣，贪玩不思上进。一次，他将所得瓜果进献叔母任氏，任氏云："《孝经》云'三牲之养，犹为不孝'。汝今年余二十，目不存教，心不入道，无以慰我。"叔母说的大意是，《孝经》里说，一个人虽然经常用牛、羊、猪三牲来孝敬奉养父母，但是如果他不学无术，不成才不成器，仍然是个不孝的人。你现在20岁了，却不读书，你再孝顺，但这个样子，怎能让我放心呢？

皇甫谧幡然醒悟，决定痛改前非，遂发奋勤学。皇甫谧从此改弦易辙，矢志奋进。决心已下，从此勤学不倦，发愤苦读。《晋书·皇甫谧传》记载："勤力不怠。居贫，躬自稼穑，带经而农，遂博综典籍百家之言。沈静寡欲，始有高尚之志。""耽玩典籍，忘寝与食。"几年时间，博览儒家经典百家，终于学业大进。在耕读之余，他还将全部精力投身于著书立说之中。

他发现汉代以前纪年残缺不全，于是研习古籍，博采百家，细细甄别，对历史上的重大事件进行考证和补充，26岁著史学著作《帝王世纪》《年历》等。

42岁时（256年）不幸身患风痹，也就是风湿性关节炎。虽"得风痹疾，犹手不辍卷"，仍攻读医学。他依据《黄帝内经》中的针灸方法，在自己身上反复进行试验性治疗，集大成和实践经验于一体，开始撰集中国第一部针灸学专著《针灸甲乙经》。

46岁时，他已成为名声显赫的学者，但淡泊名利。他发现现存医书中对针灸之法仍然存在很多表述不清、研判不准之处，十分不利医者操作。如果对穴位找得不准，针灸不但不能治病，

还会造成损伤。

经历风霜寒暑，他参照《黄帝内经》对人体经络血脉和100多个穴位的初步认知，经历无数次以身试针，不断探索针灸之法。通过结合前人成果，并融合自身实践，不断修正完善人体穴位经脉针灸疗法，提升理论指导性和科学操作性。

在他68岁时（282年），皇甫谧走完了物质清贫、精神富足的人生之路，在家乡灵台县去世。皇甫谧被尊崇为"世界针灸鼻祖"，与孔子一同被被联合国教科文组织列为中国古代历史上的世界历史文化名人，他的名字将永远闪耀在人类医学的浩瀚苍穹。

这一年，他经过20多年的卓越努力编写成的传世巨作《针灸甲乙经》终于成书。该书编写过程中，皇甫谧把古代著名的三部医学著作，即《素问》、《针经》（即《灵枢》）、《明堂孔穴针灸治要》，纂集起来，加以综合比较，"究天人之际，通古今之变，成一家之言"，"删其浮辞，除其重复，论其精要"，集大家所成，并结合自己的临证经验，呕心沥血，终于写成。该书详细讲解了人体生理、病理特点，对人体腧穴有详尽的介绍，内容包括脏腑、经络、腧穴、病机、诊断、治疗等。前六卷论述针灸与穴位基础理论，后六卷记录各种疾病的治疗之法，包括病因、病机、症状、诊断、取穴、针灸和预后等。该书论述详尽，方法实用，易于掌握，奠定了后来针灸学科的理论基础，被称作"中医针灸学之祖"，是我国现存最早最全面的针灸学专著。后世的很多针灸著作都是在《针灸甲乙经》的基础上发展形成的，该书一向被列为学医必读的医学典籍之一。一千多年来，该书依然对临床有指导意义，为无数患者的病痛得以祛除发挥着作用。

唐代医署设立针灸科，并将其作为医生必修教材。此书传到国外，特别受到日本和朝鲜的重视。701年，日本法令《大宝律令》中明确规定将《针灸甲乙经》列为医者必读书目之一。唐代医学家王焘评此书："医人之秘宝，后之学者，宜遵用之。"《针灸甲乙经》流传千古，蜚声中外，奠定了中医针灸学科理论基础，开创了世界针灸医学先河，为后世针灸学树立了光辉典范。

【案例分析】

本案例展现了针灸鼻祖皇甫谧编撰针灸巨著《针灸甲乙经》的艰难曲折经历。皇甫谧完成针灸巨著大致分为以下几个过程：第一，是立志。理想信念是人的精神之钙，昭示着奋斗目标，提供前行的动力。立志后，皇甫谧决定痛改前非，矢志奋进。从此勤学不倦，发愤苦读。这为他成为"世界针灸鼻祖"奠定了基础。第二，理论与实践结合，广泛开展实践。皇甫谧不仅博览医书，集百家所成，还不断探索试验针灸疗法，无数次以身试针，结合前人成果，再融合自身实践，不断修正完善人体穴位经脉针灸疗法，才终于写出针灸学巨著中国针灸学名著。第三，专心致志，淡泊名利，排除纷扰，潜心修学问道。"得风痹疾，犹手不辍卷"。希望同学们要有"咬定青山不放松"的顽强毅力意志，排除纷扰，坚定学医从医初心使命，秉承严谨务实的态度，理论与实践相结合，在医学领域不断有所作为，有所建树。

【案例讨论】

1. 本案例介绍了针灸学鼻祖皇甫谧勤学苦读经历和艰难曲折编撰医学巨著的故事，作为中医药专业的学生，我们应该学习皇甫谧哪些精神？

2. 皇甫谧是如何成功编撰针灸巨著《针灸甲乙经》的？要在医学领域有所成就，需要具备哪些精神品质？

## 案例四　心怀百姓、药尚便廉：葛洪

葛洪（283—363），字稚川，号抱朴子，丹阳郡句容（今江苏句容县）人，东晋著名的思想家、医药学家，也是预防医学的先驱与传播者，世称葛仙翁。葛洪精晓药物学与医学，一生著作颇丰，撰有医学著作《金匮药方》与《肘后备急方》。

葛洪自幼十分聪慧好学，13 岁时由于父亲去世，家道中落，十分拮据。家中又因屡次遭火，所藏典籍也皆被焚毁。他背起书篓，步行到别人家抄书，白天上山砍柴，卖柴的钱用来买纸，晚上没钱买灯油，就点燃木柴，借着微弱的火光阅读抄书，直至深夜。经过不懈努力，他终于成为中国历史上著名的医学家和药物学家。

葛洪特别关注贫困、底层人民。连年遭受战争和自然灾害的百姓，常常因为医药资源极度匮乏，很多仅在腠理的小疾，因为不能及时用上药物而变成膏肓之疾。有些百姓遇到危急之病，由于远行寻求医药，在寻药路上枉死。他认为，于百姓而言，选用药物除考虑疗效以外，简单、方便、廉价的药物更应大力提倡。

他选药用药推崇"简、便、廉"的原则。在"简、便、廉"的理念指导下，葛洪历经多年，走遍了每一座山峰，每一条溪流，分辨出了 1 200 多种药物。他在积累了多年的临床经验后，把此前整理分辨的药物加以整理，选出最为方便、廉价又容易得到的药物，组成简单有效的治疗方法，把它们浓缩成一本薄薄的小册子，方便人们放在袖子里，在面对一些紧急情况的时候，随时取用翻看，编成了中医历史上第一本急救手册《肘后备急方》。在此书中，葛洪总结了多年来的行医实践，将自己毕生行医的经验浓缩于这本《肘后备急方》中，将"简、便、廉"的理念发挥到极致。此书在论治疾病时，只简述主证及治法，所列方剂大多为单方验方，且改变了此前的救急药方不易懂、药物难找、价钱昂贵的弊病，世人评价这本书是专为穷人写的。书中所选用的药，既便宜又易得，代表了当时医学发展的最高水平。

葛洪"简、便、廉"的理念还表现为他对艾灸的重视与应用，在《肘后备急方》中记录了大量简单有效的治疗方法，仅灸方就有 99 个。他认为，对于百姓而言，艾草易得，这种运用简单、方便、廉价的治疗方法，应该大力提倡。书中蕴含了大量首创性艾灸治疗手段，例如，提出以灸法救治卒中、恶死、昏厥、寒湿、霍乱、吐泻、癫狂、痈疽、狂犬咬伤、蝎螫等卒发急证。书中用穴较少，记忆方便，施灸方法简单。他用极浅显易懂的语言，清晰明确地注明了各种灸的使用方法，只要弄清灸的分寸，不懂得针灸的人也能使用。同时他还想办法改良了传统艾灸的方式，采取隔姜灸，隔蒜灸等方法，尽最大努力减少直接艾灸给患者带来的创伤，这些灸法奠定了针灸学的雏形，一直影响至今，对后世辨证施灸思想确立产生了深远影响。

为进一步方便取用，便于急救，除应用艾灸外，葛洪亦选用竹茹、黄蜡、纸屑等为艾草的替代品。其中，竹茹、黄蜡既有艾炷的温熨作用，又有艾炷所没有的清热开窍、通经活络等特点。因此，它们是葛洪经过筛选后选用的理想的艾炷急用替代品。此外，他还提出了不少治疗的简单药物和方剂，其中不乏一些特效药，如松节油治疗关节炎，铜青治疗皮肤病，雄黄、艾叶可以消毒，密陀僧可以防腐等，为后世医家所广泛传用。

葛洪专注于治疗的"简、便、廉"，这样平民化的定位，是其中医学著述的特色，更是他悲天悯人的大医情怀的体现。他倡导的"简、便、廉"用药原则，爱民、便民的仁心仁术思想，不仅惠及当时的百姓，更是成为中医学的精髓，泽被后世。他心怀众生、兼济天下的高尚情怀，也成为后世医家的表率。

**【案例分析】**

案例主要展现了葛洪心系百姓、普同一等的医疗态度，爱民便民、济世救人的事业准则，彰显了他心怀众生、兼济天下的高尚品德。通过梳理葛洪关注贫困百姓、药尚"简、便、廉"的事迹，把"济世"与"救人"统一起来，培养学生以患者为中心的职业精神，为患者提供方便、快捷、高效的医疗服务。通过阐述其"简、便、廉"的用药理念与治疗特色，帮助学生树立一切从患者出发的职业道德观，使得学生时刻牢记把患者的利益放在第一位，切实践行爱民便民的行医理念。

**【案例讨论】**

1. 葛洪的"简、便、廉"理念体现在哪些方面？

2. 作为未来的医学工作者，我们如何在未来的工作岗位上践行"简、便、廉"的思想？

## 案例五 乐善好施、凭德选徒：李东垣

李东垣（1180—1251），又名李杲，字明之，晚号东垣老人。中国金元时期著名医学家，真定（今河北省正定）人。师承易水学派创始人张元素，临证行医五十余年，著作有《内外伤辨惑论》《脾胃论》《兰室秘藏》等。他创立脾胃学说，成为金元四大家中补土派的代表。

李东垣出身于书香门第，自幼天赋聪慧，沉稳安静，十分喜爱读书。青年时期的李东垣，知礼仪，有爱心，忠诚守信，乐于助人。遇到生活困难的人，他总是尽力去周济。在读书期间，李东垣还令人在自家宅院边的空地上建起了一座书院，专门接待读书人，对于生活拮据的学生，他更是尽力尽心地资助，不求回报。李东垣虽生在富庶人家，但生活严谨，行为敦厚，令人敬重。金章宗泰和年间，天灾连连，李东垣竭力救济灾民，帮助很多百姓保全活命。后因其母得病，这件事对他的触动极大，从此便立志学医。他听说易州（今河北易县）张元素医术闻名燕赵，便携带厚礼，拜师张元素门下，经历数年勤学，尽得其真传。

李东垣通过长期的临床实践积累了一定的经验，提出"内伤脾胃，百病由生"的观点。他十分重视脾胃在人体中的重要作用，他对脾胃的生理、病理、诊断、治疗诸方面，形成了个人独特的脾胃内伤学说，故而后世称其为"补土派"，并成为中医"脾胃学说"的创始人。由于其医学上的成就，他也被后世称为中国医学史上"金元四大家"之一。

1244年以后，元代政局日渐稳定，65岁的李东垣返回家乡真定。他一边总结医学经验，著书立说，一边物色良才，准备倾囊相授。许多人都慕名并出重金把自己的孩子送来学医，都被李东垣婉言拒绝。他对自己的朋友周德父说："我老了，想把我的医术传给后人，但很难找到合适的人选啊！"于是，周德父向他举荐了秉性敦厚朴实的罗天益。罗天益是个穷苦人家的青年，为了拜师，还特意写了一封信，信中表达了对李东垣的敬仰和想拜师学医的心情。过了几天，罗天益在周德父引荐下拜访李东垣。李东垣见面后就问罗天益："你是想做赚钱的医生呢，还是想做传播医道的医生呢？"罗天益回答说："为传播医道而来。"于是，李东垣很欣慰，当即收罗天益为徒，并负担其所有的日常生活费用。李东垣不管行医还是收徒从来都不是为了名与利，他的心中始终装着黎民众生。因此，他选徒弟的第一标准就是品德，史载收徒唯罗天益一人。

经历了三年的学习，李东垣也为罗天益的勤奋刻苦所感动，并赠其白银二十两贴补家用，养活妻儿。罗天益竭力辞谢，不肯接受。李东垣说："我连最重要的医道都传授给你了，怎么会在这些小事上吝啬啊？你就不要推辞了。"就这样，罗天益在李东垣的资助下，随李东垣学医八年，最终也成为一代名医。

连年逃避战火的奔波劳碌，加之诊病、著述的精力耗费，最终李东垣的身体还是被拖垮了。他的人生最后十余年的时光，除了看病、授徒，便是著书。1251年，在其临终之际，李东垣才停下笔，把平日所著的书都整理校勘，分类依次排列，整理好的书稿交给徒弟罗天益，叮嘱其治病救人、推广医道。一代医家李东垣于家乡去世，享年七十二岁。

李东垣去世后，罗天益秉承老师遗志，回乡行医，并侍奉李东垣的夫人如亲母，直到老人家去世。而后罗天益也因为医名卓著，奉召于元朝太医院任太医一职，其间他将恩师李东垣留下的书稿逐一整理刊行，先后刊行了其所著《脾胃论》《内外伤辨惑论》《兰室秘藏》《医学发明》《活法机要》等学术著作。李东垣之学因此得以传布天下，使易水学派得以发扬光大，李东垣的学术思想最终可以流传下来。在将恩师的著作全部完成后，他才开始了自己著作《卫生宝鉴》的编著，而在此书中，罗天益再一次抄录了自己当年为求拜师的那封自荐信，以此来感恩自己的恩师。李东垣与罗天益也成就了我国医学历史上一段师徒佳话。

李东垣凭着执着的信念，悟得医道的真谛，挽救了无数黎民百姓的生命。他的凭德选徒故事

也被大家口口相传，为后世留下了宝贵的精神财富，无愧于"金元四大家"的赞誉。

【案例分析】

案例主要体现了李东垣乐善好施、济世利人的行为准则，不重名利、以德为先的行医理念。通过梳理李东垣早年周济读书人、救济灾民，最终选择立志学医济世的事迹，帮助学生坚定学医济世的信念，引导学生树立治病救人的远大理想。通过李东垣物色良才，以品德选徒的事迹，凸显医德修养的重要性，提高同学们医德修养的自觉性；李东垣在临终之际，仍然笔耕不辍，叮嘱徒弟罗天益治病救人、推广医道，引导学生坚定医德信念，培养高尚的道德情操、远大的理想抱负。

【案例讨论】

1. 为什么李东垣选徒把德放在第一位？
2. 身为一名在校医学生，你认为应如何养成良好的医德品质？

# 案例六　抱病出诊、风雨无阻：朱丹溪

朱丹溪（1281—1358），名震亨，字彦修，元代著名医学家，婺州义乌（今浙江义乌市）赤岸人。朱氏善用滋阴降火的方药，为"滋阴派"（又称"丹溪学派"）的创始人，与刘完素、张从正、李东垣并称为"金元四大家"，在中国医学史上占有重要地位。他一生中笔耕不辍，著述颇丰。

朱丹溪自幼聪慧，才思敏捷，日记千言，文章辞赋，一挥即成。但因早年丧父，母亲积劳成疾而患病，在丹溪30岁时，母亲病情加重，请来的医生们均束手无策。他开始自学医学，刻苦钻研《黄帝内经》等医书，克服了学习上的种种困难，经过勤奋苦学，既治好了母亲的病，又为日后的医学打下良好的基础。45岁时，朱丹溪由于此前为母看病的经历，有感于当时社会很多医生心态浮躁，医术拙劣，为患者开方时盲目照方治病，并无医学辩证思维。为帮助更多的百姓摆脱疾病的困扰，他立志学医济世，从此踏上了拜师学医之路。他从家乡义乌出发，历经吴中（苏州）、宛陵（宣城）、南徐（镇江）、建业（南京）等地，走遍了江南的山山水水，跨越千里求师，最终感化了隐居深山的名医罗知悌，不但破格收徒，还将毕生绝学传授于他。经过老师罗知悌的指点，他思路大开，医术精进，形成了一种全新的滋阴理念。

朱丹溪行医数十年，由于其医术高明，在医学上还有着超乎常人的记忆和天赋。因此，朱丹溪临证多有服药即愈不必复诊之例，治愈案例不计其数。至今民间仍然流传着许多关于他救人治病的故事，如妙手救活出殡妇、巧化危机治骨裂、暗取蚂蟥治医疮等。

48岁时，朱丹溪已闻名大江南北。他除医术卓越外，还因医德高尚被后世广为传颂。朱丹溪始终以治病救人为先，常怀大医精诚之胸襟，他的行医足迹遍布大半个中国，对待患者始终是满腔热忱，对于穷人诊治，更是经常慷慨解囊施赠，分文不受。朱丹溪还常常告诫弟子对于病患应一视同仁，故其弟子戴思恭、楼英虽为御医，但依然体恤贫民，常常为民间百姓义诊施药。

朱丹溪在行医过程中，不论出诊路途有多遥远，始终风雨无阻。宋濂在《故丹溪先生朱公石表辞》中记载元代名医朱丹溪的事迹说："四方以疾迎候者无虚日，先生无不即往，虽雨雪载途，亦不为止，虽百里之远弗惮也。"凡是有病要求出诊的，不论刮风下雪，还是路途遥远，他从不推辞。他对患者的有求必应，还表现为常常抱病出诊。有一次，朱丹溪因劳累过度病倒了，恰巧有位病家请求出诊，他的仆夫面有难色，不愿前往，直接拒绝了病家。朱丹溪知道后，责怪了仆夫，随后语重心长地对仆夫说，患者这时在家里肯定是痛苦不堪，我们怎么能置之度外，贪图安逸呢？说完，拎起药箱与雨伞就随病家匆匆上路了。

77岁，朱丹溪人生最后一次出诊，由于体力不支，不堪疲惫，出诊回来后便昏迷三日，三日后醒来，在弥留之际，仍然不忘召唤其子曰："医学亦难矣，汝谨识之。"意谓：医学理论精深，你一定要谨慎对待，千万不要误人性命啊！说完，端坐而逝。

纵观朱丹溪一生，他的学术思想和做人的品德，也为后世积攒下了一笔珍贵的财富，至今仍然受用。宋濂赞扬其道："凡先生杖履所临，人随而化。"

**【案例分析】**

案例体现了朱丹溪先生治病以救人为先，对患者一视同仁的职业观；以人为本、尊重和珍视生命的行医宗旨；不畏风雨、不辞辛劳的奉献精神。通过回顾与梳理朱丹溪立志学医济世的求学经历，让同学们在了解其求知的经历，同时凸显其学医为济世的求学观，传递只有学习好医学本领，才能帮助病患减轻痛苦、解除病痛的行医理念，引导学生树立帮助患者解除病痛的理想与信念；案例中，朱丹溪临终嘱托后人要谨慎对待医学的对话内容，激励学生在医学上养成严谨的治学态度与务实的工作作风。通过朱丹溪抱病出诊，风雨无阻的事迹，引导学生以患者为中心，养成关爱患者、服务患者的职业观。

**【案例讨论】**

1. 朱丹溪抱病出诊的故事反映了什么医德观？

2. "医者仁心"和"救死扶伤，治病救人"在朱丹溪身上表现得淋漓尽致，你认为当今医务工作者应如何践行"医者仁心"的精神？

3. 如何看待"医术精湛"和"医德高尚"二者的关系？

# 案例七　无私奉献、公开秘方：危亦林

危亦林（1277—1347），字达斋，江西南丰人，元代著名医家。危氏家族五世传承医术，皆为名医，在江西南丰县一带老幼皆知，是当地颇负盛名的医学世家。与陈自明、龚廷贤、黄宫绣、崔嘉彦、严用和、李梴、龚居中、喻昌、谢星焕并列为江西历史上十大名医。

危亦林自幼聪颖好学，博览群书。因受家学传承的影响，对祖传医术有着浓厚兴趣。他将家中藏有的一百余种医药典籍与祖传医书及验方详细阅览与研究，并在行医过程中不断进行验证与修改。尽管如此，他依然不满足于此，不断外出求学，一旦发现自己有欠缺之处，便虚心向人求教。经常步行十几里甚至几十里向藏书家们借阅各种书籍，还一本一本地借来抄录。危亦林弱冠而业医，注重辨证论治。他习医本已拥有得天独厚的家学渊源，加之不断寻师访友，博采众长，其医道日益精进，通晓内、妇、儿、眼、骨、喉、口齿各科，尤擅长骨科，成为当地有名望的医家。天历元年（1328年），危亦林任南丰州医学学录，后改任官医副提领，协助提领掌管医事政令，官至南丰州医学教授。

在封建时代，许多握有秘方的医家，都有秘而不传的习惯，导致很多验方失传。在那个频繁战乱的时期，危亦林看到老百姓饱受外伤与劳役之苦，诸多前来求医的百姓，由于长途跋涉，路途颠簸而延误了病情，甚至造成终身残疾或失去性命。危亦林不忍百姓受疾病的折磨与困扰，经过深思，做出一个重大决定，将危家累积几世的经验方剂公之于众。在接下来的十余载中，他夜以继日，选编古今验方与家族秘方，按照元代所定医学科目编辑成册，参之家传之法依十三科分类，终撰成了著名的《世医得效方》，全书共二十卷五十余万字。此书后来经江西官医提举司报送元朝太医院，太医院行文河南、江浙、江西、湖广、陕西五行省官医提举司重校，最后经太医院核定，于至正五年（1345年）刊刻发行，成为各行省使用的医疗手册。该书还在清朝被收入《四库全书》子部，数百年来，一直被后世医家推崇。

《世医得效方》全书共载医方3 300余首，保存了许多濒于失传的古代验方。全书编次有法，科目无遗，论治精详，是上承唐宋，下启明清的一部重要方书，对今天的临床仍有重要的指导意义。书中分门别类，以病为纲，以证为目，根据不同的证候，列出不同的治法，有同病而异治的，也有异病而同治的。该书突出了中医辨证论治的思维特点，反映了危氏丰富的临床经验和善于融会贯通化裁古方的创新思想,是研究中医方剂学的重要参考文献。书中首创咽喉十八种喉风证,首绘眼八廓图,还首次详细论述了骨折、脱位的整复治疗,术前麻醉法等。书中还特别针对治疗脊柱骨折提出悬吊复位法,开创伤科学的历史先河。

危氏对民间单方、验方极为重视,每每听说有民间验方,总是想方设法予以广搜博采,在《世医得效方》各科门中都有介绍。如用东引桃根一握以水煎服治疗黄疸,以赤小豆研末醋调外敷治疗腮肿等方,都非常实用。为力求临床得效,故以"世医得效"为名题之。

该书内容丰富,流传广泛,不仅保存了许多濒于失传的古代验方,还收集了不少危家五世业医所积累的经验与家传秘方。如,下痢门中记载的治疗五色痢的秘方,"疮肿科"中记载的治疗臁疮的祖传秘方,如治疗水肿的八方、治疗痈疽的秘传十方等,都是危家世代传承下来的灵验秘方。难怪王氏在《世医得效方》的序言中赞叹道:"余观世之人,得一方抓靳靳焉,莫肯示人,往往以肘后千金为解。今危氏以五世所得之秘,一旦尽以公诸人,其过人远矣!"这种评价客观中肯,反映出危亦林心系百姓、大公无私的精神。

危亦林敢于冲破保守思想的束缚公开秘方,重视辨证论治,灵活化裁应用古方,实为一位知识渊博、富有创新精神且医德高尚的医学家。

### 【案例分析】

案例中体现了危亦林不为己利、大公无私的奉献精神;灵活思辨,圆机活法的创新精神;博采众长、潜心修著的治学精神。案例中危亦林把家传几代的秘方公之于众,引导学生学习其无私忘我的奉献精神和一心为民的使命感;通过危亦林灵活化裁,开创咽喉、骨科及伤科先河的事迹,凸显中医治疗的优势,激发同学们学习中医的热情;通过危亦林广搜博采,潜心编著《世医得效方》的经历,鼓励学生以前辈为榜样,努力刻苦钻研医学,树立终身学习的理念。

### 【案例讨论】

1. 危亦林把来之不易的家传秘方公之于众,这体现了什么样的医德观?
2. 作为一名医学生,如何践行危亦林的医德观?

## 案例八 见利思义、一身正气:严乐善

严乐善,生卒年月不详,明代著名医学家,今浙江嘉兴人。严乐善自幼聪慧,在同龄中脱颖而出,才华毕露。其父严震,为太医院官吏。

由于生于医学世家,在家庭的影响下,耳濡目染,严乐善自幼热爱医学,勤奋好学。至成年后,随父学医,亦以医为业。严乐善勤研《黄帝内经》《难经》及诸家学说,并将名家医论与祖传经验相结合,经过长年累月的刻苦钻研,在大量的临床实践中加以应用,久之贯通医理,成为当地有名望的医家。

严乐善精通医术,善于总结继承家传,博采众家之长,尤其善治疑难奇险、误治失治之症。诸医束手之病,他能立辨病源,治多奇中。《古今图书集成医部全录·医术名流列传》中对其治疗春温病有相关记载:一位患者因瘴病而沾染春温病,出现高热,全身骨肉疼痛。患者先求巫医画符,喷祛邪水,如此轮番几次,仍然无济于事,不得不寻求医生开方服药。服了两副大寒方剂后,病情不但没有好转,反而出现腹痛,腹泻等症状。据查,患者服的是三黄石膏汤(由黄连、黄芩、黄柏、石膏组成)。严乐善经过仔细询问病程,得知患者因为外出,沐浴过瘴病雾气,经过多日后,酿成湿热。此前医生用药只是一味清热,湿气仍然稽留于阳明经络,基于这种情况,才出现高热不退及腹泻症状,严乐善经过仔细思索后,遂开出方药,重解表与芳香化湿,并嘱咐患者盖被发汗。患者服药后出汗,病情大减,不多日便痊愈。经严乐善之手治疗的疑难杂症,往往皆有较好的疗效。

严乐善除在方药治疗方面均颇有心得外，其在中医按摩法领域也有很高的成就。他精于子午按摩法，善以气血流注、盛衰开阖、天人相应理论为基础，采用逐日按时开穴，在医学按摩推拿史上也起着承前启后的开拓性作用。

严乐善除医术高超之外，还因其高尚品德而为后世所传颂，他常常批评那些不能灵活思辨的行医人，一味照搬成方，忘却病因病理与辨证治疗，结果贻误了合理用药的最佳时机。他告诫弟子们，学医贵精，不精则害人匪浅。他还常常教导弟子们要心怀仁义，廉洁行医，清清白白。

在《嘉兴府志》中有记载，严乐善由于医术精湛，在当地小有名气，常有患者慕名前来求医。明朝永乐十一年间，有一日，一男子前来造访，拿出金银宝器，跪地请求严乐善收下这些金银宝器，却迟迟不敢说出缘由。在严乐善的一再追问下，才知这名男子送金银宝器给严乐善，是要他开毒药方杀人。严乐善一听，当即非常愤慨，立即将金银宝器投掷于地，并疾言厉色地谴责道，如果不就此作罢，再找别的医生开毒药方，就一定要揭发并控告。最终，经过严乐善一番苦口婆心的教育，这名男子终于悔悟，及时悬崖勒马，放弃了邪念。过了些日子，这名男子再次来到严乐善家中，表示感谢，并感恩严乐善的教化之恩，使他最终没有走上犯罪的道路，没有酿成大错。

严乐善不仅一身正气，大义凛然，他通过自己的行为，把恪守医德、廉洁行医的准则传递给弟子们。他德医双修，淡泊名利，不为金银财利所诱惑，坚决制止利用医学害人的行为，成了后辈们心中当之无愧的学习榜样。

## 【案例分析】

案例体现了严乐善潜精研思、灵活思辨的治学精神；淡泊名利、清廉自守的高尚品德；重义轻利，以义为先的义利观。详解严乐善立辨病源、治多奇中的治病事迹，凸显中医治疗的优势与特色，激发学生的中医文化自信与学习兴趣。通过严乐善嘱咐学生学医贵精，不精则害人匪浅，引导学生养成严谨的治学态度。阐述严乐善不为金银财利所诱惑，坚决制止利用医学害人的行为的事迹，培养学生树立正确的义利观，引导学生在未来的医学职业活动中加强职业道德修养，不断提升医德境界。

## 【案例讨论】

1. 严乐善见利思义的故事反映了什么医德观？
2. 当代医务人员应如何处理好义与利的关系？

# 案例九　谦虚好学、隐名求师：叶天士

叶天士（1666—1745），名桂，字天士，号香岩，别号南阳先生，江苏吴县（今江苏苏州）人。清代著名医学家，"温病四大家"之一。

叶天士出生于医学世家，自幼耳濡目染。叶桂十二岁时随父亲学医，父亲去世后，家境日益贫困，十四岁便开始行医应诊。叶天士处方用药总是打破常规，在温病学上的成就尤其突出，还善于针灸手法。他是温病学的奠基人之一，其著作《温热论》为温病学说的形成奠定了理论和辨证的基础。叶天士首创温病"卫、气、营、血"辨证大纲，为温病的辨证论治开辟了新途径，被尊为温病学派的代表。他不仅在温病学上有所建树，也是中国最早发现猩红热的人，而且擅长治疗时疫和痧痘等症。他对奇经八脉理论和妇人胎前产后诸病多有发挥，且疗效显著。

叶天士信奉"三人行则必有我师"的古训，为了能够学到更多的医术，只要比自己高明的医生，他都愿意拜其为师；因此常常只要听到某位医生有专长，就欣然而往，潜心求学。

有一次，由于一位老僧医治好了一位被叶天士认定为无法医治的患者。叶天士决心拜他为师，但是由于此时他已在当地小有名气，怕老僧知道他是名医叶天士而不愿收他。叶天士摘掉了行医的匾牌，暂时停止接诊，埋名更姓，穿一身旧衣服，驾一叶轻舟，来到金山寺，要求拜老僧为师。在此之前，他故意身着单衣，在风大的地方睡觉，把自己冻得生病，然后以患者身份面见老僧。老僧诊脉后留他住下医治。服一剂药后叶天士便觉病已去其六七，他遂更加坚定了拜老僧为师的意愿。老僧被他的求学精神所感动并收留了他，叶天士时刻不离老僧左右，认真观察老僧的治病方法，隐姓埋名跟着老师学医术，并虚心向老僧求教。直到三年以后，才告知僧人他就是叶天士。老僧被叶天士的真诚所感动，倾囊相授，并把自己多年的医案赠送给叶天士。

当时与叶天士齐名的名医薛雪，二人并称"叶薛"，医术不相伯仲。一次，叶天士的母亲患病，全身冒汗，脸色异常红润，并且伴随有口干舌燥的病症。叶天士为母亲治疗，总是疗效不佳。其实叶天士想用白虎汤治疗母亲的疾病，但是他担心这药攻击性太强，不敢贸然使用。薛雪听说了这件事便与人说道，叶老夫人本就需要用白虎汤治疗的病，那就应该对症下药，无须担心药效过猛。叶天士听说了他这番言论就给母亲使用了白虎汤，母亲的病很快就好了。事后，叶天士亲自拜访薛雪，并向他虚心求教，二人从此成为至交好友。

还有一回，叶天士得知一位姓刘的名医擅长针术，叶天士想去学习但苦于没人介绍。一天，那位名医的外甥赵某因为舅舅治不好他的病，就来找叶天士。叶天士专心诊治，几帖药就治好了。赵某很感激，同意介绍叶天士改名换姓去拜他舅舅为师。在一次偶然的情况下，叶天士为了救治一位难产的孕妇展现了自己高超的医术，刘医生很惊讶，经过询问才知道这个小徒弟竟是大名鼎鼎的叶天士。刘医生被叶天士虚心求学的行为深深感动，将自己的医术全部传给了叶天士。

叶天士一生先后拜访了将近二十位名医，其中包括周扬俊、王子接等著名医家，也不乏医术高明的乡野医生。叶天士当时已是名医，但他并没有自以为是、唯我独尊。他摒弃"同行是冤家"的陋习，隐去身份，虚心求教，让自己的医术精益求精。叶天士本来就聪慧过人，加之求知若渴、博采众长，且能融会贯通，很快在医术上突飞猛进，不到三十岁就已医名远播。

叶天士不仅谦虚好学、治学严谨，还十分重视对弟子与子孙的言行教育，他临终前警诫子孙们："医可为而不可为，必天资敏悟，又读万卷书，而后可借术济世。不然，鲜有不杀人者，是以药饵为刀刃也。吾死，子孙慎勿轻言医。"他在医学上严谨的治学态度及谦恭求学的精神也给我们留下了伟大的精神财富，激励着无数医学人在医学道路上奋勇前行。

【案例分析】

案例体现了叶天士在医学道路上谦虚好学、精益求精的探索精神；精研博学、严谨求实的治学态度；叶天士隐去身份虚心求学的经历，鼓励医学生珍惜求学时光、虚心好学，掌握正确学习方法，不断提升自身医学本领。通过阐述叶天士在温病学上的成就以及精湛医术，激发学生的求知欲，并激励学生在学医道路上不断拓宽视野、勇于创新、追求卓越。叶天士重视弟子与子孙言行，临终不忘警诫子孙精研医学的故事，激励学生在医学道路上，潜心钻研、博采众长，用精湛的医术全心全意为广大病患服务。

【案例讨论】

1. 请思考叶天士精湛的医术是如何练就的。
2. 作为一名医学生，我们如何在学习过程中继承与发扬叶天士的优良品德？

**❓ 复习思考题**

1. 我国历代名医所具备的基本医德包括哪些内容？
2. 当代医务工作者应如何培养良好的医德？
3. 医务工作者应如何做到廉洁行医？

ER-2-2

扫一扫，测一测

（李文辉　范姝　马涵英）

# 第三章　中医药的创新

## 学习目标

千百年来，中医药坚持传承精华、守正创新，为解救人类疾苦和抗击疫病做出重大贡献。在西医学突飞猛进的今天，中医药如何把握时代机遇，守正创新，促进中医药传承创新发展，坚持中西医并重和优势互补，发挥中医药独特优势，成为中医药人要回答的"时代之问"。

通过介绍中医药守正创新推动中医药高质量发展的创新案例，引导学生关注中医药创新发展动态，将个人成长融入中医药事业创新发展中去，争做"守正创新的新时代中医药人"。

## 案例导读

中医药学凝聚着深邃的哲学智慧和中华民族几千年的健康养生理念及实践经验，是中国古代科学的瑰宝，也是打开中华文明宝库的钥匙。推动中医药传承创新对丰富世界医学事业、推进生命科学研究具有积极意义。

党的二十大报告对"推进健康中国建设"作出重要部署，强调"促进中医药传承创新发展"。新时代新征程，中医药人要增强责任感、使命感和紧迫感，更好地满足人民群众对中医药传承创新和中医药产业高质量发展的需求。

当今世界面临着信息化和智能化发展潮流，中医药人也要紧跟时代发展，守正创新，守住"三正"：一是守中医药文化之正，二是守中医药经典之正，三是守科学精神之正。坚持继承和创新相结合，守正创新，促进中医药传承创新发展，是推动健康中国建设的要求，更是实现中医药现代化的要求。中医药人要切实提高政治站位，主动服务国家战略和规划部署，积极融入健康中国建设，坚持不懈做好中医药的守正创新、传承发展工作，既传承中医特色，传承中医的治病经验，坚守中医药的治病经验和临床技术，还要通过创新，保持对未知领域的探索精神，用科学创新的方法进一步提高中医药治病的疗效，成为中医药传承与创新型人才，为促进中医药传承创新发展、弘扬中华优秀传统文化、推进健康中国建设贡献更大智慧力量。

## 案例一　助力中医药智慧医疗服务：互联网

科技创新让中医药发展如虎添翼，搭乘科技的翅膀，中医药不断焕发新活力。近年来，随着数字化推进，中医药互联网产业链正在逐步形成，从诊前防未病到诊中治疗，从诊后康复到医药零售，从院内到院外，为用户提供贯穿生命全周期、覆盖健康全场景的中医药产品及服务，传统中医药正在焕发新活力。

"中医药互联网+"服务模式,是以中医药与互联网融合发展为创新实践,以解决现实问题和探索未来发展方向为重点,以云计算、大数据、物联网、移动互联网、人工智能技术体系为支撑,是中医药紧握科技创新机遇,传承发展中医药事业,加快推进中医药健康服务与大数据、互联网的深度融合的创新案例和模式。

从目前互联网+中医药领域的发展来看,主要有几种模式:中药材电商、线上到线下(online to offline,O2O)的商业模式(在线问诊,线下送药、推拿保健等),以及通过互联网进行健康管理、中医媒体、中医教育及智能化设备等。重点方向围绕中医医院信息化建设、远程医疗、智慧医院、智慧药房、数据应用与数据安全、可穿戴监测设备应用、健康旅游与文化传播等具体领域。下面重点介绍几种互联网+中医药领域的融合创新模式:

中医互联网医院:中医资源稀缺,特别是国医大师更是宝贵资源,传统的中医实体医院和服务方式,优质的中医资源仅能覆盖区域范围内的群众,很难让更多人享受到中医尤其是国医大师的服务。利用物联网技术,将患者、医生、医院、智能医疗设备、药店等连接起来,患者将得到更加及时便利的医疗服务。中医互联网医院可以将群众与国医大师、名医、中药房(药店)、药品配送形成紧密连接,打通线上线下中医的服务闭环。

中医服务大数据:随着大数据研究、产业应用的快速发展,中医服务大数据的应用场景也越来越多。对中医诊疗和治疗过程中产生的数据,包括患者的基本数据、电子病历、诊疗数据、医学影像数据、经济数据、医疗设备数据等,促进不同主体的相互协同。

中医服务大数据的应用发展的场景主要有:用药分析、病因分析、疾病预防、辅助诊断、临床及科研数字化等。特别是可以建立一定范围的中医服务大数据库,促进中医资源的开放共享、互联互通,整合形成统一的监管信息平台。

中医人工智能:中医人工智能技术发展的关键是中医标准化和数据化,随着中医数据结构化的日趋完善和普及,借助结构化的电子病历、客观化的仪器、标准化的数据采集手段,在参考专家、典籍经验的基础上,辨证论治,对系统推荐的诊断、用药进行调整,由系统记录使用者的诊疗用药习惯,根据疗效反馈不断学习,构建中医人工智能系统。

互联网+治未病:亚健康人群可以通过互联网向中医医师咨询养生保健、推拿针灸、食疗药膳、节气养生等问题,也可以在移动互联网及新技术的帮助下,采集和录入饮食、运动、睡眠等数据形成用户健康档案,通过上传症状采集信息,实现健康检查和健康管理。

中药材数字化:利用"互联网+中药材"的创新模式,提供中药材规范种植、道地药材溯源、供需信息发布、金融辅助等服务,解决中药材从种植到流通的各类问题,保证药材质量。

【案例分析】

案例展现了科技创新让中医药不断焕发新活力的"互联网+中医药"融合发展的创新模式,顺应信息化、数字化、产业化和智能化发展趋势。希望同学们作为中医药人增强责任感、使命感和紧迫感,以创新驱动发展战略为引领,切实提高政治站位,主动服务国家战略,积极融入健康中国建设,坚持守正创新,加快实现中医药高水平科技创新自强,成为中医药传承与创新型人才;以自身的力量促进中医药传承创新,满足人民群众对中医药传承创新和中医药产业高质量发展的需求,促进中医药事业发展,推进健康中国建设。

【案例讨论】

1. 通过学习本案例,了解互联网+中医药融合发展的创新模式。请结合当前我国创新发展驱动战略,谈谈如何自觉践行中医药行业的创新精神和职业规范。

2. 请结合案例中中医服务大数据的成果应用,谈谈如何培养严谨的科学态度和为人民服务的理念。

## 案例二　让珍稀中药牛黄惠泽大众：蔡红娇

从古至今，牛黄一直被历代医典、药籍所记载收录。《神农本草经》载"牛黄乃百草之精华，为世之神物诸药莫及"。《新修本草》载"牛黄味苦平，……主惊痫寒热，热盛狂痉……疗小儿百病。……久服轻身增年，令人不忘"。民间有"一枚牛黄，一牛命""千金易得，牛黄难求"的传说。牛黄用途非常广泛，尤其是我国的中成药生产，比如安宫牛黄丸、牛黄至宝丹等很多救命药都要用到牛黄。过去人们只能在屠宰场从牛的内脏里寻找牛胆结石，但牛胆内有结石的发生率非常低。因此，不知有多少代人想培育出牛黄替代品来，但一直难以实现。

蔡红娇（1938—），广东省大埔县人，出生于一个中医世家，祖辈五代行医。她很小就被送到了其表叔的中药铺里，抽中药格子，做识字的启蒙。在这充满草药香味的小屋子里，她不仅全部认下了药格子上的字，还了解了许多中草药的药性和用法。能像父辈那样悬壶济世，成为她自小的理想。

1955 年夏天，蔡红娇毕业后被分到武汉同济医院外科工作，看到胆囊炎、胆结石患者撕心裂肺的痛苦，心情十分沉重和难过。她认为搞清胆石形成的原理，了解成石的影响因素，也许就能找到溶石的方法，1972 年便着手这一研究。为了解决自己功底不足的问题，她参加了同济医科大学西医学中医班和中医理论提高班。1983 年，她和同事成功研制了第一颗体外模拟人胆固醇结石。1985 年，蔡红娇到澳大利亚墨尔本大学学习，她一边留学，一边继续从事自己的研究。1987 年成功地模拟了人胆红素钙结石，导师执意挽留她在澳大利亚工作，她却想立即回国将这项科研成果应用于人工合成牛黄的研究。

蔡红娇坚信，西方有资金设备与技术等优势，但我国有博大精深的中医与中西医结合优势。于是她一头扎进实验室与图书馆，翻阅了大量的中外资料，几年下来，仅各类笔记就达数十万字。为了搞清胆红素钙结石中残渣的成分问题，一方面在裘法祖教授的指导下进行深入研究，另一方面她跑遍了国家卫生及医药管理部门、药材公司、知名医科大学、图书馆等，请教、学习、查阅资料。

研究新药要进行大量的试验，蔡红娇当起了名副其实的实验动物饲养员，先后饲养了 7 000 多只白鼠、100 多只兔、70 多条狗，进行了 700 余次体外培育实验，检测了数百个指标。为了一个准确、有效的处方，曾做了 80 个天然牛黄的样品，每个样品做了 10 多种成分和结构分析。1993 年，蔡红娇取得了中国专利局颁发的"体外培育牛黄"专利证书。申报了体外培育牛黄专利以后，她首先想到的是要将这一技术迅速转化成药品。但取得新药生产证书谈何容易，难度不亚于获得发明专利。从申报之日起，她就经常奔波于武汉与北京之间，请教专家、查阅资料、答复质询、接受在北京举行的各种评审，有一年竟有 186 天往返于京汉之间。1997 年 12 月，"体外培育牛黄"获得了卫生部颁发的国家一类新药证书和试生产批文；2002 年，获得国家技术发明奖二等奖；2004 年 1 月，正式被国家食品药品监督管理局批准可以与天然牛黄"等量投料使用"，以替代中成药品种，特别是急重症治疗药品中的天然牛黄。

蔡红娇长期从事提取胆红素工作，所用的三氯甲烷对人体的肝脏有刺激作用，以致肝痛彻夜难眠，她因此两度住院。有一次，她的痔疮病发了，她在病中却忘不了研究。在病床上她将祖传秘方加以研究后制成牛黄痔清栓，并在自己身上做试验。结果，在她病愈时，牛黄痔清栓也随之研究成功。

蔡红娇呕心沥血三十年研制而成的高科技产品"体外培育牛黄"，成为天然牛黄的一种优质替代品，从根本上解决了天然牛黄资源稀缺的问题，是我国中药现代化领域的一项重大发明创新，被誉为中医药发展史上的里程碑。媒体评价道："体外培育牛黄不仅是解决了一个中药牛黄的使用问题,其更重要的意义在于为实现中药现代化提供了成功的示范"。

【案例分析】

案例展现了蔡红娇三十年如一日,克服各种困难,研制人工牛黄的事迹。蔡红娇留学期间模拟了人胆红素钙结石后,放弃澳大利亚的工作,只想立即回国开展将科研成果应用于人工合成牛黄的研究;她坚信西方有资金设备与技术等优势,但我国有博大精深的中医与中西医结合优势。这种强烈的爱国热忱和民族自信心值得同学们学习。她凭借开拓创新的精神和坚强的毅力,历尽千辛万苦、反复试验,终于成功研制"体外培育牛黄",从根本上解决了天然牛黄资源稀缺的问题,是我国中药现代化领域的一项重大发明创新。蔡红娇研制人工牛黄的事迹说明敢于挑战、敢于吃苦、敢想敢干,有助于将中医药发扬光大。

【案例讨论】

1. 从案例中可以看出蔡红娇有哪些可贵的精神?

2. 通过学习蔡红娇历尽千辛万苦研制出"体外培育牛黄"的事迹进行思考,你认为创新精神源于哪些因素?

# 案例三　巧用砒霜辨证施治白血病:张亭栋

张亭栋(1932—),男,河北省吴桥县人,中西医结合血液病学专家,哈尔滨医科大学附属第一医院主任医师、教授,三氧化二砷治疗白血病疗法创始人,国家临床重点专科中医专业肿瘤科建设单位学术带头人,全国区域中医诊疗中心(肿瘤)培育单位学术带头人。

1950年,张亭栋毕业于哈尔滨医科大学。当时,国内人才匮乏,医疗资源非常有限。在被分派到地方后,他扎根基层,耐心对待患者,积累下了丰富的医学经验,为日后的研究打下了深厚的功底。1960年,在参观黑龙江中医院时,张亭栋对中医萌发了兴趣。古老中医的传承绝不能断,他下决心要为此贡献毕生精力。

白血病被人们称为血癌,如果没有匹配的骨髓移植,患者很难撑过一年。伴随着克隆性白细胞增殖失控,分化障碍,凋亡阻碍的出现,造血细胞将慢慢坏死。在临床上,患者疼痛难忍,日日苦熬,十分痛苦。张亭栋巧用砒霜,中医辨证施治白血病,成功拯救百万人,让世界又一次感受中医魅力。

砒霜,属于中药的一种,李时珍著作《本草纲目》中也曾有记载。据医书记载,砒霜味辛,性大热,有剧毒,过量使用就会将细胞中的酶火沽,破坏代谢功能,影响神经系统,腐蚀破坏黏膜。在古代,红砒霜被称为"鹤顶红"。平时大家对砒霜的认识主要源于古装影视剧,因为砒霜是古装影视剧中坏人常用的毒药。砒霜是一味"虎狼之药",有剧毒,一旦服用,人体功能可能会受到严重损害甚至危及生命,因此该药被我国列为严格管控的36种毒性中药之一。

以"虎狼之药"砒霜入药,试图"以毒攻毒",无疑要背负着巨大的风险和压力。一时之间,各种谣言、流言四起,也有很多人劝他放弃,张亭栋也因此遭到了不少劝阻。

顶着巨大的风险和压力,唯一支撑张亭栋继续做下去的,是无数病患的牵挂和期盼。于是,张亭栋迅速整理了相关的资料,他将老中医使用的"砒霜、轻粉、蟾酥"混合制剂制作了出来。因为原料非常普遍,这种癌症偏方也很容易制作。可是,这些东西都有剧毒,在推广之时,他们遇到了很大的困难。

对于外界的种种非议,张亭栋并未理睬。在经过了两年的动物实验后,他更加确定了砒霜的效用。1973年,张亭栋开始进行临床试验。在征得了同意后,6位慢性粒细胞白血病晚期患者被注射了药剂。经过半年的康复治疗,患者的身体状况明显好转,他们的食欲增强,肌肉强健,甚至可以自理生活。

从 1973 年到 1978 年，张亭栋又先后接诊了 55 位白血病患者。在 5 年时间里，55 位患者的病情明显改善。事实证明，砒霜对治疗白血病确实有效。到了 20 世纪 80 年代，他又带领团队开始深入开展研究。在后续的钻研中，他们弄清了砒霜的"动力学"过程，通过抑制癌细胞核分裂，砒霜在人体内起到阻断白细胞的作用。可以说，此方法虽然有一定的副作用，但是能够有效治疗白血病。

时光荏苒，一晃四十多年过去了。如今，张亭栋依旧在从事相关领域的研究，累计发表了100 多篇专业论文，详细论述了砒霜的分子生物学机制。在他的推动下，中医越发受到世界同行的重视，这门神奇的中国医术又一次焕发了勃勃生机。

2018 年 2 月，瑞典皇家科学院宣布舍贝里奖名单，其中只有一位中国人——中国上海交通大学的陈竺，他开展了急性早幼粒细胞白血病的新型靶向治疗研究，治疗方法是使用维生素 A 的一种亚型视黄酸和三氧化二砷。

从此，砒霜治白血病走上国际舞台。

"药能活人，亦能杀人"。虽然砒霜具有毒性，但中医认为其具有药用价值。近代科学家渐渐发现砒霜的效用，甚至称它可能是治癌的"良药"。张亭栋在对三氧化二砷治疗白血病的基础研究和临床试验方面做出了开创性贡献，为中国医药卫生事业赢得了世界赞誉。张亭栋身上充分体现了锲而不舍、探索求真的科学精神，体现了甘于奉献的医者担当、情怀，体现了敢于创新、救死扶伤、大爱无疆的职业操守。

**【案例分析】**

案例主要展现了张亭栋巧用砒霜中医辨证施治白血病以及应用三氧化二砷治疗白血病的临床试验和研究所做出的开创性、原创性贡献。通过梳理巧用砒霜中医辨证施治白血病的过程，培养同学们锲而不舍、探索求真的科学精神以及担当有为、甘于奉献的医者情怀，践行敢于创新、救死扶伤、大爱无疆的职业操守。

**【案例讨论】**

1. "药能活人，亦能杀人"，通过学习本案例了解砒霜的巧用，谈谈如何自觉践行中药行业的职业道德与职业规范。

2. 结合案例中民间偏方、医学典籍的成果应用，谈谈医学生应如何培养严谨的科学态度和创新的精神。

# 案例四 用"中国神草"造福世界：屠呦呦

屠呦呦（1930—），女，浙江宁波人，第一位获诺贝尔科学奖项的中国本土科学家。现任中国中医科学院首席科学家，终身研究员兼首席研究员，青蒿素研究中心主任。曾获得国家最高科学技术奖、诺贝尔生理学或医学奖、拉斯克临床医学奖、联合国教科文组织国际生命科学研究奖、共和国勋章、全国优秀共产党员、全国先进工作者、改革先锋等奖励和荣誉称号。多年从事中药和西药结合研究，突出贡献是创制新型抗疟药青蒿素和双氢青蒿素——一种用于治疗疟疾的药物，挽救了全球特别是发展中国家数百万人的生命。

疟疾是一种由疟原虫引起的古老的急性传染病，至今仍威胁着人类的健康。以青蒿素为基础的联合疗法在过去 20 年间被广泛用于治疗疟疾，"中国神草"拯救了全球数百万人的生命。

屠呦呦一直在跟青蒿素的具体问题打交道。1969 年年初，屠呦呦了解到一个全国性大协作项目——"523"任务，她的科研人生就此迎来转折。"523"任务，是一项援外战备紧急军工项目，也是一项巨大的秘密科研工程，涵盖了疟疾防控的所有领域。人们常讲，好奇心是科学家研究的第一驱动力。但在当时的历史背景下，支撑屠呦呦坚持下来的是"责任"和"担当"。屠呦呦那时常提的，就是国家培养了她，她也得为国家做些事情。"国家交给你任务，就努力工作，把任务完成。只要有任务，孩子一扔，就走了。"接手任务后，屠呦呦翻阅古籍，寻找方药，拜访老中医，对能获得的中药信息，逐字逐句地抄录。在汇集了包括植物、动物、矿物等 2 000 余内服、外用方药的基础上，课题组编写了以 640 种中药为主的《疟疾单验方集》，这些信息的收集和解析铸就了青蒿素发现的基础。

1971 年 9 月初，课题组筛选了 100 余种中药的水提物和醇提物样品 200 余个，但结果令人失望。屠呦呦决定重新埋下头去看医书，从《神农本草经》到《圣济总录》再到《温病条辨》……终于，葛洪的《肘后备急方》中关于青蒿抗疟的记载跳了出来，给黑暗中摸索的课题组一抹亮光——"青蒿一握，以水二升渍，绞取汁，尽服之。"为什么古人用"绞汁"？是不是加热破坏了青蒿里的有效成分？屠呦呦决定用沸点只有 34.6℃的乙醚来提取青蒿。实验过程繁复而冗长。1971 年 10 月 4 日，在 190 次失败后，191 号青蒿乙醚中性提取物样品抗疟实验的最后结果出炉——对疟原虫的抑制率达到了 100%。

1972 年 3 月 8 日，屠呦呦作为中医研究院疟疾防治小组的代表，在全国"523"办公室主持的南京中医中药专业组会议上做了报告。她报告了青蒿乙醚中性粗提物的鼠疟、猴疟抑制率达100% 的结果。汇报以后，"523"办公室便要求，"今年必须到海南临床看一看到底效果如何"。那时，药厂停了，课题组只能土法上马，制备大量青蒿乙醚提取物。他们用 7 个大水缸取代实验室常规提取容器。当时设备简陋，没有通风系统，也没有实验防护。屠呦呦整天泡在实验室，回家后满身都是酒精味，患上了中毒性肝炎。

在个别动物的病理切片中，研究人员发现了药物的疑似毒副作用。药理人员坚持，药物的毒理、毒性情况还未完全明确，上临床还不够条件。于是，屠呦呦干脆向领导提交了自愿试药报告。"我是组长，我有责任第一个试药！"1972 年 7 月，屠呦呦等 3 名科研人员住进了北京东直门医院，当起了首批新药受试者。之后，科研团队又在中药所内补充 5 例受试者，进行增大剂量的人体试服，受试者情况良好，未出现明显毒副作用。紧接着，屠呦呦等人携药去往海南昌江地区进行临床验证。结果显示，该药品对当地、低疟区的外来人口以及当地其他人群的间日疟和恶性疟均有一定的效果，尤其是对 11 例间日疟患者，有效率达 100%。

屠呦呦认为，从青蒿到青蒿素的研发过程只是中医药创新的一种途径，中医药的传承和发展还有多种途径和可能性。"怎样运用现代科学技术把中医药继承好、发展好、利用好，是我国科学工作者当前需要解决的问题。"屠呦呦说，"健康是美好生活的前提。'健康中国'需要我们去踏踏实实地'做'，让更多医学科研成果应用到人，让更多患者远离病痛，这是每一名中医药工作者的追求和担当。"

已逾九旬的屠呦呦继续在抗疟疾的领域攻坚克难，针对青蒿素的"抗药性"难题，不断取得新进展，提出新的治疗应对方案。为了扩大青蒿素的适应证，在"青蒿素抗药性"研究获新进展的同时，她还带领团队发现，双氢青蒿素对治疗具有高变异性的红斑狼疮效果独特。

【案例分析】

案例主要展现了屠呦呦 60 多年致力于中医研究实践，带领团队攻坚克难，研究发现青蒿素，解决长期困扰的抗疟治疗失效难题的事迹。屠呦呦一生致力于中医研究实践，以内心安静的力量、淡泊名利的境界、追求真理的勇气支持着她不断超越自己，去求真务实、艰苦探索、专注事业、勇于创新。同学们要学习她淡泊名利、潜心求索、勇于担当的敬业精神，学习她追求科学、锲而不舍、知难而进的献身精神，学习她守住清贫、耐住寂寞、甘于奉献的求实精神，学习她勤求古训、博极医源、独辟蹊径的创新精神。

【案例讨论】

1. 该案例体现出屠呦呦的哪些医学精神？

2. 你认为是什么精神力量支撑屠呦呦排除万难成功创制新型抗疟药青蒿素和双氢青蒿素，最终获得诺贝尔生理学或医学奖的？

# 案例五　创立中医妇科学调周理论：夏桂成

　　夏桂成（1932—），男，江苏江阴人，中共党员，著名中医妇科学家，国医大师，中国中医科学院学术咨询委员会学部委员，南京中医药大学中医妇科学教授、博士研究生导师，江苏省中医院妇科主任中医师。夏桂成深入洞察中医理论中的科学内涵，揭示了女性月经周期圆运动规律的阴阳消长转化，将周期节律的变化与生殖节律、生命节律紧密相连，创立了"中医妇科学调周理论"，为发展中医妇科学术做出重要贡献。

　　1932年，夏桂成出生于无锡江阴的一户农家。"小时候体弱多病，在农村干不了多少农活。家里人希望我做只动脑不需出体力的工作，于是送入江阴名医夏奕钧门下学医。"他说。三年的学徒生涯，第一年是在家中抄方，还要熟背《黄帝内经》《伤寒论》《神农本草经》等中医经典。学习期满出师后，回到老家行医的夏桂成接触到了西医，发现许多西医医理无法用所学的中医理论完全解释清楚，这令他渴望能继续学习深造。

　　20世纪50年代，夏桂成考入江苏中医进修学校，接触到方剂学、妇科学等中医其他学科，视野得以开阔，毕业后分配到江苏省中医院工作。那时，医院妇科中老医生虽多，但是缺乏年轻人。对内科已有一定积累的夏桂成被调往妇科工作。在新的领域，他依然从抄方做起。参加工作后不久，这个20多岁的小伙就遇到一位重病患者。50多岁的吴大娘盆腔中长有巨大的炎症性包块，高烧不退昏迷不醒，伤心欲绝的家人开始准备后事。夏桂成上门看诊，开出5服中药。一周后，吴大娘高烧渐退病情趋于稳定，又治疗了几个月，包块也慢慢消失了。她的家人感激地要下跪："夏医生，你真是有起死回生的本领啊！"那个年代社会比较保守，许多妇女患者不太接受年轻男医生的诊治，有时会遭遇尴尬。但从治好吴大娘疾病开始，夏桂成坚定了做个诊治妇科疾病医生的信心，尽管途中有荆棘，也阻挡不了他为妇女患者悬壶济世的决心。

　　在工作中，他发现，虽然妇科被列为临床四大学科之一，但中医妇科学理论依附于内科学，临床指导效果仍有待提高。20世纪60年代开始，夏桂成潜心研究出"妇女闭经的病理机制"及其辨证论治。在此后数十年如一日的求索中，他不仅治疗了许多疑难杂症，还在临床实践中提出中医妇科的"经间期学说"，并根据阴阳消长的规律，更加创造性地结合奇偶数律学说、心—肾—子宫轴学说等，形成独特的"中医妇科学调周理论"，被业界称为当代中医妇科的里程碑，为发展中医妇科学术做出了重要贡献。

　　"中医妇科学调周理论"是什么呢？夏桂成介绍，古代中医有"调经种子"的观念，即想要孩子就先把月经调好。他将女性月经周期分为行经期、经后期、经间期以及经前期。虽作为一个整体进行调理，但各阶段的治疗原则不同。例如经后期用滋阴养血法，经前期用补肾助阳法，目的是使阴阳消长转化循于规律，周而复始。调周法统领了中医妇科的基本治疗法则，也是很多疑难重症乏术之时可以应用的方法，往往能够出奇制胜。

　　每次出诊，夏桂成早上8点不到就到诊室，一个茶杯，一个脉枕，一坐就是半天。"这几年精力有些跟不上了，十年前一天能看七八十号呢，前几年也能看二三十号。"他说。有同事粗略算了算：一周三次门诊，平均每次10多个患者，一年下来大约是2 000人次。而在此之前的许多年，他的年门诊量至少是1.2万人次，其中不孕症患者占50%以上，治愈患者无数。在夏桂成的桌上，堆满了患者送来的喜蛋；在一些医患互动的网络论坛上，也有不少患者留言，为他的医术和医德点赞。"也想在家里歇着，但看到患者这么信赖我，怎能不来上班呢？"他笑着说。在日常工作时，有患者为了表示感谢想给他送红包，他总是婉言谢绝；有患者经济条件不佳，他体谅地挂一个号开数个方；对于慕名而来的患者，他无论身份地位都一视同仁、耐心诊治。

　　夏桂成最挂心的是学术传承人能否耐得住寂寞、守得住学术的清高。江苏省中医院7楼名医堂的 5 号诊室,既是夏桂成看诊场所,也是他给弟子们现场教学的课堂。每当有患者进来,他的博士生先询问基本的身体指标,记录下来夹在病历中;有的弟子在夏桂成看诊时记录下口述药方;有的弟子抄写笔记、拍摄药方和进行电脑录入。在遇到复杂病例选择药材或调整药量时,夏桂成就转过头耐心地给大家讲解,简短地交流一下心得。

长期以来,"中医乏人""中医乏术"的说法屡被提及,但在江苏省中医院妇科,却别有一番景象:夏桂成团队年门诊量达 28 万人次,在省内三级甲等医院妇科中排在首位,团队参与国家级课题 3 项、省部级课题 11 项,获国家发明专利 3 项。这一切离不开夏桂成对中医学术传承的重视。夏桂成最挂心学术传承人的能力水平是否得到了提高,能否耐得住寂寞、守得住学术的清高,不受外来的诱惑、数十年如一日恪守清廉。他要求学生努力将人与自然通盘考量、融会贯通。

夏桂成常说:"中医是中国的,也是世界的,中医只有走出去,才能造福全人类。"他的中医妇科学调周理论在日本、澳大利亚等地产生较大学术影响力,来访学习者络绎不绝。

**【案例分析】**

"非淡泊无以明志,非宁静无以致远"。耐得住寂寞是求知识、做学问最基本的修行,必须持之以恒,勤于学习、勤于思考、勤于探索,只有真正做到沉下心来刻苦钻研,才能有所成就。寂寞是成功的必由之路。古往今来,凡有大作为者,无一不具备很强的自制力,能耐得住在常人看来难以忍耐的寂寞。就如夏桂成,数十年如一日,耐得住寂寞,不受外来的诱惑,不忘学医的初心,锲而不舍地求知识、做学问,为中医妇科学的传承和发展做出重要的贡献。

**【案例讨论】**

1. 本案例体现了夏桂成什么样的品质?
2. 夏桂成为什么能够数十年如一日恪守清廉,专注学术?

# 案例六　在中医学与西医学间漫步:徐景藩

徐景藩(1927—2015),男,江苏省吴江区人。首批国医大师,全国著名中医脾胃病专家,主任中医师、博士研究生导师、第一、二、三批全国老中医药专家学术经验继承工作指导老师。曾任江苏省中医院院长兼江苏省中医研究所所长(今江苏省中医药研究院),南京中医药大学终身教授。被誉为"衷中参西"的代表人物,以深厚医学功底、精湛的医术,以及对中医事业的无私奉献,赢得了广大患者的尊敬和业界的赞誉。

徐景藩学医源于家学渊源和远大志向。1927 年,徐景藩出生在江苏吴江盛泽镇的一个中医世家,他的祖父和父亲都是当地名医。徐景藩少时随父徐省三学习中医。他上午抄方,下午整理、抄书、读书,结合病例查阅有关书籍加深理解,晚上学习父亲对疑难病例的经验。这由浅入深、循序渐进的师承教育,为他日后的工作打下了扎实基础。1944 年,徐景藩又拜当地名医朱春庐为师。他一边侍诊,一边精心研读中医经典及各家医籍。1947 年,徐景藩开始独自行医,开始了他长达 60 余年悬壶济世的生涯。

1952 年,徐景藩前往北京学习,在北京 5 年时间内,他系统学习了西医学,从生理、解剖、病理、生物化学等学科中领悟真谛,逐步体会到"中西医各有所长"。1957 年,徐景藩到江苏省中医院工作后,虚心向当时院内诸多名家学习,兼收各家之长,医术续有提高,成为新中国成立之后最早的中医高层次人才。

徐景藩始终把患者利益放在第一位。徐景藩曾说:"作为医生,只有廉洁自律,胸怀宽广,不计报酬,才能一切为病人着想。"江苏省中医院建院初期,作为年轻医生,他一个人主管大内科 30 多张病床,医疗任务繁重。他每月几乎一半的时间在病房值班,值班时 24 小时在病房里观察、救治患者,连续数日不能返家。早年在急诊室工作期间,值夜班时,徐景藩总是带些米去煮粥当夜餐。每次，他总是小心翼翼地把上面的粥油一勺勺地舀出，喂给重症患者。徐景藩弟子、全国名中医刘沈林教授向记者回忆说，20 世纪 80 年代，有一名来自溧水的农民患溃疡性结肠炎，多年治疗无果，便卖掉了家中唯一的一头水牛求医。"当时我跟徐老在门诊，得知这个病人在门诊缴费的时候，钱被偷走了。徐老听我说了这个情况后，就把病人叫到诊室，交给病人 200 元，让他先拿去拿药。患者流下感激的泪水，连称老师是'救命恩人'！"刘沈林说，其实当时徐老自己生活也清苦，一家人的生活全靠他的工资来维持。"这件事我记了很多年，老师医德高尚，仁爱仁心，是我终身学习的榜样！"刘沈林动情地说。

徐景藩在中医学与西医学间走自己之路。1958 年，徐景藩参与创建南京中医药大学内科教研组，在繁重的医疗工作基础上兼任课堂和临床教学任务。他积极倡导学科分化，1986 年在原有脾胃、肝胆病组的基础上成立了中医消化科。早在 20 世纪 80 年代，他带领研究生对胃脘痛的病因病机和辨证客观化等展开科研工作。他还编写著作十多部，发表论文 130 余篇。古稀之年，还著有《徐景藩脾胃病治验辑要》，已多次重印。徐景藩参与编写《中医内科学》《现代中医内科学》等教材，科研成果分别获国家中医药管理局、江苏省卫生厅、江苏省中医药管理局科技进步一、二等奖和甲级奖。

徐景藩在临床上有不少"绝招"，首创的"糊剂方卧位服药法"，让患者甚至同行叹服。一名患者食管发炎，疼痛难忍，用了各种方法，效果一直不理想。当时很多医生都为药水无法留在食管部位而头疼，徐景藩通过不断研究，运用中西医结合方法改进剂型和服用方法，取得了较好疗效。这种服药法把汤药变成糊状中药，服用后利于药达病所。治胃病，徐景藩主张从三型论治，参用护膜法；治疗以泄泻为主证的慢性结肠炎，他创"连脂清肠汤"内服和"菖榆煎"保留灌肠法；治疗残胃炎症，他创制了"残胃饮"。运用中医综合疗法是徐景藩的一贯做法，如诊治肝病重症阴虚膨胀，他采用内服、鼻饲、外治用药、针刺并进以及运用养阴利水方等方法，取得较好效果。对于胃脘疼痛者，他选用中脘、足三里等穴位针刺，或结合耳针治疗，效果明显。有些难治病症还兼用泡足方法。

徐景藩认为，中西医各有所长，应该相互补充，要运用和借鉴西医学知识和技能，更好地为中医服务。他联系西医学对胃生理功能的认识，提出"胃能磨谷论"，临床上有一定的实践意义。治疗急性胰腺炎，他采用清化通腑消滞法和外治法，颇有良效。他也常将中药药理学的研究成果在辨证的基础上参用于临床，提高了治效。

**【案例分析】**

中医起源于古代中国，它强调整体观念和辨证论治，注重预防和调理。而西医则起源于古希腊，是依据生物学、化学等自然科学发展而来的。它的特点是注重分析和实证，强调对疾病的病因、病理和病灶的研究和探索。中医注重整体观念和治疗原则，强调人与自然环境的协调和平衡，通过中药、针灸、推拿等手段调节身体的阴阳、气血等生理状态，促进自愈能力。徐景藩认为，中医要更好地传承和发展，就要勇于创新，运用和借鉴西医学知识和技能，更好地为中医服务。

**【案例讨论】**

徐景藩曾说："作为医生，只有廉洁自律，胸怀宽广，不计报酬，才能一切为病人着想。"这体现出了哪些优秀品质？

# 案例七　智能科技与中医药学融合：王琦

王琦（1943—），男，江苏高邮人，中国工程院院士，国医大师，国际欧亚科学院院士，第四届中央保健委员会会诊专家，国家重点基础研究发展计划（"973"计划）首席科学家。北京中医药大学终身教授（一级教授）、主任医师、研究员、博士研究生导师，北京中医药大学国家中医体质与治未病研究院院长。王琦开拓了中医原创思维新领域，开创中医体质学，建立了九种体质人工智能模型，利用智能算法实现对个体体质的精准解读，为个性化健康管理提供指导。

为了完善学说的理论体系，王琦积极接触西医学，与基因学专家合作，寻找基因与体质之间的互通桥梁。王琦说"体质之间有什么差异？咱就得从基因说差异，这样西医就能接受。我们治病跟他们不同在哪？他们从病的基因入手，我们从人的基因入手""光讲传统沉淀、历史辉煌是不行的，中医回归经典只是第一步，经典还需要重生、延伸。我们不应该只回顾历史，我们的责任更在于改写历史，写下新的历史"。

王琦力主行医不能只看人的病，更要看病的人，把辨体、辨病、辨证结合起来。他说，中医要被认可，要靠疗效，要靠原创的理论体系。开创中医体质学，用体质辨识助医生治病，帮普通人读懂自己的身体，进行自我健康管理。主张中医走出去，要以充分的解释力为前提。为此，他积极接触西医学，与基因学专家合作，寻找基因与体质之间的互通桥梁。他把目光聚焦在人的身上。在40多年的时间里，他逐步开创中医体质学，以2万多例的流行病调查数据为依据，把人的体质分为9种类型，根据不同体质的差异，进行个体化的诊疗和医学干预，并将其确立为中医理论体系中一门独立的学说，成为国家中医药管理局的重点学科、教育部批准高校自主设置的目录外二级学科。比如，治疗过敏，若从过敏原入手，不仅种类繁多，而且难以完全切断。王琦从人的体质入手，提出"过敏体质"的概念，以此用药物来改善偏颇体质，取得了良好的效果。体质辨识不仅能帮助医生治病，更能帮助普通人防病，进行自我健康管理。

王琦带领自己的团队，编制了评价中医体质类型的测试工具——中医体质量表，通过这个量表列出的个人健康量化标准，帮助人们更加准确地了解自己的体质，以及这种体质可能导致的疾病，从而改变生活方式、饮食习惯，实现自主自助式的健康管理。"告诉老百姓，我是什么体质、我应该怎么管理身体，才能达到少生病的目的，这也是对中医治未病的一个重要贡献。"王琦说。目前，中医体质辨识法已被纳入《国家基本公共卫生服务规范》，这是中医药首次进入国家公共卫生服务体系。

王琦认为中医药具有多学科交叉的历史，而进行多学科交叉是中医药现代化转型的必经之路。提出中医药多学科交叉不是"以西解中"，而是"拿为我用"；要坚持主体发展与开放兼容相结合，采用多种方式来呈现当代的需求；不仅要回归经典，还需要重生、延伸经典；积极运用现代多个学科的先进理论与技术成果，在现代哲学思想的指导下，不断揭示中医理论所反映的人体健康与疾病的独特认识和深层规律，揭示其疗效机制，使之产生质的飞跃。

王琦研究团队基于40余年的研究成果，提出并开展数字中医体质研究，将中医体质学与智能科技相结合，运用数据库技术、数据分析技术、人工智能技术等手段，构建中医体质的特征与应用的数字化、智能化、一体化服务平台。系统架构由数据存储、数据分析、人机交叉三个部分组成，通过选择适宜的数据库管理系统、编程语言、前后端技术搭建平台，打通体质学科的丰富前期研究结果，形成包含远红外、量表、组学等宏微观多维度刻画的数字化体质特征；研究资料包括数字化存储的文字、图像、声音以及论文著作、原始数据、学术传播等多模态；该系统具备智能检索、智能分析、智能推荐等应用功能，是集科研、健康、教育于一身的数字中医体质平台。平台基于中医体质理论，研究并数字化九种体质的特征，利用智能算法实现对个体体质的精准解读，为个性化健康管理提供指导。未来可以利用交互界面，让每个人能够深入了解自身体质，实现全因素、全图景、全过程的"中国人体质全景图"。

【案例分析】

案例介绍了王琦开拓中医原创思维新领域，开创中医体质学，建立了九种体质人工智能模型的事迹。中医作为中华民族的医学科学，从宏观、系统、整体角度揭示了疾病的发生发展规律和预防措施，在我国有广泛的群众基础，作为新时代的中医学专业学生，如何让中医药学与科技相结合并进一步发扬光大非常关键。我们要坚持中医的守正，更要推进创新，重视中医药多学科交叉，将中医与科技结合，让中医得到更广泛的国际认可，并推动中医学的发展。

**【案例讨论】**

1. 王琦力主行医不能只看人的病，更要看病的人，把辨体、辨病、辨证结合起来，这体现了中医学的什么思想？

2. 王琦建立九种体质人工智能模型的事迹对我们有什么启示？

## 案例八　用生物学阐释中医肾主骨：王拥军

王拥军（1965—），医学博士，教授，研究员，主任医师，博士研究生导师。从事慢性筋骨病的临床、基础与康复研究。国家杰出青年科学基金获得者、"长江学者奖励计划"获得者、岐黄学者、《国家重点基础研究发展计划（973计划）》首席科学家、全国优秀博士学位论文评选指导老师，全国高校黄大年式教师团队带头人。

根据长期临床经验和中医"肾主骨"理论，王拥军教授团队首创"补肾益精方"，通过严格的随机双盲双模拟、安慰剂对照、多中心临床研究方案，证明补肾益精方的临床疗效，并建立"病证结合、分型论治"原发性骨质疏松症的临床规范化方案和评价体系。

他们还研究发现，慢性病发生和发展与"神经-内分泌-免疫-循环"系统功能紊乱导致干细胞增殖和分化功能下降有关，这是肾精不足所致，因而称之为"肾精亏虚型慢性病"。临床上须对不同组织器官的慢性疾病进行病证结合的辨证论治。上海中医药大学中医"肾主骨"理论的应用基础研究教育部创新团队以王拥军教授为首，立足于健康领域的重大需求和中医发展战略规划，系统地阐述了"肾主骨"的生理和病理及调控作用，并揭示了补肾中药防治骨退行性病变的作用机制；开拓了"肾主骨"理论的现代生物学内涵，构建了"肾骨系统研究体系"，提高了"肾主骨"理论的临床指导价值，丰富发展了"肾主骨"理论。该团队实验平台建设完善，建立了适合本学科发展的实验室管理制度、文化建设制度和人才培养制度，培养了一批青年科技人才，并取得了一批研究成果和学术奖励，在国际同领域研究中处于领先水平，是具有示范作用的中医创新型团队。

王拥军常用一句话来概括自己的求学经历："我一直是在求学的路上。"自1983年考入安徽中医学院（现安徽中医药大学）中医系中医专业，他便将自己明确定位为"中医人"，立志悬壶济世、救死扶伤。带着这份信念，身为学生党员的他在1988年本科毕业后，决定前往条件艰苦、医疗资源相对匮乏的安徽省皖北矿务局下属医院工作。这份任务艰巨、挑战性大的工作，王拥军一干就是6年。"我当时兼任了中医科和骨外科两个科室的工作，还是医院救护大队的副大队长，经常要下矿山抢救工伤人员"。在悉心诊治矿工伤痛的同时，王拥军还发现了一个让他十分揪心的现象：煤矿工人长期地下作业可导致许多职业病，包括颈腰疼痛、关节疾病、胃肠道疾病、呼吸道疾病等慢性病，严重的脊髓损伤还可能导致截瘫。如何以更高水准的治疗措施解决这一类人的疾病？于是，他携着苦心钻研所得的研究报告，在火车上站了一天一夜，前往成都参加中华中医药学会骨伤科分会学术年会。作为会上发言的唯一的一名基层医院医生，王拥军进行了"煤矿工人颈椎病调查与综合治疗"报告，凭借翔实的数据与科学的分析，他的报告给时任中华中医药学会骨伤科分会会长的施杞教授留下了深刻印象。会后，王拥军得到施杞教授的鼓励，并如愿考入上海中医药大学，成为施杞教授的研究生，由此结下了延续至今的师生情缘。"于仁厚处用心，于术精处用功"是施杞教授赠送给王拥军的格言，王拥军视其为毕生的座右铭，不仅亲身践行，还将其传承给自己的弟子和学生。

博士毕业后，王拥军念念不忘从根本上解决百姓脊柱病困扰的"初心"。王拥军从事"中医药防治慢性筋骨病"的临床和基础研究至今已有 30 年。他率先开展了"脊柱与椎间盘退变与衰老"防治规律研究，在国际上首次发现并证明椎间盘也具有器官的功能，并呈现衰老的基本规律，提出了"椎间盘乃奇恒之腑"的创新性观点；率先开展了"骨与关节退变和衰老"防治规律研究，在"肾主骨"理论的基础上，构建了"肾骨系统"理论体系；率先发现老年性骨病存在"三期病理变化规律"，首次提出了"肾精亏虚型慢性病"的概念，创立了以"肾精系统"为核心的防治学理论体系；研究成果收录入《中医骨伤科常见病诊疗指南》，他还建立了"中国骨健康"服务体系以及成果转化应用示范基地，促进了中医骨伤学科及相关学科的发展。

### 【案例分析】

案例主要展现了王拥军对知识的渴望、对学习的坚持、对理想的追求。科学研究要有战略眼光，明白博大精深的中医理论在世界医学、生命科学发展中有原创性的科研意义，把握科学研究方法和高瞻远瞩的大局意识。眼界决定境界。通过梳理王拥军的求学经历，引导同学们学无止境，了解成功是给有准备的人。王拥军注重弘扬中医药团队协同创新精神，充分发挥慢性筋骨病防治特色优势，为中医药事业发展和我国卫生健康服务做出突出的贡献。中医"肾主骨"传承创新团队始终坚持"继承、创新、现代化、国际化"的建设方向，深入开展具有中医药特色、优势的临床和基础研究，不断提高服务社会的水平，为实现中医药的振兴之梦不断努力奋斗。

### 【案例讨论】

1. 王拥军中医"肾主骨"的学术思想给予我们哪些启示？
2. 在案例中我们学到了王拥军的哪些精神？
3. 如何理解施杞教授赠送给王拥军的人生格言"于仁厚处用心，于术精处用功"？

## 案例九    建立智慧健康创新实验室：张伯礼

张伯礼（1948—），中医内科专家，中国工程院院士、中国工程院医药卫生学部主任，国医大师，中国医学科学院学术咨询委员会学部委员，"人民英雄"国家荣誉称号获得者、"重大新药创制"国家科技重大专项技术副总师，国家重点学科中医内科学科带头人，第一批国家级非物质文化遗产代表性项目中医传统制剂方法代表性传承人。长期从事心脑血管疾病防治和中医药现代化研究工作。

2020 年秋，由中国工程院医药卫生学部主任张伯礼院士负责组建的智慧健康创新实验室正式揭牌成立，该实验室由天津中医药大学组分中药国家重点实验室和浙江大学药物信息学研究所共同组建。以张伯礼院士为主任的天津中医药大学组分中药国家重点实验室，是我国中医药系统第一个国家级重点实验室，由科技部与天津市人民政府共建；浙江大学药物信息学研究所，则是我国第一家"医药科技＋信息科技"跨界创新研究机构，在药品质量管控技术、智慧制药技术及装备、智能药学等方面研究水平处于世界前列。此次智慧健康创新实验室在杭州成立后，在张伯礼院士带领下，两家单位协同开展科研工作，共同连续承担 3 个《国家重点基础研究发展计划（973 计划）》项目，开拓组分中药研究领域，建立以"组分配伍"研发中药新药的系列关键技术；共同承担国家"重大新药创制"科技重大专项、国家重点研发计划、国家自然科学基金重点项目等一批国家重大课题，创立中成药二次开发核心技术体系，建成以国际先进制药技术理念为主导的智慧制药平台，引领中药智能制造技术发展方向，推动中药制药从"经验制药"迈向"科学制药"。

回顾近几十年来中医药发展历程，科技创新是关键。"现代科技＋中医药"是推动中医药现代化发展的重要抓手。以张伯礼院士为主任的天津中医药大学组分中药国家重点实验室，是我国中医药系统第一个国家级重点实验室；浙江大学药物信息学研究所，则是我国第一家"医药科技＋信息科技"跨界创新研究机构，在药品质量管控技术、智慧制药技术及装备、智能药学等方面研究水平处于世界前列；在张伯礼院士带领下，实验室围绕循证医学、智能制造、智慧中药、协同免疫等研究方向，研创数字健康产业关键技术，突破医药健康产业共性瓶颈问题，加速科技成果转化，在智慧生物医药产业化技术方面寻求突破，为"健康中国"建设贡献科技力量。

该实验室坚持把科学普及放在与科技创新同等重要的位置，强化全社会科普责任，并将中医药知识纳入中小学地方课程，探索将中医药文化传承、创新与新时代劳动教育有机融合的教育新模式，立德树人，促进中医药传承创新发展。

## 【案例分析】

案例主要展现了张伯礼坚持"知识、能力、素质并重，以培养学生创新发展能力为核心"的教育理念，倡导强化中医临床思维，注重临床技能训练。他的智慧健康创新实验室以数字科技赋能制药过程检测与建模，人工智能助力中药工业高质量发展，重点研究中药制剂工程科技发展战略，交流中药制药过程质控技术及装备发展现状和方向。引导学生培养创新意识和能力，不断提高专业知识水平，为实现中国式现代化做出了重要贡献，在中国式现代化建设进程中发挥了中医药价值。

## 【案例讨论】

1. 张伯礼创建智慧健康创新实验室的事迹给予我们哪些启示？
2. 我们要学习张伯礼的哪些精神？
3. 请结合张伯礼智慧健康创新实验室创建案例，谈一谈如何促进中医药传承创新发展。

### 知识链接

#### 促进中医药传承创新发展　全力推进健康中国建设

在党的二十大报告中，习近平总书记指出，推进健康中国建设，把保障人民健康放在优先发展的战略位置，强调"促进中医药传承创新发展"，为新时代中医药事业高质量发展进一步指明了前进方向、提供了根本遵循。

《"十四五"中医药发展规划》提出要建设高水平中医药传承保护与科技创新体系，加强重点领域攻关，加大对中医药科技创新的支持力度，深化中医原创理论、中药作用机理等重大科学问题的研究。

从2016年国务院印发《中医药发展战略规划纲要（2016—2030年）》到2017年《中华人民共和国中医药法》的颁布实施，从2019年《中共中央　国务院关于促进中医药传承创新发展的意见》的出台到2021年《关于加快中医药特色发展的若干政策措施》的发布，党中央、国务院对中医药事业发展作出了全面的战略部署和顶层设计，再次彰显了国家大力发展中医药事业的决心。

近十来年，中医药服务体系逐渐健全，服务能力和可及性显著提升。中医药全面参与基本医疗卫生制度建设，融入"健康中国"行动，在医疗卫生事业中发挥着独特的优势和作用。

### ？　复习思考题

1. 中医药可以从哪些方面与科技相融合？
2. 谈一谈党的十八大以来我国在中医药创新发展方面取得的标志性成就。
3. 结合自身工作，谈一谈你对推进中医药科普能力提升的认识。

ER-3-2

扫一扫，测一测

（李文辉　狄婷婷　胡钰颖　马涵英）

# 第四章　中医药在海外

　　立足根本，放眼世界。随着中国共建"一带一路"倡议进程的加快，中医药已获得世界越来越多国家的认可，中医药医疗、教育、科技、文化、产业等领域国际合作取得积极进展，中医药"走出去"也成了大健康产业的新趋势。中医药相关专业学生既要坚定和树立"文化自信"，又要放眼世界，树立全球化视野，正确处理中医药个性化与普世化的关系，激发创新活力，传承中医药传统文化，推进中医药高质量融入共建"一带一路"，推进中医药国际化，助力构建人类卫生健康共同体建设。

## 案例导读

　　世界百年变局和世界经济贸易变革相互交织，中医药释放的国际影响力不断彰显，中医药海外发展也迎来难得的战略机遇期。让中医药文化走出国门，对于弘扬中华优秀传统文化、增强民族自豪感和文化自信，促进文明互鉴和民心相通、推动构建人类命运共同体具有重要意义。

　　围绕推进共建"一带一路"高质量发展总体要求，国家中医药管理局会同相关部委制定了《推进中医药高质量融入共建"一带一路"发展规划（2021—2025年）》。构建中医药发展新格局要遵循中医药发展规律，以新发展理念为重要指引，统筹国内国外两个大局，传承精华、守正创新、补短板、强弱项、扬优势、激活力，整体推进中医药综合改革，推进中医药现代化产业化，进一步健全中医药服务体系。中医药人要善于从中医药伟大宝库中发掘精华，创新发展，推进中医药与现代科学相结合，加强中医药交流，共同推动中医药"走出去"，让中医药为全人类健康提供"中国方案"与中国智慧，为人类卫生健康共同体做出新贡献。

## 案例一　中医药与人类卫生健康共同体

　　"在全球性危机的惊涛骇浪里，各国不是独自乘坐在190多条小船上，而是乘坐在一条命运与共的大船上。"健康是人类永恒的追求，是全世界各个国家共同关注的话题。各国面临的共同威胁和挑战，没有哪个国家能够独自应对，也没有哪个国家能独善其身，也没有绝对安全的世外桃源，团结合作推动共建人类卫生健康共同体才是人间正道。打造人类卫生健康共同体的新倡议，是人类命运共同体理念的进一步深化和升华，进一步丰富、完善和拓展了人类命运共同体理念内涵。

　　我国始终秉持人类命运共同体理念，从打造"健康丝绸之路"，再到打造人类卫生健康共同体国际合作倡议的提出，进一步体现了中国对世界各国人民平等的生命健康权等基本人权的尊重，增进了各国民众的健康福祉。我国切实履行国际责任，担当作为，积极参与应对埃博拉等疫情，为构筑全球公共卫生屏障贡献了中国力量。为共同促进全球公共卫生事业发展、积极构建人类卫生健康共同体，书写了共建"健康丝绸之路"的感人篇章，书写了大国情怀与大国担当。

习近平总书记强调，要遵循中医药发展规律，传承精华，守正创新，加快推进中医药现代化与产业化，推动中医药事业和产业高质量发展，推动中医药"走出去"。目前，中医药的传播范围已扩大至 196 个国家和地区，形成 30 个较高质量的中医药海外中心和 56 个中医药国际合作基地，为共建"一带一路"国家民众提供优质中医药服务。除此之外，中医药还被纳入多个政府间人文交流合作机制，形成了一批中医药国际文化传播品牌，特别是在中医药医疗保健服务方面，受到了多国政府和民众欢迎。

推动中医药学创新发展，不仅要夯实其自身核心竞争力，也要致力于为社会和人类健康做出贡献，发挥中医药独特优势，为人类健康命运共同体贡献中国智慧。

以中医药为代表的传统医药是各国优秀传统文化的重要载体，是世界人民的共同财富，在促进文明互鉴、深化民间友谊、维护人民健康等方面发挥着重要作用。近年来，中医药合作充分发挥在卫生健康、经贸、科技、文化等方面的多元价值，中医药日益融入现代医药体系，已经成为"一带一路"科技创新合作的重点领域和高质量发展的新亮点，也成为共建"一带一路"高质量发展、推动构建人类卫生健康共同体的重要载体和内容。中医药服务正融入共建"一带一路"国家医疗体系，成为共建国家共享共建的卫生资源，中国同共建国家中医药交流合作也日益密切。

中医药是中华民族的瑰宝，也是世界人民的财富。中医药文化也越来越受到海外的认可和欢迎。世界卫生组织统计数据显示，有 113 个成员认可针灸等中医药诊疗方式，29 个成员为中医药的规范使用制定了有关法律法规，还有 20 个成员将针灸等中医药诊疗纳入医疗保障体系，有些国家的健康保险体系也覆盖某些中医药疗法。

中医药正成为民心相通的"健康使者"，中医药正乘着"一带一路"建设的春风走向世界。新时代，中医药人要努力增强民族自信和文化自信，切实做好中医药传承精华、守正创新工作，深入挖掘中医药的历史价值、文化价值和现实作用，助力推动中医药走向世界，推动世界文明交流互鉴，促进民心相通，深入探索中医药文化新的表达方式与传播路径，携手共建人类卫生健康共同体。

【案例分析】

案例主要展现了我国积极践行人类命运共同体和人类卫生健康共同体理念，利用中医药优势推进中医药"走出去"，为人类健康做贡献，展现大国情怀与责任担当。通过梳理中医药"走出去"、推动中医药守正创新的成就，引导同学们要增强民族自信和文化自信，加深专业情感，同时，还要成为具有开拓创新精神和更广视野的中医药人，传承精华、守正创新，成为新时代中医药"传承人"和"开拓者"，不断挖掘中医药价值，助力推动中医药走向世界，为共建人类卫生健康共同体建设做贡献。

【案例讨论】

1. 作为中医药相关专业学生，在共建人类卫生健康共同体生动实践中，应当具备哪些能力和素质？

2. 结合案例谈谈中医药在共同打造人类卫生健康共同体方面有哪些突出贡献，请举例说明。

# 案例二　中医药与"一带一路"的建设

近年来，中国推进中医药产业发展与合作、加快中医药"走出国门"步伐，中医药越来越多地服务共建"一带一路"国家和地区的人民，中医药交流合作已成为共建"一带一路"高质量发展的新亮点。

推进中医药高质量融入"一带一路"建设，是推进健康丝绸之路建设的重要内容领域，也是推进共建"一带一路"高质量发展的重要内容，成为推动构建人类卫生健康共同体的重要载体与平台。同时，"一带一路"建设也为中医药国际化发展提供了良好契机，二者相辅相成，相互促进。

中医药为"一带一路"经济发展提供新机遇。截至2022年7月，我国已与149个国家建立"一带一路"合作，涉及人口约50亿，占世界总人口的64%。伴随着共建"一带一路"的深入展开，中国与这些国家的联系会更加紧密，中医药国际市场需求会比较快速地增长，中医药企业"走出去"的机会会越来越多。未来，中医药在这些国家和地区将会有非常好的发展前景。

当前，共建"一带一路"进入高质量发展阶段。2022年1月发布的《推进中医药高质量融入共建"一带一路"发展规划（2021—2025年）》提出，"十四五"时期，中国将与共建"一带一路"国家合作建设30个高质量中医药海外中心。与此同时，还存在有待突破的短板，比如中医药服务人类卫生健康潜能尚需深挖、中医药健康产业国内国际循环有待畅通、中医药国际科技合作层次亟须提高、中医药国际教育整体水平仍需提升、中医药促进民心相通能力有待加强。

为提升中医药企业国际竞争力和中医药产品国际影响力，我国鼓励中医药企业通过海外投资、品牌收购、兼并重组等方式，在共建"一带一路"国家建立分公司、子公司，聘用当地员工，融入当地文化，加快培育产业链条完备的跨国公司和知名国际品牌。将来中医药企业在条件成熟的国家开办中医医院或诊所、中医养生保健机构等的数量将会增加。此外，企业还可以探索在一些国家开发建立中药材种植基地，种植高质量药材并生产中药产品，在当地进行产品注册、开展临床应用，真正实现中医药的海外本土化发展。这将带动一大批当地民众参与到中药材种植中来，增加当地就业机会，提高当地人民的收入水平。

中医药更加深入地促进"一带一路"民心相通。将中医药发展深度融入共建"一带一路"之中，将直接为这些国家及其人民带来实实在在的好处。例如针灸治疗是中医的重要组成部分，通过针灸、拔罐的方法治疗很多常见病如头疼、肩痛、面瘫、颈椎病、疱疹、失眠、神经痛等都有比较好的疗效，而且成本低，在比较贫穷的国家拥有广阔的市场。

通过在共建"一带一路"国家开办更多的各类中医药海外中心如中医针灸中心、中药治疗室等，以及通过与相关国家联合建立更多的中医药国际合作基地等方式，一方面为当地人民以及所在国的中国居民、华侨等治疗，另一方面也能够培养各类中医药医务人员，使这些国家有兴趣从事中医药服务业的青年人找到新的就业机会。例如，中国-津巴布韦中医针灸中心是中国国家卫生健康委援津巴布韦中医针灸人才培训项目援建内容，中心于2020年正式建成并开始临床诊疗工作，目前已经为18 000多位患者进行了针灸、灸灸、拔罐等治疗。2024年3月25日正式更名为"中国-津巴布韦中医药中心"。除了开展临床诊疗工作外，还为津巴布韦培训中医针灸人才。

中医药是属于全世界的宝贵资源，以其低成本、疗效好等优势赢得了世界多国人民的喜爱。特别是当中医药深度融入"一带一路"建设过程后，中医药将对增强民心相通起到重要的推动作用，进而为推动构建人类卫生健康共同体和人类命运共同体做出重要贡献。

【案例分析】

案例主要展现了推进中医药高质量发展与"一带一路"建设相辅相成、相互促进所取得的重要成就和贡献。通过展现中医药参与"一带一路"建设的主要方式，比如与"一带一路"合作伙伴共建中医药海外中心、中医药国际合作基地等方式，展示了中医药造福于民的成就，同时也展现了推进中医药产业发展与合作、推进中医药高质量发展的新举措、新思路，着力培养同学们的开拓创新精神和专业自信情感。

【案例讨论】

1. 请结合本案例，列举中医药以哪些方式在服务"一带一路"倡议中发挥作用。

2. 结合中医药服务"一带一路"倡议过程及应用成果，谈谈如何培养具有创新思维和国际视野,能够更好服务"一带一路"倡议的中医药人才。

3．作为中医药相关专业学生,在服务于"一带一路"倡议的过程中,应具备哪些素质和能力?

## 案例三　走向世界的文化"名片"针灸

2017 年,习近平总书记在日内瓦访问了世界卫生组织并会见陈冯富珍总干事。会见期间,习近平总书记和陈冯富珍共同出席中国向世界卫生组织赠送针灸铜人雕塑仪式,为针灸铜人揭幕。一时间,针灸铜人成了"名人"。

中医针灸,是针法和灸法的合称。2010 年,中医针灸被列入联合国非物质文化遗产名录。这一具有鲜明的中国民族文化与地域特征的医学手法,越来越受到国内外学界和大众的关注,有人说它神奇,有人说它无章可循,无论有什么样的争议声,中医针灸正在成为中国文化走向世界的"名片"和"使者"。

随着丝绸之路的开通和东亚、东南亚海路的开发利用,中医针灸开始向周边国家传播。针灸走向国际的第一个高潮可追溯至隋唐时期,针灸逐渐传入日本、韩国、越南等亚洲国家。鉴真和尚东渡日本所带的医书中便包括《黄帝内经》《神农本草经》和《针灸甲乙经》,所以至今日本仍将中医称为汉医。17 世纪,航海家从海路将针灸带到欧洲。1671 年,《中医秘典》在法国出版,针灸开始应用于临床实践,法国也成为欧洲了解和应用针灸最早的国家。18 世纪以后,法国、德国、英国、瑞典等国出版的介绍针灸的书籍约有 50 种。20 世纪初,法国人苏烈在中国从事外事工作期间,向当地医生学习中医和针灸技艺,他的著作《针灸法》至今仍是西方人学习针灸的教材。

1971 年 7 月 26 日,《纽约时报》报道了阿波罗 15 号宇宙飞船将于当天发射的消息,而当天的头版还同时刊登了一篇题为《现在让我告诉你们我在北京的手术》的报道。这是一名美国记者在北京接受针灸治疗后,把自己的经历写成了文章。正是这篇并不十分起眼的署名纪实文章,在美国引发了意想不到的针灸热,也标志着现代中国针灸正式传入美国。同期,新华社首次向世界报道了中国医务工作者成功使用针刺麻醉的消息。

21 世纪以来,针灸在临床实践中不断取得成绩,充分证明了针灸的科学性和有效性,在国际上广受欢迎。最早海外主要将针灸作为替代医学、补充医学来使用,而现在不少国家和地区将针灸作为整体医学进行推广应用。据不完全统计,目前世界有 193 个国家和地区运用针灸,59 个国家和地区立法承认针灸。在美国,自 1972 年针灸治疗在内华达州和加利福尼亚州合法化后,目前有超过 40 个州和华盛顿特区立法承认针灸,一些保险公司将针灸部分纳入保险计划。1996 年加拿大卑诗省对针灸立法后,魁北克省和阿尔伯塔省也对针灸疗法进行了立法管理。此外,针灸还被古巴纳入国家医疗保健体系。在亚洲,针灸已在泰国、新加坡、印度尼西亚、韩国等国取得合法地位。在非洲,早在 1975 年埃及政府就以文件形式,对中医针灸的应用予以肯定。南非政府于 2002 年正式颁布了《南非联合健康专业委员会管理条例》,将中医及针灸列入 10 个可从事的医学专业之一,确立了中医及针灸行医的法律地位。加纳、津巴布韦、纳米比亚、毛里求斯等国也将中医针灸纳入传统医药管理部门管理范畴。

根据世界卫生组织调查,针灸是全球最受欢迎和应用最广泛的传统医学疗法。原因在于与其他传统医学相比,针灸有完整的理论体系和独特的治疗方法,有针、灸、火罐等丰富的治疗工具,并与现代科技紧密结合,衍生出多种治疗技术。针灸使用方便,成本不高,属于绿色疗法,通过体表刺激对疾病的治疗起到调整作用,有别于内服药物治疗。当然最重要的原因在于,针灸是中华民族通过几千年临床实践发展起来的医学,其疗效已经在多年实践中得到肯定。最早针灸"走出去"面临三大瓶颈——扎针疼痛、针具卫生以及法律制度,现在这三大难题已基本得到解决。首先，针灸的针身制作得更为纤细，配以管针针法，让大部分患者感受不到疼痛；其次，原来针具会被反复使用半年甚至更久，而现在均为一次性使用，避免了传播疾病的风险；最后，随着越来越多国家立法承认、保障针灸，针灸"走出去"在法律方面的瓶颈也逐渐被突破。

针灸不仅作为一种医学被国际所接受，更作为一种中华文化符号被世界所认可。在北京冬奥会期间，中医治疗成了明星项目，运动员们亲身感受推拿、针灸、刮痧、拔罐等中医治疗后，赞叹它是"功夫中的功夫"。拔罐也成了一种时尚，众多名流、明星、健身人士纷纷在社交平台上晒出自己的深紫色"印章"，被网友们戏称为神秘的"东方力量"。

**【案例分析】**

案例展现了中医针灸在海外传播的过程、在世界上被认可的情况。中医针灸历经千年传承至今，不仅是一种保健和治病的实践技术，已成为我国具有世界影响的文化标志之一，作为学生要树立强烈的民族自信心。中医药是我们走向世界的优势领域，针灸是中医药走向世界的先导。针灸疗法之所以几十年来在世界各地热度不减，很重要的一个原因是中国学者研究针灸疗效取得的显著成果，向全世界展现了针灸的科学价值。

**【案例讨论】**

1. 请结合中医针灸在国际上广受欢迎的案例，谈一谈对"做好中医药的传承创新发展"这句话的感想。

2. 结合案例，谈一谈在推进中医针灸国际化进程中我们应坚持哪些科学精神。

3. 中医针灸被列入联合国非物质文化遗产名录的意义是什么？

## 案例四　东南亚侨胞与中医的不解之缘

东南亚是中国人移居最早的地区，迄今大约已有 2000 年历史，也是至今海外华侨、华人最多的地区。中医药也伴随着他们的商贸、迁徙等活动在东南亚国家落地生根，演绎了众多救死扶伤的动人故事，开启了波澜壮阔的奋斗篇章。

早在秦汉时期，随着中原王朝势力的不断南迁，中原文化不断向南方渗透，加之中原地区战事频繁，许多中原人士南迁，将中原文化带到东南亚地区，其中就包括中医药，中国与东南亚的中医药交流就由此开始。当时东南亚国家本土医药发展相对落后，甚至处于原始状态，尚无医药可谈，中医药技术和人才的传入为当地的医药卫生发展做出了重要贡献。据记载，越南是最早接受中医药的国家，称之为"北医"。其中，名医董奉游交趾（今越南北部），施药救活刺史士燮的故事为历代所流传。中越之间的医药交融在时代进程中不断加深，越南著名医家黎有卓 1770 年撰写的《新镌海上医宗心领全帙》，为越南医生研习医药的必读书之一，该书将中国医学理论、治法等内容体系化，融合越南的临床实践经验，是东南亚国家接受并发展中国医学精华的成功范例之一。近代以来，中医药不断与越南当地医药融合，形成了"东医"，越南在 1961 年将发展东医写入了宪法，此举为东医学在越南发展提供了法律保障，也促进了中医药的发展。

自古以来，华人就不断到东南亚地区生活，尤以明清至近代为多，历史称为"下南洋"，这些漂洋过海的华侨华人凭借所学，弥合文化差异，成为中医药在东南亚的传播者、继承者和扩散者。早期的华人不被当地政府纳入其施政范畴，就医问题多需自行解决，华人社团创办了不少医院，而且大部分为慈善机构，不仅为华人治病，还为当地中下层人员提供价格低廉的医疗服务，获得了广泛的民众基础，加速了中医药在东南亚地区的普及。随着东南亚华侨华人中医药从业人员规模的不断扩大，逐渐形成了大量的中医药学术团体，这些学术团体不仅活跃了当地的中医药学术气氛，同时也加强了与国内中医药学界的沟通，为中医药的传播发展起到了重要作用。1929 年，国内《废止中医案》引发轰动，新加坡多名华侨名医召集同道举行大会，成立"新加坡中医中药联合会"，以新加坡中医药界的名义向南京政府进行抗议，其他东南亚国家中医界也纷纷从民族大义的高度奋起抗争、大声疾呼，与国内中医界遥相呼应、同气同声，有力地维护了中医药事业的发展。在抗日战争期间，国内面临缺医少药的困境，印尼泗水中医公会召开紧急会议，成立了"临时募集救灾药品委员会"，面向印尼公众发出《本会募集救灾药品宣言》，最后在公会的努力下，仅用1月的时间便将捐赠的第一批药品运回了国内，其中，仅名贵药品片仔癀就足足有1 500包，挽救了无数战士的生命，体现了广大东南亚侨胞的血脉亲情。

东南亚华侨华人代代薪火相传、接续奋斗，在中医药海外发展的历史长河中不断书写着辉煌。目前，越南、菲律宾、泰国等国家宣布承认中医的合法地位，并组织本土中医医师申请注册并颁发行医执照，中医药在法律层面得到了更多的认同。近年来，随着"一带一路"倡议的提出，我国制定了《中医药"一带一路"发展规划（2016—2020年）》，把推动中医药"一带一路"建设提高到战略高度，促使21世纪海上丝绸之路焕发中医药活力。同时，随着中国-东盟命运共同体建设的不断深入，积极融合东南亚华侨华人力量，建设中医药海内外命运共同体已成为必然要求。回首过去，广大侨胞历经千年岁月在东南亚地区留下了中医药符号，展望未来，国内外中医人将更加紧密团结，将中医药文化播撒世界。

### 【案例分析】

案例展现了侨胞在中医药发展中不惧困难、敢于创新的奋斗精神，传承文化、勇于担当的爱国精神，开放包容、互利共赢的丝路精神。通过了解中医药在东南亚的发展历史，深刻体会侨胞们的艰苦奋斗历程，教育同学们感悟精神力量、坚定理想信念。广大东南亚侨胞离土不离心，在中医药存亡之际贡献力量、国家危难之时施以援手，彰显了责任担当，启示同学们要牢固树立爱国精神和责任意识。鉴往以知来、循道以致远，目前中国-东盟命运共同体愈发紧密牢固，这一形势要求同学们坚定中医药文化自信，积极传播丝路精神。

### 【案例讨论】

1. 通过本案例了解东南亚的中医药发展史，谈谈广大华人华侨在中医药海外传播过程中表现出了哪些优秀的品质。

2. 进入新时代，我们应秉承什么样的品格精神，进一步促进中医药在海外的传播？

# 案例五　中医药海外发展追梦人吴滨江

吴滨江（1957—），男，著名中医专家，任世界中医药学会联合会常务理事和世界针灸学会联合会副主席，加拿大安大略中医学院院长，他参与创办的加拿大安大略中医学院已经在多伦多和万锦市拥有了两个校区，是当地最有影响力的中医教育机构。这所中医学院位于加拿大多伦多近郊，20多年的时间里，从这里走出了数千名中医人才，其中大部分都是加拿大本地学生。

2022年2月28日安大略省发生了议会在没有广泛征求业界意见的情况下提出"废除2006年通过的《传统中医法》"议案的"黑天鹅"事件，并将解散中医行业的监管机构安大略省中医师及针灸师管理局。2006年，在当地中医从业者的推动下安大略省议会通过了《中医立法第50号法案》，对中医的诊断权、治疗权等职权予以明确和保护，这项法案不但象征着中医被当地主流社会所认可，也意味着中医药在安大略省获得了与其他医疗专业同等的权益。因此，在吴滨江看来，这项"废除《传统中医法》"议案一旦通过，当地中医行业的监管将形同虚设，将会允许未经培训的个人在真皮和黏膜下进行侵入性的针灸以及进行本属于中医独有的诊断治疗，此举会直接威胁公众的安全，并且将中医针灸从安大略省26个受监管的医疗健康职业中剔除，这就迫使中医针灸医师被定位为普通的技术劳工，这将是一个历史的大倒退。

　　吴滨江获知安大略省议会通过"废除《传统中医法》"一读时距离议案最终通过只有不到两周的时间,并且提出议案的执政党在议会中占多数席位,这也意味着法案最终通过几乎没有悬念,面对似乎无法逆转的局面。吴滨江和其他中医从业者都自发地行动起来,他们以自己的方式在努力,有的游说议员,有的联系相关媒体,大家都用各自的方式维护中医法案,有的医生开设了一个网页,用于收集"废除《传统中医法》"反对者的签名,7天之内签名数量达到了38 000余个。吴滨江还联合其他中医学院以及中医针灸学会组成了反对"废除《传统中医法》"大联盟,他们连夜起草一封公开信表达中医从业者的关切和不满,并在第二天将这封公开信刊登在当地主流媒体上。"废除《传统中医法》"的议案很快发酵成为社会热点,来自美国以及欧洲一些国家的近百家中医学会纷纷声援反对这项议案,吴滨江和其他中医从业者一起趁热打铁召开了一场新闻发布会吸引了众多媒体前来采访报道,发布会上学会代表、学生代表、患者代表等纷纷走上台反对"废除《传统中医法》"。3月7日在省议会门前举行的大规模示威,迅速变成了海外中医界的一个热点,给省政府造成了很大的压力。3月7日,安大略省中医师及针灸师管理局官方网站公布将"废除《传统中医法》"从2022年第88号法案中删除,并且增加了中文考试项目,至此一场惊心动魄的反对"废除《传统中医法》"运动宣告结束。在这场守护安大略省中医法的"保卫战"中,很多加拿大当地的"洋中医"和接受过中医诊疗的病患发挥了重要作用。这些"洋中医"和病患都是中医的"铁杆粉丝",积极为中医发展奔走呼喊。

　　让吴滨江引以为傲的是,建院20多年,加拿大安大略中医学院为当地培养出数百名"洋中医",成为当地最有影响力的中医教育机构。吴滨江说:"为满足加拿大不同族裔中医'粉丝'的需要,安大略中医学院在网上免费开设了'中医云讲堂',进行了总计60次的中文和英文的'趣味中医'和'趣味针灸'讲座。安大略中医学院还制作'中医加拿大'多语种系列短视频,系统介绍中医在加拿大的发展情况,每月底推出中英文的音视频,还包括法语、德语、韩语和匈牙利语的字幕翻译视频。"

**【案例分析】**

　　案例主要展现了吴滨江为中医药事业海外发展鞠躬尽瘁的高尚品德。通过梳理吴滨江海外保护中医立法事迹,引导学生学会用法律为海外中医药发展保驾护航。回顾吴滨江海外发展中医历程,希望同学们树立把个人梦与中国梦紧密联系在一起的"家国情怀"。吴滨江为海外中医教育传播和普及奋斗了近30年;在中医教育领域桃李满园,培养的学生遍及各大洲;彰显了他以身为范的师德;在网上免费开设了"中医云讲堂",启发同学们作为中医药文化传播工作者,要积极、快速地占领中医药文化网络传播的主阵地,多接触新兴事物,学会利用新媒体,主动发声,宣传中医药。

**【案例讨论】**

　　1. 如何用法律为海外中医药发展保驾护航?

　　2. 请谈谈怎样将个人梦与中国梦紧密联系在一起。

## 案例六　扎根他乡的一份三十一年坚守

　　喇杰廉,任巴基斯坦华侨华人协会会长。祖籍甘肃,自1991年来到巴基斯坦后便在首都伊斯兰堡开办了一家名为"中国针灸中心"的医疗中心,现在已经开办了31年。这家"中国医生的诊所"是当地民众平常寻医问药的首选之一。

　　喇杰廉的坐诊时间为从每天上午9时到下午2时,再从下午4时到晚上9时,一共10个小时,周末不休。这个工作习惯,他坚持了31年。高峰时期,中心一天要接诊上百名患者;非高峰时期,每天也有几十人。30多年来,在喇杰廉的医疗中心接受治疗的患者超过20万人次。在如何推广中医方面，喇杰廉一直坚信，口碑是最好的广告。平常他会耐心地向患者讲解中药的成分、用途，以便让患者更好地了解、接纳中医药；也会在进药时细致检查药物成分，照顾当地患者的特殊需要。

喇杰廉还跑了很多伊斯兰堡以外的偏远地区，行程万里。水电站、水泥厂、火力发电站……细数一下不难发现，他去的这些地方，都是中巴经济走廊的建设项目。自中巴经济走廊开建以来，为了打通这条经济大动脉，不少中资企业来到巴基斯坦，许多中国工人成为建设这条走廊的重要力量。然而，一些工程项目地处偏僻，医疗条件较差。部分中国工人水土不服，容易感染疟疾、登革热等当地常见的传染病，又因语言不通，就医十分不便。于是，守护中巴经济走廊建设者们的健康，成为喇杰廉的一项新工作，"说走就走"的远途出诊也随之成为他工作的一种常态。一次，一家正在巴基斯坦北部山区建设水电站的中企联系喇杰廉，说工地上四五十名工人突然出现了拉肚子的症状，但不便集体去伊斯兰堡看病。听闻消息，喇杰廉立即备好药物和检查器械，赶赴工地。路况不好，喇杰廉坐了 8 个多小时的车才到那里。刚到工地，眼前所见就给他极大触动：工地位于山上，周边人烟稀少，天气阴晴不定，手机信号时有时无，工人们住在临时搭建的板房里，穿着雨鞋在隧道里工作……见到远道而来的医生，大家高兴极了，挨个就诊领药，因为平时太难见到外人，还都想和喇杰廉多聊几句。工人们在艰苦环境中的敬业与乐观深深打动了喇杰廉。而这样的故事，他经历了很多。走得远了，见得多了，喇杰廉想要沿着中巴经济走廊行医问诊的心更坚定了。如今，他的医疗中心和不少中资企业建立了长期合作，他和同事经常奔赴各个工程现场，为员工做体检、打疫苗，也常在伊斯兰堡收治突发疾病的中巴工人。细心的喇杰廉还为许多工地专门准备了急救箱，里面放着治疗常见疾病的各种药品，包装盒上印的虽是英语或乌尔都语，却都贴上了一张中文标签，清晰地注明药品名称和服用指南。喇杰廉说："我还写上了联系电话，工人们如果有什么问题或是碰到紧急情况，可以随时和我们联系。我们也能通过电话，帮工人们和当地医生沟通病情。"为中巴工人服务，为"一带一路"建设做自己的贡献，喇杰廉乐此不疲。

这些年，随着中巴经济走廊"繁花盛开"，"中国热"持续风靡巴基斯坦。喇杰廉发现，来医疗中心做出国体检的当地学生和商人明显增多了，越来越多巴基斯坦民众对中国充满向往，想去留学深造或经商发展。"中巴合作给巴基斯坦的就业、教育、民生等领域带来了许多变化。"喇杰廉也跃跃欲试，想发挥自身优势，积极牵线搭桥，为推动中巴医疗合作贡献力量。2016 年底，在他的力促之下，甘肃省卫生健康委组织"中医药合作交流代表团"访问巴基斯坦，与巴卫生部秘书长等官员举行座谈，商讨在巴进一步发展中医药以及开展中医教育、中医管理等方面的合作可能性。

说到未来，喇杰廉丝毫没有离开巴基斯坦的打算。"早几年，我曾一度担心这里的安全形势，想和家人移居其他国家，但离开没多久就发现，我放不下这里的患者，放不下这些可爱的朋友。"而今，望着自己用心经营的医疗中心，喇杰廉有了更多留下来的理由—为了如火如荼的"一带一路"建设，为了中巴人民心心相印的友情。

【案例分析】
案例主要展现了喇杰廉扎根基层、心系患者健康的奉献精神；爱岗敬业、自强不息、砥砺前行的奋斗精神。通过梳理喇杰廉在巴基斯坦开办医疗中心行医的事迹，引导学生形成为人民健康不辞辛苦、不计得失、不求回报、真诚无私付出的精神。三十余载春秋，喇杰廉的青春和汗水融入他挚爱的中医药事业，彰显了他爱岗敬业、自强不息、砥砺前行的奋斗精神。以喇杰廉为"一带一路"建设做自己的贡献为例，激励学生投身祖国和人民最需要的事业中。

【案例讨论】
1. 喇杰廉是如何扎根基层、彰显奉献精神的？
2. 喇杰廉的事迹体现了哪些传统美德？

# 案例七　留学生助力中医药海外认同感

　　当前，中医药文化海外传播以政府主导为主，依托中医孔子学院、海外中医药中心等平台进行，过多地关注"自我表达"，呈现出单向度的问题，未能完全被国外大众认同。近年来，越来越多喜爱中医的"洋学生"来到中国学习，据统计，目前来华学习中医学的留学生数量长期处于自然科学类学科留学生数量的首位。他们学习中医药、运用中医药、传播中医药，已然成为对外传播中医药文化的"国际使者"，是中医药文化传播渠道的有力补充。

　　目前，中医药院校是培养中医药留学生的主阵地，大部分高等中医药院校建设了"国际教育学院"等留学生教育机构。中医药高校是中外中医药文化交流的重要平台，承担了讲好中医故事、传播中医声音的重要职责。各所中医药高校在留学生培养中也充分注重中医药传统文化的植入，从内涵出发，以行动展示，让学生在学习期间能够充分地领悟、主动地实践。研究显示，经过院校教育，中医药留学生对中医药文化认同度普遍较高，呈现出致力于中医药研究和传播的决心。

　　2015年，德国留学生无名来到河南中医药大学开启他的中医之路，5年学成毕业的他感觉学得还不够，2021年又申请了该校的硕士研究生，开启了新一轮的深造。无名不仅热爱中医药，而且对太极拳、少林拳等中国传统文化也非常喜爱，他表示，毕业后要回到家乡开设中医馆，把中国的医术及中医文化带到德国，让更多的人受益。葡萄牙留学生伊莎贝尔2017年来到江西中医药大学进修中医药专业，回到葡萄牙后获得了传统中医师执业资格证，专门从事中医临床工作，其在中国学习的中医热敏灸技术在当地获得大批患者认可。马里人迪亚拉，是一个中医狂热爱好者，1984年他来到中国被博大精深的中医文化吸引后，就弃"西"从"中"，开始了他对中医长达30多年的追求，辗转在北京、广州、成都等多地高校求学，并成为首位获得中医针灸博士学位的外国人。迪亚拉最后决定留在中国工作，致力于中医推广，他还作为国际志愿者往返于昆明和红河州最边远的山村，从事基层的卫生保健工作，利用自己的技术为中国百姓造福。印度尼西亚留学生萧丽樱作为华裔，深厚的民族情怀促使其来到天津中医药大学学习中医，对于中医的深情执着，让她克服了各种困难，坚持自己的中医梦。

　　如今，来自世界各地的中医药留学生在中医药文化传播中有着得天独厚的优势，是中医药国际化道路上的重要助推器。一是作为外国人，他们拥有良好的本国群众基础，拥有更多的话语权，容易得到本国人民的情感支持和价值认同；二是大部分留学生选择学习中医药，本身具有较强的中国情怀，可以凭借天然的语言优势、较高的人际交往能力及跨文化交流经验，做到客观精准传播，成为合格的中国故事的讲述者、中国声音的传播者；三是留学经历作为个人真实经历，对于中医药跨文化传播具有非官方性质，更容易影响相同文化背景的国外大众，让大众自愿、自主地感知和接受中医药，提升传播的效果。因此，借助来华留学生的"他者"身份来讲述中医药是有效促进中医药跨文化传播的重要手段。

　　中医药学的振兴与中医药文化的传播至关重要，其中加大对来华留学生的中医药文化教育，是推动中华民族文化精神复兴、打造国家文化软实力必不可少的组成部分。留学生是中医走向国际的实践者和传递者，是影响中医药海外传播的重要因素。要发挥好留学生在中医药文化国际传播中的重要作用，让更多的留学生将中医药文化带到世界各地，讲好"中医故事"，提高"中医认同"，推动中医药的国际化进程，也能进一步吸引更多留学生来华学习中医药。

【案例分析】

　　案例主要展现了来华中医药留学生异国求学的执着精神和积极传播中医药文化的国际主义精神。通过介绍多位留学生热爱中医药、传播中医药、扎根中医药的生动事迹，培养同学们的中医药文化自豪感，坚定同学们从事中医药事业的信心。大批的来华留学生归国后都以不同的方式传播中医药文化,对于提升我国综合国际地位起到了积极作用。广大学子作为中医药文化最直接传承者,要自觉弘扬中医药文化,助力国家文化外交。中医药文化对外传播是一个多路径、多举措的系统工程,要充分发挥好来华留学生的"国际使者"身份,引导同学们讲好中医故事,传递中医声音,积极塑造中医药对外形象,培养留学生的文化认同。

【案例讨论】

　　1. 在对中医药留学生的培养中,如何进一步提升他们对中医药文化的认同感?

　　2. 结合案例,我们可以学习中医药留学生的哪些精神品质?

## 案例八　北京同仁堂药厂的扬帆出海路

　　香港是著名的国际转口贸易港,是世界金融、贸易、物流的中心,近可辐射东南亚,远可影响全球。至1993年,同仁堂产品在香港有着60多年的销售历史,在那里中医药文化深入人心,人们相信中医药,认同同仁堂。乘着国家改革开放的东风,拥有三百余年历史的北京同仁堂在香港开设了第一家海外药店,借道香港走向世界。

　　1993年的香港流传着这样一个"段子":香港街头哪个地方需要排队?同仁堂门前买药看病要排队。从1993年起,同仁堂先后在香港开设多家零售药店,开一家火一家,上至社会名流,下至普通市民,对同仁堂都给予了极高的赞誉。北京同仁堂的海外发展有两个"秘诀":一个是"稳",即坚守同仁堂传统风貌,不管店开到哪里,京腔京韵的店员、望闻问切的大夫、精心炮制的药材不能变,绝不贪功冒进。正是这个"稳"引领其一步一个脚印地开展海外之旅,并逐渐摸索出了"循序渐进、稳扎稳打,以医带药、医药结合,文化营销、铸造品牌,严格管理、保证效益"32字方针。同仁堂海外扩张的另外一个"秘诀"是"入乡随俗",即尊重、遵守当地的生活习惯、宗教习俗、法律法规。比如北京同仁堂阿联酋迪拜店所有出诊的医生都是清一色的"娘子军",因为按当地宗教习俗女医生可以给男患者诊疗,男医生却不方便为女患者诊疗。

　　每一家同仁堂海外门店都是一座中医药文化传播博物馆,肩负着中医药文化海外传播的使命。同仁堂之所以确立了文化营销的海外发展原则,是因为文化差异是中医药走向海外的最大壁垒。同仁堂认识到我们的中成药虽然卖到了海外,但主要是在东南亚地区售卖,或是被欧美的华人采购。如何破除文化壁垒,是中医药走向世界的关键。中医、西医是两个不同的体系,如果没有文化的认同,就不会有对中医药学体系的认同,中药也就很难走进欧美市场。从2008年起,同仁堂开始了与孔子学院合作的尝试——联合办学。2010年,北京同仁堂与中国孔子学院总部正式签订战略合作协议书,建立了海外文化传播新平台。同仁堂推荐中医药文化专家到孔子学院巡讲,在孔子学院地区联席会议和全球孔子学院大会及院长培训班举办中医药普及知识讲座。2012年,北京同仁堂与中国航天科技集团所属亚太卫视签署合作协议,共同投资1 000万港币,在香港成立北京同仁堂传媒(香港)有限公司。合资公司将在亚太卫视建立覆盖多个国家和地区的北京同仁堂保健、养生卫星电视频道,向海外宣传和弘扬中医药文化。

　　虽然北京同仁堂国际化路线走得很好,但是仍然面临诸多难题。2011年,欧盟《传统草药产品指令》(traditional herbal medicinal products directive,THMPD)实施过渡期结束,这意味着我国中药企业将面临更严格的国际市场准入门槛。2014年,英国全面禁售未经注册的中成药。技术壁垒是中医药走出国门的又一个瓶颈。中药要想拿到进入其他国家的通行证,首先要符合该国法规的要求。同仁堂已有9条流水线通过了澳大利亚药品管理局(Therapeutic Goods Administration,TGA)的认证。不仅如此,为应对欧盟禁令,同仁堂将目光转向成分较为简单的单方中药,谋求产品在欧洲注册,他们将治疗心脑血管疾病的单方制剂产品愈风宁心片作为敲门砖,积极尝试在与我们相互了解的荷兰注册,寻找敲开欧盟之门的对策。

同仁堂成功实现了国有资产的保值增值，北京同仁堂经营出口品种规格达 680 种，有境外员工 600 余人；在香港建成了海外第一家生产研发基地，在海外 27 个国家和地区开办了 143 家零售终端；在海外累计咨询和诊疗的患者超过 2 000 万人次，数以亿计的海外人士认识了同仁堂；同仁堂商标在海外 70 个国家和地区合法注册，同仁堂生产线通过日本厚生劳动省、澳大利亚药品管理局的《药品生产质量管理规范》认证和伊斯兰哈拉认证、以色列洁食认证，为产品出口到不同国家和地区提供了保障。同仁堂不仅肩负着企业的责任，还肩负着中医药文化走向世界的责任和历史使命，从最初的"有华人的地方就有同仁堂"，到现在逐渐被外国人所认识，北京同仁堂用中国最好的养生文化和方法服务全世界的人民，将同仁堂这个民族瑰宝推向世界，实现有健康需求的地方就有同仁堂。

**【案例分析】**

案例主要展现了北京同仁堂的工匠精神、创新精神，通过对此案例的学习引导学生树立品牌意识，理解中医药传承中的工匠精神。鼓励学生运用现代科学技术与方法进行中医药相关科学研究，培养创新创业能力。从案例中北京同仁堂海外发展的文化营销原则引导学生坚定中医药自信，传承精华、守正创新的理念；通过学习案例中北京同仁堂海外发展尊重、遵守当地的生活习惯、宗教习俗、法律法规的做法，培养学生树立法治、尚和合、求大同的思想意识。

**【案例讨论】**

1. 学习北京同仁堂海外发展的成功案例，思考如何坚定中医药传承精华、守正创新的理念。
2. 如何理解同仁堂"尚和合、求大同"的海外发展理念？

### 知识链接

#### 海外的中医药发展基地——中医药海外中心

2017 年，国家中医药管理局、国家发展和改革委员会联合印发《中医药"一带一路"发展规划（2016—2020 年）》，要求到 2020 年与共建"一带一路"国家合作建设 30 个中医药海外中心。2021 年，国家中医药管理局、推进"一带一路"建设工作领导小组办公室印发《推进中医药高质量融入共建"一带一路"发展规划（2021—2025 年）》，提出进一步建设高质量中医药海外中心。"十三五"期间，全国通过国际合作专项申请并运营的中医药海外中心已达 59 家，分布于 5 大洲的 44 个国家，创立了一种由政府主导的公益属性的中医药海外发展模式，对中华传统文化在海外的传播起到了不可替代的作用。目前，中医药海外中心正在积极构建涵盖医疗、康复、培训、科研和养生的中医药服务产业链，为共建"一带一路"国家提供更优质的中医药服务，树立中医药主流品牌，推动中医药文化对外传播和中华文化走向世界。

ER-4-2

扫一扫，测一测

### ？ 复习思考题

1. 结合同仁堂的企业精神，谈一谈我们如何在未来的工作岗位上践行工匠精神。
2. 中医药海外发展如何做到守正创新？

（李文辉　姜喜梅　马涵英）

# 中篇　理想信念篇

# 第五章　中国工农红军创立的"红医精神"

　　通过对具有代表性的"红医"事迹进行学习,学生能够了解中国工农红军所创立的"红医精神",掌握其"政治坚定、救死扶伤、埋头苦干、技术优良"的基本内涵。教师应教育引导医学生树立坚定的理想信念,培养医学生献身医学、救死扶伤的职业追求,强化医学生精益求精的职业理念。

### 案例导读

　　"红医精神"是具有中国特色和时代特征的医学精神,它继承了中国古代"医者仁心""大医精诚"等中华优秀传统文化的精神遗产,从红军时期发端,伴随着中国工农红军的革命历程不断发展,在长期的革命斗争和社会主义建设实践中积淀,并随着时代的发展持续加入新的内涵。"红医精神"是中国共产党红色基因的重要组成部分,在战争时期,军队中的"红医"们在党的领导下,怀着对马克思主义坚定不移的信仰和对中国共产党的热爱,在极其简陋恶劣的条件下,克服千难万险,冒着生命危险救治伤员和群众,创建了人民卫生事业。在这个伟大的历史实践过程中,广大医务工作者所形成的理想信念、价值取向、工作作风、专业技术等多维度的思想体系就是"红医精神"。其基本内涵为"政治坚定、救死扶伤、埋头苦干、技术优良",它的内容包括:政治坚定,对党忠诚的理想信念;救死扶伤,全心全意为人民健康服务的宗旨意识;埋头苦干、无私奉献的优良作风;技术优良、精益求精的工作作风。新时代学习并传承"红医精神",其实质就是传承中华优秀传统文化和弘扬社会主义核心价值观,对于当前加强医务工作者的职业道德教育,构建和谐医患关系,促进中国特色社会主义医疗卫生事业的健康发展,提升文化软实力,助力健康中国梦,具有重要的现实意义。

## 案例一　红医肇始、开拓奠基:贺诚

　　开国中将贺诚(1901—1992),为党和人民的医疗卫生事业奉献终身,他一手开创红军早期的医疗卫生事业,是人民卫生事业的奠基人,是一位名副其实的"医生将军"。

　　贺诚1922年考入国立北京医学专门学校(北京大学医学部前身),在校期间接受了马克思主义思想,1925年就加入了中国共产党。1926年贺诚参加了北伐战争,之后几年辗转各地,以医术配合开展各种革命斗争,也为后来的卫生工作积累了经验。1931年初,贺诚来到中央苏区,担任中央革命军事委员会总军医处处长。领导红军的卫生工作对贺诚来说是一个全新挑战,苏区缺医少药,医护条件十分困难,许多伤病员因得不到及时救治而伤残或死亡,给革命斗争带来极大的损失。他任职军委总军医处长后,立即向毛泽东同志提议成立红军自己的卫生材料厂、军医学校，当贺诚谈到红军缺少医务人员，想要自己办学校培养时，中央军委很快批准了贺诚的提议，并任命贺诚兼任校长负责军医学校筹备工作。

1931年11月20日，红军第一所军医学校在江西瑞金宣告成立，贺诚任校长，有25名红军干部和战士经考试被择优录取，成为红军军医学校首批学员。中央领导十分重视中国工农红军军医学校的开办，毛泽东同志为学校作了"培养政治坚定、技术优良的红色医生"的题词，中革军委主席朱德、总参谋长叶剑英、总政治部主任王稼祥等领导人出席开学典礼。开学典礼上，朱德强调"中国工农红军已有了很大发展，但医务人员缺乏，必须培养自己的红色医生"，勉励学员"要学好本领，为红军服务"。1932年3月，军医学校改名为中国工农红军卫生学校。中国工农红军卫生学校从创办到长征前，以"培养政治坚定、技术优良的红色医生"为办学方针，因地制宜，结合革命战争的实际需要，采取短学制、少而精、边学边干、学以致用的教学原则来培训医务人才，学员毕业后，均安排到部队卫生所或医院工作，在短短的数年中，为革命输送了大批医疗卫生人员，成为部队医疗卫生工作的主要力量。从此，中国军队的医疗卫生事业伴随革命历程开始了红色旅程。

到了中央苏区后，为了纠正部队医疗工作中存在的军阀思想和官僚作风，减轻伤病员的痛苦，迅速恢复伤病员的健康，贺诚提出了"一切为了伤病员"的口号，并以此作为部队医疗工作的宗旨和指导思想。他首先在红军总医院全体医务人员中组织广泛讨论，明确红军队伍的阶级属性和红军医疗卫生工作的根本宗旨，"因为我们是红色医生，对伤病人员的恢复健康要负绝对责任。这就是目前革命阶级中所给予我们的战斗任务"。由此，医务人员深入开展阶级友爱教育，进行思想斗争，敦促医务人员必须以满腔热情和牺牲精神抢救每一个伤病员，清除医疗队伍中的不良分子，保障医疗工作能顺利完成。红军总医院开展的这一活动迅速地在其他红军医院中推广，最终用"一切为了伤病员"统一了广大医务工作者的思想，从此，红军部队的医疗卫生工作有了明确的服务宗旨，把中国共产党"真心实意为群众谋利益"的宗旨与医疗卫生工作的具体实践有机地结合起来，成为党的根本宗旨在医疗卫生工作中的具体体现，成为红色医生行动的最高准则。在"一切为了伤病员"的指导下，中央苏区医疗卫生工作面貌焕然一新，红军伤病员的境况得到极大改善，慰劳伤病员蔚然成风，医院文化生活丰富多彩，病员的战斗情绪日益高涨，医患关系更加融洽。

新中国成立后，贺诚出任中央人民政府卫生部副部长、军委卫生部部长。这一时期，他亲自规划和领导了一系列卓有成效的恢复和建设工作，领导全国开展爱国卫生运动。他提议成立了军事医学科学院，主持制定了军事医学科研方针，全面开展朝鲜战场上应对美军针对我军毒气战、化学战的研究。其中，至今仍在发扬的中国卫生工作"预防为主"方针的提出，就是贺诚的突出成就。在新中国卫生系统，贺诚对红医事业的开创性贡献巨大，令人肃然起敬。

【案例分析】

案例主要展现了贺诚一手开创红军早期的医疗卫生事业的部分事迹，他作为红军卫生系统的负责人，在极端艰苦困难的环境中，制定卫生工作方针，创建中国工农红军军医学校，为中国革命的卫生事业做出了突出的贡献，体现了高度的担当精神，全心全意为党的卫生事业谋划的奉献精神；精准抓住问题关键，成立军医学校，解决医务人员缺乏问题，也是实事求是务实工作作风的体现；"一切为了伤病员"的工作宗旨的确立过程，是对走群众路线工作方法的成功运用，也是对生命至上的时代诠释。可以引导学生通过贺诚事迹了解"红医"产生的历史背景，从而理解"红医精神"，并加深"全心全意为人民身心健康服务"的理解，树立为人民服务的宗旨意识。

【案例讨论】

1. 如何理解"一切为了伤病员"这个口号？
2. 贺诚的事迹是如何体现"红医精神"的？

## 案例二　倾心向党、红色华佗：傅连暲

傅连暲（1894—1968），中国人民解放军医疗卫生工作创始人之一。他少年受洗入教，却倾心向党、成为坚定的无产阶级革命者，为党、国家和人民军队的医疗卫生事业奉献了一生。

傅连暲出生于福建长汀一个基督徒家庭。他幼时经常看到与父亲同在码头做工的工友们生病无力治疗，下定决心将来要治病救人。1925 年，他进入英国教会所属的福音医院，在这里，部分外籍医生对平民的态度让他感到气愤，开始思索"主的教义"到底能否救人。当时正值五卅运动浪潮席卷全国，外籍人士纷纷离开汀州，医术高明、正直善良的傅连暲被公推为福音医院院长。1927 年，南昌起义爆发。有两位共产党员秘密找到傅连暲，请他帮忙收治 300 多名负伤起义军，傅连暲立刻筹款成立了"合组医院"，夜以继日抢救伤员。在救治过程中，他了解了共产党的革命运动，他不禁感叹："可惜我已过了而立之年，不然也要革命一番。"徐特立告诉他："干革命哪有岁数之分？我五十一岁才加入共产党，五十多岁正是做事业的时候啊！"傅连暲深受触动和启发，心中种下了革命的火种。

1929 年 3 月，中国工农红军第四军入闽占领了汀州城。傅连暲与红军联系紧密，他为毛泽东、朱德等同志检查身体，并以福音医院名义订购《申报》等刊物，搜集革命信息，偷偷转送给军旅途中的毛泽东同志参阅。1932 年，毛泽东同志来到福音医院养病。在与毛泽东同志的交往中，傅连暲接触了许多新思想，他说："我遇到过各种各样的人，但是谁也比不上毛主席给我的印象深……我觉得自己全身充满了热力，这种热力是我过去的三十几年没有产生过的，它使我相信自己终有那么一天，能站在党旗下，向党交出一颗心，把自己的一切甚至生命献给共产主义事业。"在这些联系与交往中，傅连暲坚定了跟党走的信念。

国民党军队再次进攻闽西，红军只好开拔，傅连暲决定和红军一起，将医院搬到"红色首都"瑞金去。由于长期以来为红军提供医疗救护，医院很多医护人员都受到过毛泽东、周恩来等同志的亲切关怀，纷纷赞同迁往瑞金。傅连暲坚定地表示："医院里的东西，从仪器到药柜，从床铺到桌椅，不论是原来医院中的财产，还是我个人购买的东西，我决定全部搬走，献给革命。"1933 年初，经过 170 余名运输员近半个月的努力，搬迁整合后的中央红色医院成立。医院手术室、药房、病房整洁美观，显微镜、X 光机等医疗设备一应俱全，是中央苏区乃至附近诸县唯一一所综合性医院，当时根据地出版的《红色中华》因此评价傅连暲是"苏区第一个模范"。许多红军将领都在他的精心施治下痊愈。毛泽东同志曾说："我们现在也有华佗，傅医生就是华佗。"按照毛泽东同志的指示，中央红色医院除了为红军看病外，也为百姓提供医疗服务。傅连暲还时常到附近村中调查卫生状况，发现百姓饮水卫生状况较差后，很快协调人员在医院旁新挖一口井，为村民解决饮水问题，并向群众宣传卫生知识。至此，福音医院真正成为一所为红军和百姓服务的红色医院，这位胸怀救国信念的医生，从此成为一名真正的红色医疗工作者。

1934 年 10 月，中央红军开始长征。组织上照顾傅连暲，想送他回汀州，他抱病坚决要求参加长征，他说："我属于一个受压迫的民族和受压迫的阶级，我受了共产党和毛主席的教育，红军是为祖国为人民最有纪律的军队，红军有许多伤病员，然而没有医生，我责任所在，义不容辞。"瘦弱的傅连暲在长征路上历尽艰险，却始终坚守自己的职责。每当大家扎营休息，他却忙着给大家看病，教大家防病方法。过草地时，红二方面军、红四方面军会师后，他还举办了一个医疗培训班，白天行军，晚上上课，为红军储备了一些医疗人才。长征中，傅连暲跟随大部队在条件极为艰苦的情况下，提出预防为主的方针，强调部队注意饮食卫生，防止蚊虫叮咬、不喝生水等措施，为部队卫生保健工作做出了贡献。红军长征路上条件恶劣，饱受疾病威胁，正是由于傅连暲的及时救治和精心保障，许多人的生命得以挽救。

红军到达陕北后，傅连暲参加了中央党训班学习，被正式批准加入中国共产党，实现了自己的夙愿。他忠诚于党、医者仁心，受到了大家的尊重和称赞。

**【案例分析】**

案例主要展现了傅连暲成长为一名优秀"红医"的过程，体现了理想信念对于人的成长的重要性。他不顾危险救治伤员，义不容辞参加长征，想方设法救助军民，体现出救死扶伤的崇高精神；毫无保留地迁置医院，体现了无私奉献的精神。因为政治坚定，对中国共产党充满信任和热爱，对党绝对忠诚，服从党的领导，随时准备为党和人民奉献一切，才使傅连暲有了"红"的思想和动力，成为真正的"红医"，也真正实现了他治病救人的医者初心。

**【案例讨论】**

傅连暲的事迹是如何体现"红医精神"的？

# 案例三　巾帼军医、坚贞不屈：唐义贞

唐义贞（1909—1934），出生于湖北武昌金口镇的一个中医世家，是无产阶级革命家陆定一的妻子。1931年，陆定一与唐义贞受党中央派遣先后来到中央苏区，唐义贞1932年秋开始担任中央总卫生部药材局局长兼卫生材料厂厂长，为当时的卫生事业做出重要贡献。

由于当时敌人对中央苏区实行严厉的经济封锁，红军部队药品奇缺，连最基本的纱布、消毒棉花都没有。随着战争推进，纱布棉花等需求量越来越大，唐义贞就发动广大职工把已经用过的旧纱布、棉球、棉签收集起来，洗净消毒后供部队和医院使用。许多必需的西药无法自行生产，唐义贞就发挥自己出身中医家庭、有一定中医知识的特长，亲自带领大家上山采集大量中草药。同时积极收集收购民间中草药，制作了大量中草药品，如安福消肿膏、八桂丹等中成药，代替西药医治伤痛，深受红军和根据地群众的欢迎。在她的领导下，卫生材料厂由一个规模不大、设备简陋的厂子逐渐发展为拥有5个车间且具有相当生产规模的综合药材工厂，从而基本满足了前线的需要。从1934年起，每个红军指战员都能接种牛痘。到长征开始时，卫生材料厂的产品给部队配足了3个月的药材用量，缓解了部队的燃眉之急，唐义贞也在这一时期光荣地加入了中国共产党。

苏区军民中长期流行恶性疟疾，治这种病当时最好的药就是奎宁，但国民党对苏区实行极其严厉的经济封锁，盐和药物严禁进入，苏区很难得到相应资源。毛泽东同志在苏区时指出："疾病是苏区中一大仇敌，因为它减弱我们的革命力量。"唐义贞利用卫生材料厂当地的环境优势，决定上山采摘草药，用老祖宗的中医智慧，攻克治疗疟疾难关。她选择的医治疟疾的草药名叫黄花蒿，《神农本草经》称它为草蒿，也是《本草纲目》所描述的青蒿。当地民众称黄花蒿为"艾草"，田头山间到处可见。唐义贞从中医书中发现，黄花蒿配一种草药，名叫常山，医治疟疾效果更佳。但这种草药要深山老林中才有，她不顾已怀孕八个月，坚持上山，并将采来的草药洗净，经过配伍，熬制后亲身试药。在昏暗的煤油灯下，她还经常撰写关于疟疾、痢疾、下肢溃疡和疥疮病的书稿直至深夜，这本珍贵的书稿现已入编中央苏区卫生史。唐义贞还协助当地办起药材合作社，开办公共药铺，便利于民，在缓解苏区缺医少药状况、维护苏区群众健康等方面发挥了重要的作用。于北特区药材合作社和药店，虽然只有三四个医师，一百多种药品，但是合作社成员看病不要钱，区、乡工作人员药费也能报销，很受群众欢迎。红军家属和贫苦民众凭乡村苏维埃政府证明，一律给予免费治疗，医治小病、购买膏药等细小药品也不要钱。唐义贞办红军卫生材料厂的事迹上了《红色卫生》杂志。

第五次反"围剿"失败后，中央决定战略转移，红军卫生材料厂解散。1934年丈夫陆定一随红军战略转移，怀有身孕的唐义贞无法参与长征，坚持留在苏区打游击，掩护红军转移，她与同志郑重约定,如果谁能活着,就给陆定一传达口信:"只要我一息尚存,必定为革命奋斗!"1935年唐义贞在福建省长汀县转移过程中不幸受伤被俘,她果断将随身携带的机密文件揉成一团塞进嘴里,艰难地吞下,被看守的国民党兵发现后,遭到残忍剖腹,壮烈牺牲,献出了年仅25岁的宝贵生命。

为纪念唐义贞烈士,长汀县人民政府将唐义贞牺牲所在地的四都小学改名为义贞小学,在县城的罗汉岭建造了唐义贞烈士墓。她的革命伴侣陆定一亲自题写碑文:"……她实现了只要一息尚存就要为共产主义奋斗到底的誓言。半个世纪过去了,革命胜利了,长汀人民政府为之立墓,表彰烈士永垂不朽。唐义贞烈士是我最亲爱的亲人,是我的知己,我永远怀念她,学习她!也教育儿孙这样做。"

**【案例分析】**

案例主要展现了唐义贞在苏区克服困难办好卫生材料厂、就地取材攻克治疗疟疾难关、为保守机密英勇牺牲的事迹,体现了"只要我一息尚存,必定为革命奋斗!"的坚定的政治信仰、崇高的牺牲精神;采药写书体现了她不畏困难、坚持不懈的探索精神,对医术的钻研精神;合作社药店的开办便利军民,也体现了全心全意为人民服务的精神。通过对其事迹的梳理,可以培养学生对理想信念的坚定,对家国情怀的坚守,也可以增强解决医学问题、技术运用的实践创新意识,以及勇于探究的科学精神。

**【案例讨论】**

1. 唐义贞为何能做到不畏艰难、勇于牺牲?
2. 唐义贞的事迹体现了"红医精神"的哪些方面?

# 案例四　阎王对头、杏林中将:饶正锡

饶正锡(1911—1998),从一名县城医生投身到革命队伍中,又从红军军医成长为新中国的开国中将,曾经三度担任解放军总后勤部副部长,是我军卫生工作的重要奠基人和卓越领导人之一,被人们赞誉为"杏林中将"。

饶正锡幼时父母便患病去世,痛失双亲使他立志长大当医生救死扶伤。1930年6月,在普爱医院半工半读的他赶上红军指战员到医院动员医务人员参加红军,早就仰慕红军的饶正锡等5人决定跟红军走。第二天,他们携带部分药品、器材入伍,受到红三军团军团长彭德怀的热情欢迎和接见,成为该军团最早的医生。

当时在红军部队里,像饶正锡这样既有文化又懂医术的战士非常缺乏。在党的领导下,饶正锡在革命队伍里得到锻炼和成长,革命意志更加坚定,竭尽全力地医治红军伤病员。1933年1月,在红三军团攻打黄狮渡战斗中,饶正锡随军团卫生部在离前沿只有十几千米的地方开设野战医院,他和卫生部长何复生轮流上手术台,接连忙了三天三夜,救治伤员近千人,经过他和战友们的共同努力,把许多指战员从死神的手里拉了回来。

在反"围剿"作战中,饶正锡始终奋斗在救治伤病员的第一线,以高超的医术挽救了大批危重伤病员,其中就包括红三军团供给部政治委员甘渭汉。甘渭汉向来作战勇敢,战斗打响时他总是身先士卒,冲锋在前,因此在战场上多次受伤。第五次反"围剿"时,甘渭汉再次受伤,一颗子弹穿透了他的左脚背,而且打断了动脉,一时间血流如注。由于当时医疗条件非常简陋,缺少止血和抗感染的药物,在场的医生主张锯掉甘渭汉受伤的左脚以保住生命。红四师政委彭雪枫因为受伤正在卫生队休养,得知此消息立刻去找饶正锡。饶正锡并无处理这种伤情的经验,但他下决心一定要保住甘渭汉的这只脚。饶正锡根据掌握的医学知识进行分析,认为手术成败关键是能否找到被炸断的血管。他反复思考脚部解剖的知识和手术要点,做好应对各种突发情况的预案。虽然手术环境和条件极差,药物和医疗器械都不足,但是饶正锡全力以赴,顺利找到并结扎了断裂的血管,终于使甘渭汉受伤的左脚保住了。新中国成立后,甘渭汉在多个场合满怀感激地说:"是饶正锡同志又给了我一只完好的脚,使我能重新踏上革命的路。我一辈子也忘不了啊!"

饶正锡和总医院其他医生总是奋不顾身地冲到战斗最激烈的地方,抢救红军伤员。由于在组建卫生机构、培训医务干部和医疗救护工作中成绩卓著,饶正锡多次受到军团首长的嘉奖。中央军委于1933年8月1日授予他三等红星奖章。1934年8月,他升任红三军团卫生部部长。

1934年10月,饶正锡参加了二万五千里长征。长征途中,在反动派的围追堵截下,红军连续作战伤亡很大,饶正锡带领卫生部的医务人员夜以继日地治疗和救护红军伤员。红军给养匮乏,环境恶劣,西药来源基本断绝,只能依赖就地取材采草药。从苏区出发时,饶正锡随身携带了一本《中草药手册》,他就用这本书指导医务人员识别草药,给战士们疗伤治病。为了不让受伤的红军战士掉队,饶正锡组建了一支200多人的担架队和24人的看护队,负责抬运、照顾受伤的红军官兵。看护队的工作非常繁重,行军路上,伤病员的急救,以及吃的、喝的都由他们负责。每次出发前,他们都要先给伤病员上好药。不能走的,用担架抬着;能走的,搀扶着走。一赶到宿营地,首先给伤病员烧水洗脚、看病换药,然后照顾伤病员睡觉。看护队员们长期处于极度疲劳状态,饶正锡身先士卒,除承担自己的组织部署工作外,也经常护理伤病员。他注重管理好这支队伍,做好卫生部战士的思想工作、不断鼓舞士气,使得看护队纪律严明、作风优良,始终保持着饱满的革命热情。饶正锡率军团卫生部爬雪山、过草地,屡次突破敌人封锁线,终于在1935年10月胜利抵达陕北。

从19岁参加红军队伍到76岁离职休养,从一名红军军医成长为新中国的开国中将,在几十年革命生涯中,饶正锡始终兢兢业业地为党和人民的事业而努力工作,他做出的贡献永远值得我们铭记。

**【案例分析】**

案例主要展现了饶正锡在革命队伍中不断成长,千方百计救死扶伤的事迹。无畏牺牲竭尽全力战地救助,体现了全心全意为人民健康服务的宗旨意识;救治甘渭汉,体现了对患者极端负责,对技术精益求精的精神;长征中就地取材、组织看护队,体现了不畏艰难、实践创新的能力以及对待伤病员热忱、负责的职业道德。对饶正锡的事迹梳理可以加深学生对生命至上、大爱无疆的理解,强化医学生爱岗敬业的奉献精神、坚持不懈的探索精神,也可培养医学生积极寻求有效方法的能力与韧性。

**【案例讨论】**

1. 饶正锡是如何竭尽全力地医治红军伤病员的?
2. 饶正锡的事迹体现了"红医精神"的哪些方面?

## 案例五　精准防疫、救死扶伤:徐根竹

徐根竹(1916—1947),是一个放羊娃出身的红军医生。他在长征时负重伤后,由战士转而学医。由于他勤奋学习,努力钻研,终于成为一位著名医生,先后任八路军关中军区卫生科长、部长、陕甘宁白求恩国际和平医院院长等职。1947年在榆林前线抢救伤员时,遭敌机轰炸,光荣牺牲。

1931年,红军队伍路过还是放羊娃的徐根竹的家乡,他看到红军是真正为老百姓谋利益的队伍,毅然决然地参加了红军。在长征的一次战斗中,徐根竹右小腿负重伤而与部队失掉联系,当他找到部队时,因为延误了治疗时机,右脚留下了永久残疾。由于革命战争的需要与自身的伤残经历,徐根竹深深感受到部队医疗救治工作的重要,于是他从此下定决心,刻苦学习医疗技

术，为革命斗争的医疗工作服务。1939 年徐根竹进入延安中国医科大学学习，以极其顽强的毅力坚持读完五年的课程，并以第一名的优异成绩荣获了"学习模范"的光荣称号。

1944 年秋天，延安川口地区的当地农民纷纷得了一种怪病。最初的症状是无精打采、嗜睡。短短几个小时之后，肚子开始难受、疼痛，不停地呕吐。开始吐没消化的食物，吐完了以后，就开始吐黏稠的苦黄水。有些人还会出现腹泻症状，排泄出同样颜色的液体。大部分患者在发病后一天内即会死亡。更可怕的是，这个疫情呈现出向周围扩散的趋势，甚至隐隐威胁到了延安。疫情在陕北不算新鲜事，这里几乎每年都暴发几次大疫，民众动辄死亡盈野。但自从红军进驻延安以来，对于防疫工作十分重视，早在 1940 年就成立了延安防疫委员会，建起了一个贯穿延安城、县、区、乡的防疫体制，反应极为灵敏，当地的疫情报告，被迅速地送到了和平医院的徐根竹医生案头。徐根竹接到这份病情之后，立刻脱口而出："这是吐黄水病。"这是一种在陕北存在了许多年的怪病。开春易发，一旦暴发，要持续到端午节过后才渐渐平息。老百姓根据症状，把它叫作吐黄水病，闻之色变。至于它的真身是什么病，一直没人知道。徐根竹根据上级指示，带领防治小组及时赶赴现场。他知道没有调查就没有发言权，对于疫情，最重要的是掌握第一手数据，为此他深入群众，用抽丝剥茧的精神进行调查。他采集了一批食物样本送回延安，请边区医院院长马荔检验，马荔检验了食物样本之后，很快得出结论——肉毒杆菌。陕北农民家家户户都要腌菜，头年秋天放进大缸里用盐渍上，上压大石，经冬之后，再拿出来吃。马荔正是在腌菜上，找到了肉毒杆菌的踪迹。肉毒杆菌的芽孢，能在煮沸状态下存活 3～4 小时，当地人吃腌菜往往喜欢生冷食用，或简单蒸煮，很难防住这种污染。徐根竹进一步发现，大部分吐黄水病的患者都曾出现过眼睑下垂的症状，这正是肉毒杆菌中毒的特征，因为它会导致神经末梢麻痹。经过两三个月的艰苦工作，他抢救治愈了大批患者，并摸清了发病原因，得出了科学结论，撰写了《延安县川口区三乡防疫工作的报告》，刊登在了《解放日报》上面。而防疫委员会迅速作出指示，要求各地对症下药，切断吐黄水病的污染环节。一场大疫，就此消弭。而在此后，吐黄水病很少再有大规模暴发，悄然退出了威胁陕北人民生命的烈疫之列。当地政府和人民对徐根竹及他领导的防治小组给予很高评价，《解放日报》全文刊登了徐根竹为处理这次事件所写的调查报告。他也由于突出的贡献，被上级授予"模范医生"称号，光荣地出席了 1944 年中共中央西北局和陕甘宁边区政府召开的英模大会。

1947 年 10 月，我西北野战军为保卫延安发起第二次围攻榆林的战役。第二野战医院二所奉命进至榆林外围三岔湾前线附近，急救所刚布置好，徐根竹院长也策马赶到，他连饭也顾不得吃，就来到石窑洞里临时手术室准备给伤员做手术，正当徐根竹走到手术台前时，突遭敌机袭击，几架敌机号叫着向急救所俯冲扫射，紧接着炸弹在窑洞门口接连爆炸，徐根竹与其他几位医护人员当场英勇牺牲。

新中国成立后，徐根竹烈士的遗骨被迁葬到塞上古城榆林烈士陵园里。他那种不断刻苦学习的精神，那种伤员第一、工作第一的赤诚之心和永远贴近群众的优良作风，将永远铭刻在人们的心里。

【案例分析】

案例主要展现了徐根竹在革命队伍中不断成长，刻苦学习、积极进取，求真务实、调查取证，精准防疫、救死扶伤，伤员第一、不畏牺牲的事迹。通过抽丝剥茧、调查取证，体现了求真务实、脚踏实地的工作作风，也体现了打破砂锅问到底的钻研精神；以精准防疫、防病治病服务群众，体现了防病于未然的科学卫生理念，也体现了全心全意为人民生命健康服务的宗旨意识。对徐根竹的事迹梳理可以引导学生勤奋学习、努力上进，培养学生救死扶伤的高尚情操，以人为本贴近群众的人文情怀和严谨认真的求知态度。

【案例讨论】

1. 徐根竹为什么能够摸清吐黄水病发病原因？
2. 徐根竹的事迹体现了"红医精神"的哪些方面？

## 案例六　战地玫瑰、淬炼成医：何曼秋

何曼秋（1919—2014），历任红四军卫生部护士、医务助理、医生、门诊部主任，处长，中国科学技术大学生物物理系副主任兼党总支书记，军事医学科学院科技部副部长、部长等职，她在长征中学医、转战中用医、和平后管医，为人民军队卫生事业的建设和发展做出了重要贡献。

何曼秋刚参加红军时被分配做了宣传员，在参军后经历的第一场战斗中，何曼秋眼见卫生员战士不顾一切地救治伤员，不由得对战场救护的红军医务人员肃然起敬，萌发了成为一名红色军医的愿望。不久，她得了疟疾被送到了医院，当时的医院既缺乏药品，也缺少医生，大部分医生都曾在国民党部队里工作，是被红军俘虏来的，连一个女医生都没有。在红四方面军中有许多女战士，所以医院也有很多女伤病员。她们有各种各样的妇科病，由于大多数医生都没有学过妇科，女病号要么是被错误地诊断，要么是错过了最佳治疗时机。加上还有些女同志有封建思想，她们羞于向别人讲自己的毛病，不愿让男医生治疗，结果许多人白白地牺牲了。这种情况坚定了她当一名女医生的想法。不久，何曼秋的病治好了，当被通知病愈出院时，她鼓起勇气向院领导表达了想留下来学医的想法，并表达了将来要成为一名红军卫生员的强烈愿望。她的经历和想法打动了院领导，她被留了下来，并很快被安排到红四方面军总医院看护学校学习。

长征中学医十分不易，当时的护校学员都是工作第一、学习第二，每天都要在照顾伤病员等工作之余再学习，同时还要克服没有完整教材、没有教学仪器、没有纸笔，全靠口授心记等困难，跟随部队一边转移一边学习。何曼秋边工作边抓紧时间自学，随后考入了红军总卫生部卫生学校学习。学校的生活也非常艰苦，学生休息时间也很少，因为大家得爬到深山里寻找需要的东西。他们从树上弄下来松脂，好在晚上学习时照明；又从山里找来野草和打火石，刨出草根做饭。喇嘛庙既是教室也是宿舍，庙里没有床，大家就睡在从山里打来的干草上。班里只有三名女同学，她们就在庙里的一角睡觉，连被子和最基本的生活用品也没有。学习基本上没有课本，老师有时候会在喇嘛留下的经卷上写一些东西教给大家，学生就把地面当成纸，拿树枝当钢笔，在地上找块地方写，写了擦，擦了再写。他们还用烧黑的松树枝把知识点写到手掌、手背和胳膊上，这样无论走到哪里，都可以学习。在庙的中央有一块宽敞的地方用来烧火，学生们经常围着那团炉火坐下来互帮互学，一个人提问，另一个人回答，老师就坐在旁边教导。就这样，同学们终于克服了刚开学时的各种困难，完成了学业，奠定了医学的基础知识。多年以后，何曼秋在《红军卫生学校六期在草地》的回忆文章中写道："在炉霍不算长的七个月，六期学生的生活是非常有意义的，紧张而有序的生活，获得了较多知识，是值得铭记的岁月。"而红军卫生学校，在中华人民共和国成立后发展成为著名的中国医科大学。何曼秋跟随部队从西康边境松岗走到了康巴藏区炉霍，途中翻越了夹金、党岭两座大雪山，在长征过草地、突破腊子口和山城堡战役中，完成了无数次现场救护，并为沿途的老百姓治病。

1942年晋西北军区军医处改为卫生部，各级卫生组织相继成立，但掌握妇幼卫生知识的医生几乎没有。何曼秋此时已完成于延安医科大学的深造，随部队赴晋西北抗日，成为当地第一个女医生。当时晋绥边区医疗设备、医疗技术水平远远不能满足部队和地方广大群众的需要，同时群众普遍缺乏医学常识，迷信巫术，有病不求医，医疗卫生工作开展十分困难。后来被群众称为"洋产婆"的何曼秋接收的第一位患者是县城里一个30岁的妇女，肚腹鼓胀，大家都说她怀胎九年了，怀的是非凡人之胎，请了无数巫婆。何曼秋悉心诊断后，劝说她进行了手术，结果取出30斤重的肿块，解除了九年之痛。这消息传遍了远近乡里，迷信不攻自破，求医的妇女多了起来，新法接生也慢慢地被群众接受了。更为重要的是以此为契机，晋绥边区开展的卫生宣传活动，群众都积极配合，求神拜佛的少了，请医生、送医院求治的多了，边区健康事业得到更好的发展。

新中国成立后,何曼秋又到旅大苏联红军医院进修,1956 年担任解放军总后勤部卫生部妇幼保健处处长,之后在军队妇幼保健、科技教育、医学情报、医学科研和医疗建设等领导岗位上辛勤耕耘,为军队卫生事业建设和发展做出了很大贡献。何曼秋就这样在战火中淬炼成长,长征中学医、转战中用医、和平后管医,成为我军一位优秀的战地医生和卫生管理专家。

【案例分析】

案例主要展现了何曼秋在长征队伍中不断成长,埋头苦干、刻苦学习,克服种种困难在战火中淬炼成医的事迹。何曼秋想成为医者的初心,体现了她生命至上、从患者出发、以人为本的职业理念;长征路上努力创造条件刻苦学医,体现了不畏困难、坚持不懈的探索精神,埋头苦干、精进医术的钻研精神,结合实践创新方法的精神。对何曼秋的事迹梳理可以引导学生勤奋学习、努力上进,培养学生救死扶伤的高尚情操,以人为本、患者至上的人文情怀,严谨认真的求知态度。

【案例讨论】

1. 何曼秋为何能成为一位优秀的战地医生?
2. 何曼秋的事迹体现了"红医精神"的哪些方面?

## 案例七　预防先锋、卫校红烛:陈义厚

陈义厚(1899—1935),毕业于北平医学专门学校,历任冯玉祥部队军医官、红军第一方面军第五军团军医处长、卫生部长、红军卫生学校校长、中央苏区卫生部临时负责人。他在艰难困苦中无私奉献、埋头苦干,奋力为我军医疗事业开创了新机。

陈义厚医术高超,在中央苏区大名鼎鼎,他与傅连暲、戴济民、李治并称医界"四大金刚"。陈义厚在红五军团任卫生部长期间,为了预防赤痢病,建议总卫生部规定部队不准吃辣椒等刺激性强烈的食物。这对生活在南方水乡的人来说,简直是一次生活习惯上的革命,阻力是很大的。但是在陈义厚的推动下,这条规定最后在全军上至总司令下至马夫都能严格执行。在实际工作中,陈义厚积极贯彻军委总卫生部贺诚部长提出的"一切为了伤病员"和"预防第一"的方针,在五军团范围内大力开展卫生运动,以消灭痢疾、疟疾、下肢溃疡等常见病为重点。从 1932 年起,在各部队伙食单位普遍建立了卫生委员会。卫生委员会协同卫生机关,利用标语、传单、讲话、演出等方式,广泛开展卫生宣传活动,动员大家讲卫生,并建立宣传、竞赛、检查、评比等制度。不久,红五军团的卫生运动经验推广到整个中央革命根据地。陈义厚对工作认真负责,对卫生医疗工作精益求精,即使在根据地"肃反"工作中受到不白之冤,工作中仍然兢兢业业。他平时生活非常俭朴,经常把红军定期发给他的 40 块大洋给伤病员买营养品,受到贺诚部长的高度赞扬。

1933 年 8 月,陈义厚调任红军卫生学校校长。根据贺诚部长的指示,陈义厚亲自制定教学计划和各项学习制度。教学划分为基础、临床、实习三个阶段,教学质量有了明显的提高。根据当时的需要,红军卫生学校学制为 1 年,其中 5 个月学习基础只知识、3 个月学习临床知识、2 个月实习。基础课有解剖学、生理学、病理学、细菌学,药物学、诊断学 6 门;临床课有内、外、眼、耳、鼻、喉、妇产等科,以内外科为主,重点是战场救护。对教学课时也有了新的规定,如病理学为 50 至 60 课时,诊断学为 120 课时,内科学为 180 课时。每天教学 6 小时,每周教学 36 小时,每天复习 2 小时。他亲自编写讲义,发动教员和学员参加刻印,后来改为石印或铅印。为早日编写刻印出教材,陈义厚经常废寝忘食,通宵达旦。因此,陈义厚被广大师生誉为"红军卫校永不熄灭的蜡烛"。学校还组织学员自己动手,搜集制作各种标本模型和挂图,通过各种渠道,教学设备大为充实,有显微镜 7 架、温箱 1 台、图书资料 400 余册。成立了图书室、模型室和实验室。临床方面有外科手术室、理疗室还有了 X 光室。陈义厚在任校长期间,与政委黄应农非常重视思想政治工作,对下属干部、战士反映的思想问题,他们经常与政治处主任周越华一同研究解决。

卫生学校下设附属医院有 300 张病床,对中央苏区来说,是设备条件最好、技术水平最高的医院,能做比较复杂的手术。为指导红军卫生医疗工作的开展,陈义厚还创办了《红色卫生杂志》,大大提高了在职医务干部的业务水平。

1935 年春,敌军向中央苏区大举进攻时,为疏散安置伤病员,陈毅同志亲自动员,王立中、陈义厚亲自组织,将一大批重伤员分散安置在群众家里。为管理留在中央苏区的医疗机构和 8 000 多名伤病员,设立了中央军区卫生部,抽调王立中、陈义厚留在中央苏区担负组织领导工作。在指挥部队疏散转移时,遭受敌机轰炸,王立中、陈义厚壮烈牺牲。陈义厚烈士的一生,是光辉的一生,是战斗的一生。他为共产主义事业呕心沥血、不畏牺牲的革命精神,将永远激励着我们前赴后继,英勇奋斗。

### 【案例分析】

案例主要展现了陈义厚多措并举建立军队预防机制,呕心沥血埋头苦干建设红军卫校的事迹。坚定不移推动卫生预防工作,体现了防病于未然的科学卫生理念,也体现了全心全意为人民生命健康服务的宗旨意识;精心设计采用多种有效方式推动预防工作,体现了实事求是、实践创新的工作作风;亲力亲为、事无巨细地投身卫校建设,体现了埋头苦干、无私奉献的优良作风和牺牲精神。对陈义厚的事迹梳理可以培养学生爱岗敬业、无私奉献的职业理念,加强学生多角度科学思考问题的分析解决能力,培养学生兢兢业业、真抓实干的业务作风。

### 【案例讨论】

1. 陈义厚埋头苦干,在哪些方面取得了成效?
2. 陈义厚的事迹体现了"红医精神"的哪些方面?

## 案例八  两次长征、红医博士:涂通今

涂通今(1914—2023),福建长汀人,我国神经外科的奠基人。中华人民共和国成立后被派往苏联深造,获医学博士学位,回国后开创我国神经外科学,并于 1964 年被授予少将军衔。曾先后任第四军医大学副校长、校长,总后勤部卫生部副部长,军事医学科学院院长等职务,完成了从牧童到将军,从看护到教授,从军医到校长,从小学生到留苏博士的人生跨越。

1928 年涂通今不得不辍学回家,很快他就学会了几乎所有的农活,成了一个牧童。1929 年 10 月毛泽东同志在家乡的演讲,让涂通今看到了美好的革命愿景,1932 年,涂通今报名参军,开始革命生涯。入伍后,上级让有较高文化水平的涂通今去医院报到。进入医院第二天,院长出了一道"为什么要当看护"的考题。涂通今盯着试卷,猛然间想起医院大门上的一副对联:"为救护前方归来的英勇将士,为培养无产阶级的医学人才"。凭着对医护工作最朴素的理解,他把这句话一字不落地写下来,没想到竟得了最高分。接下来的专业培训中,无论是专业理论还是临床技术课,涂通今都获得优异成绩。涂通今曾提起他第一次给重伤员换药时的情景,"看到伤员伤口裂开、流出大量脓血并混有碎骨片,我都不敢正视,但想到这是他们在战斗中英勇顽强、不怕牺牲的证明,我发自内心地敬佩,告诉自己要加倍努力学好看护、弄通医术,更好地为他们服务。"很快,涂通今被选送到红军卫生学校接受正规医学教育,并在学习期间加入中国共产党。长征血战湘江时,涂通今已是军团兵站医院的医务科长。炮火中,他把药箱顶在头上,蹚着齐胸的江水到达对岸。险象环生的长征路上,涂通今拼尽全力救护伤员,没有条件也要创造条件。用门板搭手术台,把被子撕成条当绷带,举着油灯照明……尽管他们全力救治,但受医疗技术和设备所限,许多本可得救的战友失去了生命。那些因无法救治倒在他怀里的战友,一直是他心里的痛。

涂通今说:"我一生可以说经历了两次长征,一次是举世闻名的红军二万五千里长征,经历各种艰难险阻考验;另一次是圆满完成祖国交给的留苏学医任务,走出了向文化进军向科学进军的

长征。"涂通今深知，自己的医术越精湛，就越能撑起战友们生命的希望。1942 年，涂通今以优异成绩提前毕业，分配到白求恩国际和平医院后仅用 3 年时间便成长为外科专科医生；1943 年，他在延安用 3 周时间治愈了 386 旅 1 500 余名官兵的疥疮。1951 年，组织安排时任中南军区卫生部副部长的涂通今赴苏联留学，主攻神经外科。不懂外语，全新专业领域……对于一名年近 40 岁的领导干部来说，这与其说是一次机会，不如说是一场挑战。临行前，上级领导语重心长地对涂通今说："神经外科在我国是缺门学科，中央非常重视啊。希望你早日学成回国，为国家填补这一空白。"在苏联求学期间，涂通今不厌其烦地接触患者、询问病史，学习苏联各民族语言和医学术语；为完成一份精准的病历，他常常反复修改、数易草稿……一年后，他跟上了课程进度，俄语也说得非常流利。"你可不可以做小脑脑电图方面的研究？"第二学年，导师提前为这位优秀的学生考虑论文题目。"小脑脑电图目前在临床应用上不普及。我的主攻方向应该是神经外科复杂手术，祖国人民还在等着我……"涂通今十分坚持。1955 年 7 月，涂通今的学位论文答辩在苏联医学科学院学位委员会上全票通过，被授予医学博士学位。涂通今对医术的求索，始终不遗余力。

1956 年，涂通今马不停蹄地回到祖国，全军第一个神经外科在原第四军医大学附属医院成立。不久后，涂通今主刀的我国第一例小脑脑桥角胆脂瘤手术成功，继而切除晚期听神经瘤手术也获得成功，所采用的方法亦属全国首创。涂通今带领团队大胆创新，使颅脑外科的接诊检查和手术准备时间大幅缩短。在原第四军医大学工作的近 20 年间，涂通今培养了一批又一批神经外科骨干。1985 年他从原军事医学科学院离休时，已是"桃李布三军"。在许多人看来，涂通今功成名就，离休后该享清福了。可他却有自己的打算："我要把我的经验全部写进书里，传给后人，让他们少走弯路。"此后，涂通今潜心著书立说，相继撰写编译了 10 余本医学书籍。周恩来总理曾赞扬涂通今是中国知识分子的典范。

【案例分析】

案例主要展现了涂通今人生两次"长征"的历程和他对医学事业的贡献，也体现了他技术优良、精益求精的工作作风、全心全意为人民生命健康服务的宗旨意识。从牧童到看护到医务科长到医学博士的成长，是他逐渐理解医学职业精神并投身事业的过程，体现了他不畏困难、坚持不懈的探索精神。对涂通今的事迹梳理可以培养学生爱岗敬业、无私奉献的职业理念，也可以加强学生主动作为、履职尽责的责任感。对涂通今事迹的学习可以使学生感悟红医在医疗技术上不断创新、勇于探索、敢于钻研、精益求精的科学精神，从而把专业学习与为社会、为国家做贡献联系起来，树立正确的医学职业目标。

【案例讨论】

1. 为什么周恩来总理赞扬涂通今是"中国知识分子的典范"？
2. 涂通今的事迹体现了"红医精神"的哪些方面？

## 案例九 红医将领、会管擅治：谷广善

谷广善（1909—2007），河北高邑县人，1931 年参加宁都起义，加入红军后参加了第四、第五次反"围剿"和二万五千里长征。历任红军卫生处卫生科长、师卫生部长、军团卫生部副部长，是我军为数不多的"红医将领"之一。

1909 年，谷广善出生于河北高邑县塔张村一个农民家庭，1 岁时父亲就去世了。母亲卖掉全部家当供他在美国基督教会办的同仁小学读书两年半，后因家庭穷困过早退学。他自小便给裁缝铺做学徒，当过杂役，干过勤务兵。1928 年 3 月，国民革命军北伐部队到来，谷广善离开败退关外的奉军而加入冯玉祥部 32 师的先头部队，因聪明能干而被师医院董干堂院长看中留下当了医兵，从此开始医务工作生涯，先后从事看护生、司药生、看护长、军医等工作。1930 年 10 月，

冯玉祥部第 5 路军被蒋介石收编为国民革命军第 26 路军后，谷广善担任该部 25 师 74 旅 2 团军医，在参加对中央红军的"围剿"中，在刘伯坚等共产党人的影响下，他对蒋介石消灭异己的做法非常不满并产生了强烈反蒋思想。"九一八事变"爆发后，面对蒋介石奉行"攘外必先安内"的反动政策，面对"跟共产党红军走，还是跟国民党蒋介石走"的艰难抉择，谷广善看到"红军官兵平等，抗日反蒋，为工农求解放，只用了一个月就把部队整编得面貌一新"，当即决定"坚决留下来当红军！"果断参加该部 1931 年 12 月举行的江西宁都起义，担任部队整编后红一方面军第 5 军团 15 军卫生处卫生科科长，逐步成长为苏区红军医疗队伍中的骨干。

红五军团组建之初，病号多、开小差多乃是摆在军政首长面前的两大难题，卫生工作不仅事关指战员治疗伤病，更直接关系部队巩固。1932 年 7 月，异常惨烈的水口战役虽然取胜，但部队自身伤亡惨重，病号数量一时激增。谷广善就任红五军团 13 军 38 师卫生队队长后，立即着手调查伤员病情，针对疟疾、痢疾、烂腿三种情况查找病因、分类施策，集中收治 2 000 多号病员。军长董振堂专门到该师召开了全师连以上干部会，谷广善在会上提出病号多、卫生队有责任、但首先是部队教育管理有问题，建议有针对性地加强部队教育管理，得到董振堂认可。此后，各部队军政指导员改善了同卫生人员的关系，抓紧卫生制度落实，减少勤务，改善伙食，实现了整体卫生情况的明显改观。1933 年 8 月 5 日，中国工农红军少共国际师在江西博生县成立，部队历经闽北拿口、将军殿、邱家隘等几十次艰巨而激烈的战斗，由于战士年龄普遍较小、得不到适当休整，战士身体素质普遍下降。谷广善 12 月初任卫生部部长时，全师 5 000 多名同志约 80% 患有疥疮，严重影响部队战斗力。他深入了解情况并立即向师政委萧华报告建议：发动部队，统一行动，彻底根治！谷广善对较重病号采用西药治疗，对一般患者采用土法医治，并执行不准吃辣子的硬性规定，经过连续一个月的寻觅药方、购买硫磺、配制药膏、煮衣杀虫等突击治疗，终于全部治愈了全师将近 4 000 名官兵。对此，师政委萧华连连赞叹："硫磺治天疮。"全师卫生防疫工作大大向前推进。

在长征途中，特别在红军遭遇湘江战役等较大伤亡的大型战斗行动中，卫生部门面临着更为繁重的救护、收容任务。谷广善把自己的津贴大部分补贴给病号，上级配的马也经常让给伤病员骑，并带领医务人员将看护分成消毒、换药、护理三班，做好消毒、换药、服药和其他准备工作，先照顾伤病员洗脸、洗脚、开饭后，再料理自己的食宿，精心医治使战士们更早康复并重返前线。全面抗战爆发后，谷广善任 115 师卫生部部长。面对平型关战役中四五百名伤员、前线缺乏完善的收容转移机构的情况，他带领卫生管理科科长邱国光等随指挥所到达前线，及时组织师教导大队部分医疗人员、师直卫生所投入紧张救护，集中伤员包扎急救，完成了将病情复杂的伤员安全转移到后方医院的重要任务。1937 年 10 月，谷广善因卫生组织整编调任 1 军团卫生部副部长，主持建立医疗工作制度，详细登记出入医院人员、建立伤病员病历表，整理牺牲烈士遗物交由政治机关寄给烈士家属等。这一工作得到政治部的肯定，军团政委聂荣臻给予高度评价："有了谷广善，医院办得真像样！"

1938 年 12 月，115 师主力挺进山东开辟根据地。面对战场上我军在敌后开展游击战，远距离转移伤员困难较大的严峻形势，谷广善再次将在每个师建一所野战医院或医疗所收治伤病员并随部队移动的夙愿提出报告，师长林彪亲自签发命令，抽调 100 多人成立了医训队。1939 年 3 月初，115 师来到鲁西地区，根据作战需要，谷广善指派卫生部二所就地在五晔村、岈山一带开展隐蔽工作。面对当时各部队、各军区被敌人分割开来，八路军只能进行游击战的特殊状况，谷广善与卫生部同志根据游击战特点，紧紧依靠人民群众，利用自然岩洞或在有利地形上人工挖掘洞穴，在作战区内先后修建了地洞医院、地道医院，甚至还有设在敌人眼皮子底下每个洞大约有一米宽、两米长可容纳一两个伤员的地下"隐蔽医院"。与此同时，他把带领当地百姓创办的医疗所、隐蔽医院变成一个特殊的战斗体系而非单纯的医疗机构，尽可能把卫生部力量充实在基层，做到每个医疗所配备一定数量的医生、护士、司药，专门救护伤员；配备强有力的行政领导，组织吃、住、挖洞、物资筹措以及掩护转运；配备优秀的政工干部，做伤病员和群众的政治工作，分散隐蔽，跟敌人巧妙周旋。同时经常深入各地检查工作，帮助大伙解决困难，治疗病危病重的伤员。抗日战争期间，115师在山东战场历经战役战斗数百次，救治伤病员数万名，没被敌人抓住过一个八路军伤病员，没被打垮过一个八路军医疗所，谷广善可谓功不可没。

### 【案例分析】

案例主要展现了谷广善加入红军后治病和进行卫生管理的传奇经历，主要体现了他勇于创新、有的放矢的工作作风，也体现了以人为本、全心全意为伤病员服务的宗旨意识。对谷广善的事迹梳理可以培养学生爱岗敬业、无私奉献的职业理念，也可以加强学生主动作为、履职尽责的责任感。可以使学生感悟"红医"在医疗技术上不断创新、勇于探索、敢于钻研、精益求精的科学精神，从而把专业学习与为社会、为国家做贡献联系起来，树立正确的医学职业目标。

### 【案例讨论】

1. 谷广善能成功治疗疥疮的原因是什么？
2. 谷广善的事迹体现了"红医精神"的哪些方面？

### ? 复习思考题

1. "红医精神"具体体现在哪些方面？
2. "红医精神"在新时代的意义是什么？
3. 请谈谈我们应如何传承"红医精神"。

（邓山　袁轩）

ER-5-2

扫一扫，测一测

# 第六章　抗日战争时期的革命人道主义和国际主义精神

ER-6-1

PPT 课件

## 学习目标

　　通过具有抗日战争时期的革命人道主义和国际主义精神者的典型代表案例的学习,学生能够了解投身抗日救亡运动的医务人员的优秀精神元素,塑造克服困难、脚踏实地的探索精神。倡导学生传承精华,培养勇于创新、不断探索的科学精神和与时俱进的工作作风。

## 案例导读

　　本章内容主要讲述了日本发动全面侵华战争,中华民族面临着亡国的危机时期,曲焕章、付心德、李鼎铭、李继昌、刘奇、林可胜、白求恩、柯棣华、傅莱等优秀的医务工作者,放弃安稳的生活,义无反顾地奔赴战场,为战争中受伤的群众与战士进行医治,他们医者仁心、不畏艰险、不怕困难、勇于探索、认真负责、无私奉献、乐于牺牲等宝贵精神值得我们永远铭记与传承。倡导传承精华、勇于创新、塑造克服困难、脚踏实地的探索精神。

　　我们在学习过程中可以认真阅读这些先烈在抗战中的英勇事迹,并结合时代背景,将本章内容中涉及的课程思政元素提炼出来,然后针对每一位革命先烈的事迹写一篇读后感,并组织同学进行分组讨论,选出优秀的文章进行传阅,从而加深印象。

## 案例一　生命相守、白药传奇:曲焕章

　　当今云南白药享誉全球,我们不应忘记创制这一世界级"伤科圣药"的一代"药王"曲焕章。曲焕章原名曲占恩,字星阶,生于 1880 年江川前卫镇赵官村的一个普通家庭,排行老四,家中还有三个姐姐。年幼时父母去世,后被姐姐带到夫家跟随袁恩龄和姐夫袁槐学医。

　　在袁家生活的那几年,他不仅喜欢翻阅草药书,还总爱跟着袁家家主去店里,在一旁看他如何为人治跌打。这些都成了他走上医学之路的第一块敲门砖,也为他日后研制出云南白药打下了基础。

　　后来,曲焕章游历四方,积累了一定的治伤经验。1902 年,他踏遍滇南山川,求教当地民族医生和草药医生后,配制出一种治伤药,叫"万应百宝丹"(以下简称"百宝丹")。由于该药呈白色,人们便给它取了个形象的名字叫"白药"。百宝丹制成后,他将其用于临床实践,效果很不错,他的名气也越来越大。在云游途中,曲焕章还遇到了人生中的一位良师姚洪钧。他恳请姚鸿钧收他为徒,拜入了姚鸿钧的门下。在那里他又学到了更多的中草药知识,姚鸿钧还将岐黄之术传授给了他。

　　武昌起义后,全国各地纷纷响应。地处边陲的云南也爆发了重九起义,之后连年军阀混战,社会混乱,民不聊生。曲焕章在妻子缪兰英的帮助下开始挂牌行医,凭着医者仁心,不论是老百

姓还是土匪，曲焕章都全力救治。曲焕章被捕入狱被营救后常驻昆明行医，潜心完善药方，1916年，百宝丹被云南省政府警察厅卫生所列为优等，允许公开出售。

后来由于唐继尧的器重，曲焕章先后被任命为云南省陆军医院外科主任、陆军医院院长（授上校军衔）、东陆大学附属医院副院长等职，唐继尧亲赠其"药冠南滇"匾额。"倒唐"运动后又被龙云赠送"针膏起疾"匾额，国民党元老胡汉民也赠送了"白药如神"匾额。1935年，蒋介石到昆明，在龙云的引荐下接见了他。他送了500瓶"三升百宝丹"给蒋介石，蒋介石则亲书"功效十全"相赠，以示关照。之后，百宝丹更是声名远播。

1928年，百宝丹批量瓶装上市，香港、澳门、雅加达、仰光、新加坡、曼谷、横滨等地都设立了代销点，百宝丹开始名扬海内外。1931年至1934年，他辞去医院的相关职务，并将药房从南强街迁往金碧路，更名"曲焕章大药房"，开始规模化生产和销售百宝丹。

1934年10月，中国工农红军为摆脱国民党军队的包围追击，途经云南时缴获一批国民党军队的物资，其中就有他研制的百宝丹。这对缺医少药的红军战士来说无疑是雪中送炭，红军用它救治了很多伤病员。后来据一些老红军回忆，过草地期间，由于环境恶劣，许多红军战士患了疾病，腹泻不止，使用百宝丹后才逐步好转，挽回了生命。1937年9月，滇军60军奉命开赴抗日前线。出于爱国之心，他拿出5万瓶百宝丹免费送给这支抗日军队。

1938年4月，滇军奉命接防台儿庄东南禹王山一带防线。在日军不断的迅猛攻击中，滇军将士英勇顽强地坚持战斗。许多人负伤后，外敷内服百宝丹又继续冲锋陷阵，在惨烈的交战拼杀中，百宝丹拯救了不少滇军将士的生命。由于抗日前线急需大量药品，为了满足战时所需，他不仅采取各种措施扩大生产，更是自己夜以继日地进行配药。

后来，随着太平洋战争的爆发，远征军出征时每位官兵都由政府发给两瓶百宝丹，如果在战斗中负伤，可用此药急救、止血和医治疾病，它神奇的功效也给盟军和缅甸人留下了深刻印象。美国一名随军记者在《从印度到中国》一书中，高度评价了百宝丹，这引起各国医药界的重视，因而百宝丹驰名世界。

百宝丹出众的疗效使很多人都觊觎其配方。在利益的驱使下，1938年，国民党中央委员、最高法院院长焦易堂将他骗到重庆并软禁，以套取百宝丹配方。可他始终没有屈服，最终，他在环境极其恶劣的牢狱里死去，享年58岁。

曲焕章离世后，曲家的生意举步维艰，甚至到了难以维持的地步。新中国成立后，曲焕章大药房有了起色，百宝丹还在西南工业展览会上获奖，在这个新社会里，曲家一家人看到了希望。1955年的一天，缪兰英做了一个决定：向人民政府献出百宝丹秘方。其后，百宝丹秘方被列为国家保密级配方，并更名为"云南白药"，由指定药厂生产。随着时代的发展，如今不管是街头的药店，还是居家药箱，都能或多或少地看到"云南白药"的身影，它为人民的健康发挥着不可忽视的作用，曲焕章的名字也与"云南白药"联系在了一起。

曲焕章的一生，充满了传奇故事，诠释了医者仁心，更饱含着为国为民的家国情怀。

【案例分析】

案例主要展现了"云南白药"创始人曲焕章的"三个精神"即爱国主义精神、艰苦奋斗精神、工匠精神。案例梳理了曲焕章配制百宝丹的事迹，以翔实的文献资料再现了他卓有成就的一生，讲述了一代药王的传奇故事，展现了他的药学成就、红色革命故事、白药发展历程和白药文化，使同学们能够了解云南白药的背景，引导同学们培养艰苦奋斗、认真钻研、精益求精的精神。曲焕章在那个战火纷飞的时期，无偿捐赠百宝丹支援抗战的事迹，以行动诠释了自己的医者仁心、为国为民的奉献精神、百折不挠的奋斗精神。希望同学们主动学习艰苦奋斗的精神、无私奉献的精神，培养坚守医者应有的职业素养。

【案例讨论】

曲家人向人民政府献出秘方的事迹体现了什么精神？

## 案例二　救死扶伤、英勇不屈：付心德

付心德出生于 1900 年，祖籍河南项城，战后在云南省龙陵县定居，原远征军七十一军第二战医院少校医务主任。

他 29 岁那一年，在济南的日军寻衅，枪杀中国军民四千多人。中国官员蔡公时被日本兵割耳、挖鼻后残杀。付心德的学校，处于济南市中心，平时拿惯手术刀的学生，面对日军的枪炮，毫无还手之力，只能任人鱼肉。他好几个要好的同学，都倒在了血泊里。付心德只能眼睁睁看着好友离去，却无能为力。他若是有枪，一定会冲上去和日军拼命。堂堂中华男儿，岂会贪生怕死。可他那双手拿过最锋利的东西，除了锄头，就是手术刀。当枪声真正在耳边响起时，他才真正明白，什么叫"有国才有家"。手里没有枪，就算有手术刀，也救不活受战争残害的老百姓。唯有一手拿起枪，一手拿起手术刀，才能真正解救老百姓。

侵华日军的暴行，深深刺痛了他，也改变了付心德"行医救人"的想法。他和同学们普遍认为"先救国"，才能"救民于疾病伤痛"，他目的明确，那就是拿起枪，保家卫国！于是，付心德决定投笔从戎。加入部队后，凭借三年的学医经验，成为一名光荣的随军军医，军衔最高时达到少校级别。

1937 年"淞沪会战"爆发后，付心德所在的部队在前线奋力阻击日寇。当时国军的装备不如日军，完全是靠着血肉之躯在阻挡敌人。他作为部队里的军医官，每天都在生死线上穿梭。

南京会战中，付心德率领部队一次次冲上阵地，想要多救几个战士。可是他跑得再快，前方的士兵还是一个个倒下。日军攻占了雨花台，冲进中山门，六朝古都暴露在敌人铁蹄之下。付心德随后在部队的掩护下，从下关一路逃到了江北，南京沦陷，日寇在南京城内无恶不作，30 万同胞惨遭杀害。当时官兵在长江边上，看到南京城内烽烟四起，他们痛哭流涕，付心德等人向南京方向下跪，痛苦地大喊着："我们对不起老百姓，我们没有保护住他们啊。"

从南京撤离的付心德，又陆续参加了武汉会战和长沙会战，每一场战争都是死伤无数。付心德等人每天都踏着英雄们的鲜血，在枪林弹雨中寻找活着的战士，他相信只要多救一个人，国家就会多一丝希望。

1944 年，付心德作为中国远征军 71 军第二野战医院少校军医，随部队西渡怒江参加滇西抗战，他带着担架排奋力奔跑在战场之上，抢救伤员，掩埋尸体。炮弹在他眼前呼啸而过，他毫不在意，救人是他的天职。战场上，他拯救生命，战场下，他自给自足，不给别人添麻烦。他虽是少校，但也经常饿肚子，偶尔会发点米，这些米也是掺着谷粒和沙子的陈米。饿极了的时候，他都顾不上煮，泡点水就往肚子里吞。

作为一名身经百战的战地医生，他目睹过无数惨烈血腥的战争场面，最让他永生难忘的场景发生在龙陵血战之中。在这长达四个多月的战斗中，中国远征军先后投入 11.5 万以上兵力，共毙敌 10 640 人，而远征军伤亡官兵则达到 29 803 人。当时中国的很多药品都由外国提供，药品说明书都是英文，很多医生看不懂使用方法。而他从小在外国人开办的学堂学习西医，是军医中少数几个能看懂药品英文说明的人，他的精湛医术和博学多才，拯救了很多士兵的性命。

付心德每天穿梭在战场上，有时候也会上阵杀敌，有几次差点被敌人打死。为了让战士们不暴尸荒野，他和救援队砍光了河边所有的树做棺材，向他们敬一个庄重的军礼再离开。

抗战胜利后付心德选择扎根龙陵，陪着在这片土地上战死的战友们一起安度余生。从 1945 年扎根龙陵到 2013 年去世，付心德在这里度过了 68 个春秋，他的生命横跨两个世纪，他的功勋

永垂不朽。

【案例分析】

案例主要展现了付心德无私奉献、英勇奋战、救死扶伤的仁义精神。通过梳理他在战场上拯救生命、战场下吃苦耐劳的事迹，培养同学们铭记历史、吃苦耐劳、吾辈自强的意识。付心德身经百战，一生清贫，他跌宕起伏的百年人生成为一个传奇。这个百年传奇的故事使得同学们更加了解了中国那段永远不能忘记的历史，对付心德具有的使命感、责任感更加钦佩，强化了同学们爱国主义精神，厚植爱国主义情怀。爱国主义是中华民族精神的核心，是千百年来中华民族生生不息、薪火相传的精神血脉。

【案例讨论】

1. 付心德一生救死扶伤，体现了什么医学精神？
2. 通过了解付心德的事迹进行思考，如何理解"救人"和"救国"的关系？

# 案例三　忠贞不渝、仁术济人：李鼎铭

古话常说，不为良相即为良医。但在中国现代革命史上，却有这样一位既胸怀天下又悬壶济世、仁术济人的传奇人物，他就是李鼎铭。

李鼎铭（1881—1947），陕西省米脂县人。他是一位享有盛誉的爱国民主人士，中国共产党的真诚朋友，曾担任陕甘宁边区政府副主席。

他幼年家贫，只得寄住在舅父家中就读，学习经史子集，兼习医学。他经过十年寒窗苦读，博览四书五经、中医书籍等。在绥德大考中一举夺魁。青年时代的他积极倡导教育救国。他拥护孙中山的政治主张，在当地提倡放足、剪发、禁赌、破除迷信。他大力倡导兴办学校。曾建立了米脂县第一所国民小学，并先后创办了米脂县陈岔觉民小学和桃镇国民高等小学。他也曾在绥德、榆林等多地执教，其间主张改良教学方法，为振兴家乡教育事业做出了积极贡献。

中年以后，他目睹家乡医疗卫生条件落后，人民群众深受疾病折磨，心急如焚。于是便返回故乡，精心研究医学，兴医昌教。后在友人的资助下，他在米脂县城东街，开设"常春医馆"，坐堂行医。由于他医术高超、医德高尚，特别热心为穷苦老百姓诊治疾病，很快便成为远近闻名的一代名医，被当地百姓称为"神医"。若遇到非常穷困的患者，他就分文不收，免费看病。深受百姓尊敬。

他在担任陕甘宁边区政府领导职务后，在繁忙的工作之余，也常常不忘为百姓诊治疾病，解除病痛。他也是中央领导身边的良医。他经常为毛泽东、徐特立、林伯渠、谢觉哉等领导同志推拿按摩、诊治疾病。

据他的警卫员马存堂回忆："副主席只要是外出或下乡，药箱是必带之物。药箱不是太大，可背可提，里面放着针灸针和一个自制的酒精灯等器械，还有一些常用的中草药。无论是在延安，还是在转战陕北的旅途中，先生每到一个地方，他都不辞辛苦，处理完公务就给乡亲们看病。"李鼎铭对待每一位患者都嘘寒问暖、悉心诊病、一丝不苟，深受广大群众的尊敬和爱戴。

他作为一名党外人士，非常关注党的政治主张，1941 年冬，他在陕甘宁边区第二届参议会第一次会议上当选为陕甘宁边区政府副主席，他在会上提出的"精兵简政"的提案受到党中央和毛泽东同志的高度肯定，被列为中国共产党打败日本侵略者的十大政策之一。为此，毛泽东同志还亲自撰写了《一个极其重要的政策》，还在《为人民服务》中赞扬道，"'精兵简政'这条意见就是党外人士李鼎铭先生提出来的，他提得好，对人民有好处，我们就采用了""因为我们是为人民服务的，所以，如果我们有缺点，就不怕别人批评指出，不管是什么人，谁向我们指出都行"。精兵简政的实施，使政府工作达到了精简、统一、效能、节约和反官僚主义五项目的，密切了军民关系、军政关系，减轻了老百姓的负担，促进了我党的廉洁之风，受到人民群众的支持和拥护。

开明党外人士李鼎铭的名字家喻户晓。这位体貌瘦弱的学者，却坚持追逐光明；这位身居窑洞的士绅，却始终心怀天下；这位一度默默无闻的党外人士，却甘冒风险，与中共风雨同舟，肝胆相照。

### 【案例分析】

案例主要展现了爱国典范李鼎铭的医者仁心、仁术济人的精神。通过梳理他精研医学，兴医昌教的事迹，凸显了他关心人民疾苦，一心一意为群众办实事的功绩。他作为中国共产党忠贞的朋友，毅然走上与中国共产党休戚与共、携手合作的革命道路，充分体现了矢志不渝的崇高精神和风雨同舟、肝胆相照的政治风范。他在边区的历史是中国共产党统一战线工作的精彩之笔，这引导同学们学习和继承他的心怀天下、一生追求真理、至死忠贞不渝、医者仁心、仁术济人的精神。

### 【案例讨论】

1. 为什么李鼎铭能取得如此成就？
2. 请结合李鼎铭的事迹，谈谈你从中学习到了什么。

## 案例四　人无贫富、求无不诊：李继昌

李继昌（1879—1982），字文祯，著名中医学家，生于昆明。祖籍江苏省南汇县（今上海市南汇区），出身中医世家。他潜心研讨中医各派之说，融会贯通。他对西医不持偏见，于1907年入法国医院附属医学专科学校学习西医，上午勤学，下午行医，历时5年。因其积极汲取西医学的诊断技术和医疗理论之所长补己之不足，成为昆明最先突破中西医界限、对二者的医学原理结合运用的开创者。

李继昌对伤寒及温病深有研究，曾先后研读了《伤寒论》数十注家的著作，以及温病学的代表著作，再结合自己的学习心得和临床经验，揉掺伤寒、温病学说，对外感热病诊治作提纲挈领论述，对外感热病的医疗实践颇有指导意义。他临床治病，非常细致诊察，注重辨证而治，常以"审证明确，方才言治"为原则。

对外感病扶正与祛邪关系强调妥善处理，本着"有邪必先祛邪，祛邪不能手软；邪去然后扶正，但正气过虚的，亦当扶正祛邪并而用之"的原则。李继昌还考虑到昆明地区风多湿盛，风为百病之长，常合并其他邪气致病；湿气黏腻，不易骤化，故湿邪为病，凡病夹湿，多缠绵难愈，且湿易困脾，必将影响营卫气血的生化和不利于正气的恢复。所以在祛邪时，尤为注意祛风除湿。这些都是李氏的独到之处，足为后学者效法。

他最擅长妇科和儿科，他认为调理妇科气血，重在调理脏腑功能；而脏腑之中，又重在肝脾两脏；肝脾之中，又以调肝为主。至于儿科，他以"痧中伏痧"理论配合"刮痧"治疗麻疹；至于紫斑，他不治血而治虫，驱虫又重调肝健脾；他制成的"鸡肝散"是治疗小儿疳积虫症的良药，"英雄独一丹"，则对跌打损伤等症效果颇佳。

李继昌经历了清末、民国、新中国三个时期，他用自己救死扶伤、举义行善的切实行为体现了一代名医爱国爱民、思想进步的风范。早在云南"重九起义"时，他就带领家人和徒弟，热情为革命军救护伤员。他谨遵先祖"赤贫送诊，无力听便"的遗训，自立一铭："人无贫富，求无不诊。"对于贫穷患者，不仅义诊，还言明资助药费；遇有疫病流行，他率徒巡回医疗，救活患者无数；而当耄耋之年卧病在床，有求诊者来，每每叩之立应，精心施治。特别值得一提的是，李继昌凡接

待患者,首先总是起立恭迎,然后坐下耐心望闻问切探明病根,开方以后再立身恭送,即使对待凄寒如乞丐者也如此这般,态度决不高居患者之上;而会诊病情危笃的患者,该下猛药祛邪,绝不含糊手软,即使权贵如地方高级长官,也不添加心理负担弄得畏首畏尾,心中唯有人格平等的患者。诚朴谦逊是良医的本色,名医更是如此,在对待患者的细枝末节上与凡医不同,与庸医更是大相径庭。仁心仁术,慷慨解囊、扶危济困是他一贯的作为。

他对中西医融会贯通,是近现代中西医结合诊疗的先行者。李继昌行医,临诊一丝不苟,其医德高尚,为人们钦仰。他一生行医,遵循"赤贫送诊,无力听便"的家训,热情为贫苦大众服务,无私奉献的精神是医学界永远学习的榜样。

**【案例分析】**

案例主要展现了李继昌在漫长的行医生涯中用实际行动表达了对祖国和人民的深切热爱的精神。他一生行医,遵循"赤贫送诊,无力听便"的家训,热情为贫苦大众服务。他的爱国行动,为人们所崇敬。他在行医的 80 余年中,不论是贫穷患者,还是富贵人家,他都一视同仁,尽心救治。在抗日战争之际的慷慨解囊,体现他心系国家、医德高尚,为人们所钦仰。"人无贫富,求无不诊"是李继昌一生的座右铭。我们以此案例事迹引导同学们学习他的爱国情怀、无私奉献和求无不诊的高尚医德。

**【案例讨论】**

1. 从李继昌的事迹中,你能领悟到什么?
2. 你能从该案例中挖掘出什么医者精神?

# 案例五　无私无畏、不畏强敌:刘奇

刘奇(1918—2018),出生于山东临沂青驼一个地主官宦家庭,亲身经历了抗日战争、解放战争和抗美援朝战争。1938 年春的一个凌晨,20 岁的刘奇悄悄走进父母房间,在他们的枕边留了一封信,头戴表哥的大礼帽,换上表哥的衣服,女扮男装,毅然走出家门,直奔离家 80 里外的八路军岸堤干校所在地,参加了八路军。1942 年,刘奇加入中国共产党。

1939 年夏,日军开始向沂蒙山大扫荡。刘奇所在的干校要求迅速精简人员,50 多人的女生队,大部分人都投亲靠友了,但她坚持留下。她对队长说:"我不走,要留下来打鬼子。"

"可组织上要求女生们撤离。"

"我从家里跑出来就是为了打鬼子。既然出来了,我就不再回家。"她坚定地说。

1941 年底,山东抗日根据地五大机关的后勤人员行至山东沂蒙境内的大青山时,突遭日军精锐部队的袭击,于是发生了山东抗战史上,最血腥、最惨烈的"大青山突围"战。之后她产生了"救死扶伤"的念头,刘奇从此改学医,先是在山东卫生教导队学习,然后又到山东军区卫生学校继续学习,毕业后来到鲁中军区野战医疗一所,一直战斗在沂蒙山区。

刘奇为胃肠被打穿 7 处,肝脏都打了出来的战士做开腹修复手术,救活伤员;在当时医疗和器械缺少的情况下,她和军医王军大胆心细,用水瓢充当颅骨,将头颅重伤、头骨被炸掉一块的战士的脑部保护起来,用这种土办法,救活伤员;在缺少手术器械和麻药的情况下,从各处借工具为下肢受伤后缺血性坏死、腿已腐烂发臭、还生了蛆的战士进行截肢手术,成功保住伤员性命;部队行进中为产妇剪脐带、按摩排胎盘,保母子平安……

"一把刀"刘奇医生的名声,越传越奇,成了山东根据地军民口口相传的八路军"神医"。她曾创下四天四夜完成 200 多例头腹胸重伤外科手术的惊人纪录。在她的精心救治下,将军重上战场,士兵再举刀枪,为最后战胜日本侵略者奉献力量。

战场上的她一直拒绝恋爱、结婚,发誓抗战不胜利不结婚,直到抗战胜利后才结婚。并在抗美援朝战争爆发时，按规定，凡是双军人的家庭，男方打仗上前方，女方留守在后方，但时任野战医院院长的刘奇在已经怀孕的情况下坚决带队入朝，在长津湖地区的山洞中的手术台旁，体力不支险些造成流产。

刘奇放弃稳定的生活，义无反顾地走上了战场，在枪林弹雨中用手中的手术刀救治了无数群众与战士的生命，在有身孕的情况下依然奔赴战场，这种无私无畏的革命人道主义精神将永远被人们铭记。

【案例分析】

案例主要展现了刘奇的一生是革命的一生、光辉的一生、传奇的一生。刘奇亲身经历了抗日战争、解放战争和抗美援朝战争，她集花木兰、穆桂英和白求恩的英雄事迹于一身。她的救国激情、不畏强敌、无私无畏精神是中华民族精神的杰出代表，其中体现出的爱国情怀更是激励着一代又一代中华儿女为实现中华民族伟大复兴而接力奋进。本案例旨在将抗日名医的先进事迹所传达出的爱国情怀与时代内涵相结合，有利于同学们学习她的无私无畏的强烈爱国情感，增强民族文化自信，引导同学们坚持中国道路、弘扬中国精神、凝聚中国力量、坚定爱国意志。

【案例讨论】

1. 从抗战女"神医"——刘奇的事迹中，我们可以学到什么？
2. 请同学们思考并讲述哪些特质成就了抗战女"神医"刘奇。

## 案例六　不畏艰难、战地天使：林可胜

林可胜（1897—1969），祖籍中国福建，出生于新加坡，16 岁时考入英国爱丁堡大学医学院，1920—1924 年先后获哲学、生理学和科学博士学位。他是一位赤诚的爱国主义者，是中国近代最杰出的科学家之一，是中国现代生理学的奠基人，曾任中华医学会会长，被誉为"中国生命科学之父"。

1937 年，日本发动全面侵华战争，中华民族面临着亡国灭种的危机。中国红十字会成立临时救护委员会，林可胜临危受命担任总干事。1938 年春，他在汉口组建中国红十字会救护总队并出任队长，改变以往在大城市设置伤兵医院的做法，派出医疗队深入战地随军救护。过去伤兵因得不到及时医治而轻伤转重、重伤致死的情况大有改进，部队士气大大提升，战斗力得到有效保障。

随着救护总队迁到贵阳图云关，林可胜与队员们一起平整土地、修建医院以及材料仓库等。他还积极募集资金和医药器材，极大提升了救护总队的战地救治能力。

中国共产党对他领导的救护总队十分重视，在中共红十字会党支部和总支委员会的宣传动员下，林可胜十分认同中国共产党倡导的全面抗战主张和抗日民族统一战线政策。在战地救护工作中，他经常向八路军和新四军派遣医疗队、赠予医药物品，大大改善了敌后抗日根据地的救护条件，对抗日战争的胜利起到了重要作用。1938 年秋，他亲自带领 4 支医疗队到延安等地指导救护工作，受到毛泽东等中共领导人的称赞。

抗日战争结束后，林可胜将各军医学校及战时卫生人员训练所调整改组为国防医学院，担任院长，同时还负责筹建中央研究院医学研究所。

1949 年林可胜离华赴美。先在芝加哥伊利诺伊大学与老友艾维教授第二次合作，任客籍研究教授并进行消化生理学的研究工作。翌年，改任尼勃拉斯卡州的克莱顿大学（Creighton University）生理学和药理学系主任教授。1952—1967 年，他就任印第安纳州麦尔斯实验室（Miles Laboratory）医学科学研究室主任和高级研究员，主要致力于痛觉生理和镇痛药物的

研究。

1969年7月8日林可胜因患食管癌医治无效,不幸在拉丁美洲的牙买加逝世。

他一生的研究工作,主要聚焦在消化生理学、痛觉生理学和循环生理学三个方面,以前两方面业绩最为突出。

早在1886年,科学家就开始探究肠道对胃的影响,通过研究发现:人们摄入的食物中若含有橄榄油,会抑制胃酸分泌,但是机制不清。1926年,Farrell证实脂肪餐会抑制被移植胃底小胃的运动,但是肠道影响胃分泌的具体途径仍不清楚。回国后,林可胜围绕这一科学问题继续深入研究。他和同事们在1920年至1936年共发表论文近50篇,其中最重要的是发现了进食脂肪可抑制狗移植小胃的胃液分泌。

在麦尔斯实验室,林可胜开始了他富有成果的晚年科学生涯。他在这里从事痛觉的神经生理和镇痛药作用机制的研究,先后发表了20余篇相关论文。他最后的工作是用荧光显微镜研究吸收阿司匹林的痛觉感受器,一篇他在1970年发表的论文指出,终止在血管旁的无髓游离神经末梢分支可能就是疼痛的化学感受器。他关于痛觉和镇痛机制的研究成果受到了国际学界的重视和公认。

血管的中枢定位是循环生理中的一个重要问题。当时国外有人用局部电刺激的方法指出,延脑内存在着心血管中枢,可分为加压和减压两个独立的部分。林可胜等对此进行了系统的研究,在用电刺激延脑观察血压反应的同时,还观察了全身许多器官的反应,发现加压中枢不仅与调节血压有关,而且可促进多方面的交感神经的作用,因而是交感中枢;而减压中枢则是与副交感神经系统关系不密切的交感抑制中枢。这两个中枢在鱼、两栖动物、爬行动物、鸟和哺乳动物中都存在。林可胜等人的这项工作持续到1939年,尽管他本人由于南下抗日未能做完,但他的同事、学生沿着他的思路和方法继续了下去。协和医学院的学者在该领域的有关工作一直受到国际生理学界的重视。

林可胜是中国现代生理学的奠基人之一。他在协和医学院工作的12年间,进行了多种工作,如创立中国生理学会,创办《中国生理学杂志》等,推动了我国生理学学科的发展。他的功劳是不可磨灭的。

【案例分析】

案例主要展现了林可胜作为医者和科学家,历史性地推动了中国生理科学进步,留下不可磨灭的历史功绩。他在抗日战争中战地救护成为中国可敬的“战地天使”的事迹和他在消化生理学、痛觉生理学领域所取得的业绩,体现了他是一名赤诚的爱国主义者。培养同学们学习他的刻苦钻研、敢于献身、不畏艰难、勇于担当、脚踏实地、真抓实干的精神。增强民族自尊心、自信心和自豪感,把自身的利益和国家的利益融为一体,以热爱祖国、报效祖国、献身祖国为最大光荣;以顽强奋斗体现爱国主义情怀。

【案例讨论】

同学们可以从林可胜身上学习到什么品质?

# 案例七　妙手仁心、毫不利己:亨利·诺尔曼·白求恩

白求恩(1890—1939)出生在加拿大安大略省格雷文赫斯特镇,他从小就对世界充满了好奇和探索精神。据其传记记载,白求恩童年时期即表现出对自然科学的兴趣,约10岁时曾尝试用母亲的手术刀解剖动物骨骼,这种早期探索经历可能影响了他后来选择医学道路,也使他从小就奠定下了对于医学的追求和热爱。

白求恩1916年毕业于多伦多大学医学院,此后专注医学,并于1935年被选为美国胸外科学

会会员及理事。但安逸的职位与极高的名声并没有使白求恩产生懒惰的心理，他愈战愈勇，在致力于医学研究的同时支持世界反法西斯斗争，因此，当中国饱受日本侵略者的威胁时，白求恩大夫来了，他与医疗团队一起来到延安，担任医学顾问并为战士们治病。

在中国的这段时间里，白求恩大夫为我国战争期间的医学事业做出了巨大的贡献。他到中国后不久就在八路军中成了一个传奇式的人物。白求恩在战地改进输血技术，在八路军中推广输血技术，培训医护人员。他三番四次把自己的血输进伤兵的血管里去，这伟大的模范举动，感动并说服了中国人，使他们敢于输血去救治同胞，因此才有了输血队。白求恩从来不会感到疲倦，总是工作着。他有时每天施行手术 10～15 台，平均每月约施行手术 130 台；在他逝世前的 1 年，他实施了 1 000 余台手术。这一系列数字表明了：作为一名外科医生，他挑战了自己的身体极限。这种忘我的工作精神，也印证了毛泽东同志在《纪念白求恩》中所表述的："从前线回来的人说到白求恩，没有一个不佩服，没有一个不为他的精神所感动。晋察冀边区的军民，凡亲身受过他的治疗和亲眼看过他的工作的，无不为之感动。"并称这是"毫不利己专门利人"的精神。

"授人以鱼不如授人以渔"，除了在战场上切身力行地拯救伤兵之外，他还将战场上获得的实际经验转化为理论知识，为中国军队的医疗事业做出了长远的贡献。

在异国的战场上，他从未将自己当作是从外国来的客人，而是把自己放在了伟大的共产主义者的位置上，一心一意为人民服务，为反法西斯战争做出卓越贡献，他把自己完全融入人民，以求真务实的工作作风赢得了所有人的赞美和敬佩。为了能够挽救伤员的性命，他并没有及时处理手上的伤口，就继续为伤员进行手术治疗，被病毒感染后于 1939 年 11 月 12 日凌晨逝世，而他的离开也正是因为他把自己的热情和生命全部贡献给了医疗事业。

白求恩是一位伟大的人道主义者，是一位医术精湛的医学斗士，他为中国人民的解放事业做出了卓越的贡献，用伟大无私的国际共产主义精神推动了全人类的发展。他的国际精神、牺牲精神永远地留在了人们的心中，在社会当中得到了传承和发扬。

### 【案例分析】

案例主要展现了白求恩同志是国际主义精神的典型代表，他毫不利己专门利人的精神，表现在他对工作的极端负责任、对技术精益求精、对同志对人民的极端热忱。他的跨国英勇救死扶伤、毫不利己的事迹，充分体现一个外国医生毫无利己的纯正动机。把中国人民的解放事业当作他自己的事业，这就是国际主义精神，这是共产主义精神，同学们应学习他的精神。

### 【案例讨论】

1. 健康所系，性命相托。不同的时代，相同的誓言。从上述案例中同学们学到了白求恩的哪些精神？

2. 谈谈如何做"白求恩精神"的践行者。

# 案例八　坚韧不拔、锲而不舍：柯棣华

柯棣华（1910—1942），原名德瓦卡纳特·桑塔拉姆·柯棣尼斯，出生于印度孟买绍拉浦尔市，1936 年毕业于格兰特医学院，获外科医学学士学位。七七事变后，为了表示对中国同胞的同情与支持，正在准备报考英国皇家医学会的柯棣华毅然决定参加医疗队。1939 年因对共产党产生向往，在医疗队准备奔赴延安时接到父亲不幸去世的消息，他强忍悲痛，并执意留了下来，于 1939 年 2 月冲破各种阻碍抵达延安，随后到八路军总院工作。

因为与共产党人和八路军官兵长期一起并肩作战，"老柯"成了晋察冀边区人民耳熟能详的名字。他把自己当成一名真正的八路军战士，完全融入了根据地的抗战生活。

他深切感受到，中国共产党领导的抗日战争是一场伟大的、革命的正义斗争，八路军是一所优秀的大学，培育成长着成千上万的革命青年。抗日根据地与国民党统治区是完全不同的两个世界，这里的人们生活平等，官兵一致。

1940年初，他随陈赓领导的107团参加了激烈的张店战斗。为了能及时抢救伤员，他把临时手术站设在前沿阵地。战斗打响后，柯棣华不畏枪林弹雨，不顾饥饿疲劳，顽强地连续工作了46个小时，和同志们一起为80多个伤员做了包扎和手术。

柯棣华被白求恩的事迹深深感动，他下决心要用实际行动向白求恩大夫学习。尽管印度政府来电催促他回国，但他依旧选择留下来，和中国共产党并肩战斗，直到取得最后胜利。在百团大战最为紧张的时候，他随军奔赴涞源一带，在13天的激烈战斗中，他在离前线一二里远的手术室，连续三天三夜不休息，接收了800余名伤病员，其中施行手术的达558人。行军路上，他把马让给伤员骑；风雨途中，他把草帽摘下来盖在伤员身上。

1941年，他被任命为白求恩国际和平医院的院长，他是继加拿大著名外科大夫诺尔曼·白求恩之后，又一位为中国人民做出宝贵贡献的人士。接受任命之后，他又大约进行了2 000次的手术。

他学会了说一口流利的普通话，同时他还教授中国学生医学。没有教科书，柯大夫就自己编写。

1942年7月7日，柯棣华光荣地加入中国共产党。当得知自己的入党申请通过时，他激动得掉下了眼泪。在鲜红的党旗下，他庄严地举起右手宣誓："我志愿加入中国共产党，我宣誓为反对法西斯斗争的胜利，为实现共产主义，我要将一切包括我的生命献给这壮丽的事业。"

他在为抗战英勇奋战的同时，癫痫病却时常发作，但他一分钟也不愿离开自己的工作岗位去治疗，就在他继续编写《外科各论》讲义时，病魔再次袭来，他陷入昏迷与痉挛，于1942年12月9日停止了呼吸，年仅32岁。

柯棣华大夫为中国人民的解放事业献出了自己的生命，做出了巨大的牺牲，他的国际主义精神，是我们永远不应该忘记的。

【案例分析】

案例主要展现了柯棣华大夫的国际主义精神，他曾是中国人民和印度人民友爱的象征，是印度人民积极参加反对日本军国主义和世界反法西斯主义战斗模范。他不仅是一位敬业、充满热情而又称职的医生，还是一位模范国际主义者。他将一切包括生命献给这壮丽的事业，他的名字将永远被他服务终生的两国人民铭记。他的国际主义之光，照耀着中、印两国人民。引导同学们学习他的热情、献身精神和国际主义精神。他无私奉献和坚韧的精神将永远激励吾辈不断前进。

【案例讨论】

1. 请谈谈如何在生活或是职业生涯中将柯棣华的精神用于实处。

2. 这个案例对你有什么启示？

# 案例九　工匠赤心、精工铸就：理查德·傅莱

傅莱（1920—2004），原名理查德·施泰因（Richard Stein），中国籍，原籍奥地利，犹太人，国际共产主义战士，中国共产党党员，医生，第六、七、八、九届全国政协委员。

他17岁秘密加入奥地利共产党，因积极从事反法西斯的地下斗争而遭到纳粹追杀。虽然远隔重洋，但他早已听说过中国共产党的抗日事迹，因为觉得这样的组织和他的信念、追求一致，他毅然选择跋山涉水前往中国。傅莱先后在上海、北京、天津等地苦寻中国共产党组织，几经辗转终于得到晋察冀军区司令员聂荣臻的口信：欢迎他到晋察冀军区工作。

　　傅莱对在中国继续从事医学工作的安排非常满意，他拿着聂荣臻亲笔签署的任命书来到白求恩卫生学校。尽管生活十分艰苦，战斗环境非常残酷，傅莱一直以饱满的革命热情战斗在前线，一边承担教学工作，一边参加战地救护和部队卫生工作，此外他还克服艰苦条件，积极开展医学科研。

　　1943 年，晋察冀边区流行麻疹和疟疾，部队因为传染病的减员数量有时甚至比战斗减员数量还要多，并且在日军的封锁下，很多药品都很缺乏，他大胆地向当地的老中医求教，希望能用针灸试试看能否治疗。当时不仅药品缺乏，连针灸的针都不够用，他就教战士们和百姓用缝衣服的针进行针灸，最终取得了不错的效果。

　　他经常随军区卫生部检查团到分区和战斗部队检查卫生工作，目睹了边区缺医少药的严重情况。而此时，医治战伤和多种传染性疾病的特效药青霉素已在英、美等国用于临床。于是，他暗下决心，要把青霉素引入中国。

　　之后他利用各种机会向英美有关部门索取青霉素的一些资料和菌种，尽管有了这些，但对于生产工艺还是一无所知，因为英美方面当时对刚问世的青霉素管理还很严格，傅莱只能一点点地摸索，但对于当时生产条件困难的延安来说，傅莱所要面对的工程量无疑是巨大的。

　　但他并没有灰心，没有培养细菌的恒温设备，他带着助手造了"培养箱"，靠在地下烧火，让设备达到恒温。没有空气压缩机，就用打气筒人工打气。经历一年多的五十多次失败，他们在延安研制出了粗制外用青霉素。在这段时间里，他不仅研制出了药品，还收获了自己的爱情，与李滨珠喜结良缘。妻子上班后无人照看孩子，他就把孩子放在阳台上的一只箩筐里，在阳台上让他晒太阳睡觉。粗制外用青霉素很快用于临床，降低了我军战士的感染死亡率。

　　解放战争打响后，他来到了张家口，一方面抢救伤员，另一方面继续研制生产青霉素。天津战役中，到前线组织伤员救护工作。组建野战医院，为我军顺利解放天津做出了重要贡献。

　　新中国成立后，他深入我国西南地区的边远农村和民族地区，了解当地钩虫病及其他地方病的发病情况，为防治钩虫病等撰写了大量的调查报告。20 世纪 60 年代到 80 年代致力于建立全国医学情报网络，组织培训全国医学情报、书籍文献专业管理人员，建立了中国第一个大型医学文献计算机检索系统——MEDLARS 中心，开创中国医疗机构快速高质量的医学信息服务、高速高质量检索全世界生物医学文献的服务。2004 年，他因病在北京逝世，享年 84 岁。逝世前他立下遗嘱，愿将他的遗体捐献给医疗事业供研究之用。

　　傅莱是中国共产党革命事业的执着追随者，拥有坚定的共产主义信念，在时代的洪流中坚守初心，以大无畏的革命精神成就了他光辉的一生，为中国的医疗事业贡献了毕生的精力和智慧，其无私的国际主义精神值得我们永远铭记。

　【案例分析】
　　案例主要展现了傅莱的执着坚定的精神、精益求精的工匠精神、奉献精神。傅莱开发出了中国历史上第一批粗制青霉素，这光辉业绩对于缓解我军用药困难，尤其是对于减轻战士外伤感染立下了不可磨灭的功劳。他的事迹凸显了他的执着探索、大无畏的精神和奉献精神。引导同学们认知和学习他的精神，给学生的心灵厚植了医学人文精神和对医学专业的深入探索精神。医学发展历史证明，疾病认知的复杂性，决定了要学习、再学习；医生职业的发展，决定了要学习、再学习。娓娓道来的故事激发了学生对专业的正确认识，增强了医学生的责任感和使命感，使同学们能够在职业生涯中坚定对精益求精的工匠精神和奉献精神的追求。

　【案例讨论】
　　1. 面对边区缺医少药的严重情况，傅莱是如何做的？
　　2. 从上述案例中，你能得到什么样的启示？

ER-6-2

扫一扫，测一测

**？　复习思考题**

1. 简述抗日战争时期的人道主义精神典型案例。

2. 简述抗日战争时期的国际主义精神典型代表人物事迹。

3. 我们作为医务工作者，应该学习白求恩同志的哪些精神？

（马玉美）

# 第七章 社会主义革命和建设时期的中医药学楷模精神

ER-7-1

PPT课件

### 学习目标

通过社会主义革命和建设时期医学楷模事迹的案例学习,学生能够了解这个时期中医从业者治学严谨、乐业敬业、济世为民、守正创新的楷模精神,深刻理解国家对中医药人才的迫切需求和人民群众对中医药疗效、中医药服务能力的更高期望,坚定报国为民的理想信念。

### 案例导读

社会主义革命和建设时期的医学楷模精神,根植于中华民族深厚的道德积淀,是社会主义核心价值观的生动诠释,也是中医药从业者优秀职业精神品质的真实写照。其基本内涵可以概括为"治学严谨、乐业敬业、济世为民、守正创新"。内容包括:精研经典、精益求精的治学态度;医术精湛、医德高尚的从业风范;甘于奉献、淡泊名利的工作宗旨;传承精华、师古不泥的创新精神。中医学子要从对大医风范的学习中激发信仰、汲取力量、砥砺奋斗,为继承弘扬中医药学、维护保障百姓健康而不懈努力。

## 案例一 辨证施治、抗疫圣手:蒲辅周

蒲辅周(1888—1975),现代中医学家,长期从事中医临床、教学和科研工作,精于内、妇、儿科,尤擅治热病。蒲辅周将伤寒、温病学说熔于一炉,经方、时方合宜而施;在几次传染病流行时,辨证论治,独辟蹊径,救治了大量危重患者,为丰富、发展中医临床医学做出了宝贵的贡献。

蒲辅周,原名启宇,1888年出生于四川省梓潼县长溪乡一个世医之家,18岁便悬壶于乡里。他牢记前人"医乃仁术"之教诲,将名字改为辅周,取辅助贫弱、周济患者之意。1955年,卫生部中医研究院成立,蒲辅周奉命调京工作。进京前,他回梓潼,为群众挂牌义诊3日,每天黎明即起,一直诊病到掌灯时分。抵京后,他在中国中医研究院广安门医院内科工作,一号难求,人称"国医圣手"。后任中国中医研究院副院长、中南海门诊部中医组组长等职务,周恩来总理曾评价蒲辅周是一位"高明中医,又懂辩证法"。

蒲辅周一生以振兴中医学为志,始终精研医理,博览兼收,治学严谨,精益求精。调到北京时,他已年近古稀,享有盛名,但他坚持阅读的习惯不变。蒲辅周认为,学无止境,学习必须持之以恒。中医的理论深奥而广博,没有坚韧不拔的毅力和活到老、学到老的恒心,是不易掌握的。他对于每一部中医文献,无论篇幅大小,都坚持逐章逐节、逐字逐句地细读,而且反复地读。蒲辅周说,每读一遍,皆有新的启发,只有细细琢磨,才能举一反三。病有万端,药有万变,只有刻苦学习,才能把病看好。他不仅严格要求自己,也严格要求学生。他在北京工作时,学生中有出

于医学世家的中医，也有西医学习中医的学生，还有中医院校毕业生。对学生他都精心培养，倍加爱护。在学术上，则因材施教，按照学生不同情况提出不同的要求。他要求学生多读书，多看病，凡规定学生看的书，还要求学生提出问题。他说："学问，必须是学而问。"临证则让学生先辨证立法、处方用药，他再修改补充。

1956年8月，北京出现了许多突发高烧的患者，伴有头痛、呕吐、嗜睡、烦躁、头颈强直、四肢痉挛等症状，其中三分之二是10岁以下的儿童。如果治疗不及时还会危及生命。这种极度危险的疾病就是当时令人闻之色变的流行性乙型脑炎。当时新中国刚成立不久，全国各地都有流行性乙型脑炎不同程度的流行，但中国当时卫生水平还比较低，医疗设备技术都不完善，对于药物的研制进展非常缓慢，加上流行性乙型脑炎本身就是一个世界性难题，没有太多有效的治疗手段，所以疫情的初期病死率非常高，达到50%。医院按照石家庄的经验（清热、解毒、养阴），用中药白虎汤和吸氧、注射青霉素等西法治疗，均不奏效。有的患者不仅高热不退，而且病势加重。患者急剧增加，疫情大有蔓延之势。紧要关头，卫生部和北京市卫生局立即采取紧急措施：由中西医专家组成治疗流行性乙型脑炎工作组，当代杰出的中医学家蒲辅周就在其中。蒲辅周有非常丰富的中医临床治疗经验，他结合中医理论及实际情况，提出以"白虎汤"等方剂为基础，根据石家庄、北京不同的情况，采用不同治疗方案。蒲辅周说，石家庄的经验也是很宝贵的，但关键在于具体问题具体分析，辨证施治。石家庄与北京的流行性乙型脑炎虽同在暑季，但石家庄久晴无雨，流行性乙型脑炎患者偏热，属暑温，用白虎汤清热润燥，故见奏捷；而北京当年雨水较多，天气湿热，患者偏湿，属湿温。倘不加辨别，而沿用清凉苦寒药物，就会出现湿遏热伏，不仅高烧不退，反会加重病情。正确的办法是，采用宣解湿热和芳香透窍的药物，湿去热自退。改投通阳利湿法，效果立竿见影，不少危重患者转危为安，一场可怕的病疫得以迅速遏止。蒲辅周在总结经验时强调，治病"必先岁气，毋伐天和"，认为各种不同气候环境会产生各种不同的发病因素，因此要注意自然气候和季节等对疾病发生、发展和转归的影响，见症有所不同，治法亦有同有异。

**【案例分析】**

案例主要展现了蒲辅周精研经典、精益求精的治学态度，医术精湛、医德高尚的从业风范。通过梳理蒲辅周精研医理的事迹，引导同学们培养严谨的治学态度。回顾蒲辅周辨证施治流行性乙型脑炎的故事，同学们可以体会到在中华民族的历史长河中，交叠着与疫病进行斗争的顽强不屈与生生之力，从东汉张仲景著《伤寒论》以救危厄，到宋金元医家秉儒医之情怀抗疫救民，明清温病医家在抗疫中推进中医疫病理论体系的完善，再到蒲辅周治疗流行性乙型脑炎，贯穿着中医人为国为民的家国情怀，同学们可以感受到中医一脉相承的大医精诚精神内核，从而坚定信心肩负起"健康所系，性命相托"的责任，把个人成长融入中医药事业发展之中。

**【案例讨论】**

1. 蒲辅周事迹是如何体现他治学严谨的？
2. 请结合古代抗疫的故事，说一说中医战时疫的优势。

## 案例二　博学笃行、业精于专：罗元恺

罗元恺（1914—1995），字世弘，著名中医教育家、中医妇科专家。

罗元恺出身于书香之家，其父罗棣华以儒通医。他幼承庭训，童年曾就读于私塾，诵四书五经及古文诗赋，并得其父之指导及熏陶，对中医学亦有所接触。中医传统的师承传授方式，以父子相传、师徒授受为主，由于接触面较狭窄，难免有偏颇之处，因而容易形成门户之见。有感于此，罗元恺虽有家学渊源，自幼对中医有所认识，仍投考中医药专科学校，以求深造。学成之后，

目睹当时中医事业发展缓慢、备受压制与摧残,更痛感发展中医教育之迫切。他从医数年之后,便投身于中医教育事业。1950 年 4 月,36 岁的罗元恺就任广东中医药专门学校校长。从 1951 年起,还兼任广东中医院院长。几十年来,兢兢业业,乐此不疲,他培育出来的学生遍布国内外,大多数已成为中医工作的骨干。为了学校和医院的建设,他废寝忘食、夜以继日地辛勤工作。在课程设置、教学方法、医疗质量、学生管理等各个方面,事必躬亲,并广纳人才,使学校和医院的工作很快走上正轨,得到发展。

中华人民共和国成立后,中医工作开始受到重视,广东中医药专门学校也被省文教厅列入广州 11 所大专院校之列,学校得到政府资助,学生有助学金,毕业后由国家分配工作,中医工作呈现出前所未有的光明前途。这一切,使罗元恺工作更为振奋。然而,事物的发展不是一帆风顺的。1953 年 8 月,广东中医药专门学校被改为广东省中医进修学校,罗元恺被任命为副校长。原中医学校仍办至 1955 年学生全部毕业为止。按上级制定的课程,中医进修学校主要讲授西医基本技能,欲使原有的中医经进修成为西医士。这是将中医西医化的一种手段。但罗元恺任职后,仍坚持安排一些中医课加以讲授,使进修生的中医水平亦得到巩固和提高。1956 年,周恩来总理在全国范围内筹办 4 所中医学院,广州中医学院是其中之一。这标志着中医学进入我国高等教育体系,成为我国高等医学教育重要的组成部分。是年 5 月,罗元恺被任命为广州中医学院筹备委员,参与制订规划和选择校址等工作。

罗元恺治学严谨,主张由博返约。他认为一个医学家除研读医著之外,也应涉猎文、史、哲、数、理、化、天文、地理及其他有关的边缘科学,俾能获得广博的知识。因为任何一门学问都不是孤立的,而是可以互相渗透、互相启发、甚或互相移植的。基础宽广而扎实,学问的造诣才能更高深。罗元恺认为学医之道,除具备必要的基础知识外,在医学领域,也同样需要由博返约,由通而专。医者在掌握了中医基础理论之后,就要从理论到实践,从内科到各科,不断地学习,不断地深入钻研,才会有更大的成就。他曾撰写《博学笃行,业精于专》一文以述其治学精神。他还认为,一个学者不能只是重复古人的理论或治法方药,应作分析和验证,明辨是非,不宜盲从,而应有所创新。如对古人所谓“女子以肝为先天”“黄芩白术乃安胎圣药”等观点,他都持不同意见。曾撰《对“女子以肝为先天”一说的商榷》《漫谈“黄芩白术乃安胎圣药”之说》《对“柴胡劫肝阴、葛根竭胃汁”的评议》等文,对古人的观点加以评析,并提出自己的见解。

罗元恺对于中医教学工作,强调因材施教和理论联系实际。在他的教学对象里,既有初出茅庐的青年,又有临床工作多年的中医或经验丰富的西医,或中医院校的青年教师。由于基础不同,教学要求亦各异,所以,他经常为不同的类型班级编写教材讲稿,结合教学对象的实际需要,或偏重理论,或详尽于临床,并尽可能增补最新的研究资料。上课前他总是认真备课,就算是同一类型班级,在每次上课前也要重新准备,不断更新内容。罗元恺一向以临床课教学为主,故特别注重理论与实际相结合。他上课善于结合临床实例,条理清楚,讲解透彻,因而深受学生欢迎。罗元恺学问出众,德望让人人叹服,其学术地位和历史地位难以替代。

【案例分析】

案例主要展现了罗元恺献身中医教育事业乐业敬业、治学严谨的精神。通过回顾罗元恺就任广东中医药专门学校校长、广东省中医进修学校副校长、广州中医学院筹备委员等期间对中医教育所做的贡献,同学们了解我国近代中医教育发展的历程,凸显中医教育工作者主动服务人民群众健康需求,遵循教育规律,坚持育人为本的高尚品格。梳理罗元恺治学故事,同学们可以从中体会到中医学习由博返约的严谨态度,引导同学们始终以高度的文化自觉、文化自信、文化自强,以更加自信的心态、更加宽广的胸怀和开放的视野,深入挖掘中医药文化内涵,传承精华、守正创新,古为今用、推陈出新,推动中医药文化创造性转化、创新性发展。

【案例讨论】

1. 罗元恺对中医教育事业的贡献体现在哪些方面？
2. 罗元恺的事迹是如何体现医学楷模精神的？

# 案例三　大爱泽世、无私献方：施今墨

施今墨（1881—1969），原名毓黔，字奖生，祖籍浙江省杭州市萧山区，中国近代中医临床家、教育家、改革家，"北京四大名医"之一。施今墨是中医临床家，医术高超活人无数，也治愈了民间的许多疑难重症。毕生致力于中医事业的发展，提倡中西医结合，培养了许多中医人才。他长期从事中医临床，创制了许多新成药，献出 700 个验方。为中医事业做出突出贡献，在国内外享有很高的声望。

施今墨年幼时，因母多病，遂立志学医。他的舅父河南安阳名医李可亭因见其聪颖，在其 13 岁时教他学习中医，他学习刻苦，20 岁左右已经通晓中医理论，可以独立行医了。后又因当时局势不定，施今墨进入京师法政学堂，接受革命理论。他后来追随黄兴先生，并参加了辛亥革命。后来渐感时世虽异，许多官员仍不改争权夺利、尔虞我诈的封建官僚作风，便对革命大为失望，慨叹不已。既然"不为良相，则为良医"，他便从此弃政从医。

中华人民共和国成立后，施今墨积极拥护中国共产党，拥护社会主义制度。

施今墨医德高尚，以救死扶伤为己任，不为金钱所动。有时他自己病了躺在床上，还对学生们说："不要将远来的病人拒之门外，实在病重的就领进来我给看看。"他对同道非常敬重宽厚，从不贬谪他人。有患者拿前医处方请其评论，他则说："方开得不错，各人有各人的路数，你也可以服我的药试一试……"他常对学生们说："人家说我是名医，其实我这一辈子还是没见过的病多，看不好的病多。"还说："我的经验都是从为病人治病中得来的，我要还给病人才对得起他们，才觉心安。"他曾手书一帖，在诊所悬挂："戚友们，远道来的朋友们，来看病的同志，千万请别赠我任何礼物，哪怕是一小点点，都会变成变相的贪污，那就失去我牺牲时间精力为诸位看病的意义了，也就失去了大家为一人、一人为大家的意义了。"1960 年，79 岁高龄的施今墨还写下："我老而未死，还能在医务工作岗位上为人民服务，便是我的幸福，亦不虚度余年。"

施今墨的处方自成一格，配伍精当，药品虽多且搭配相合，他善用大方，搭配合理，与一般医生随意堆砌药物大相径庭。中药使用，每种药相配必须相辅相成，七情和合，而药味越多，容易出现不和。不当搭配，影响整体治疗效果，或产生副作用。而施今墨用药，常常有二三十味，因配合得体，法度严谨反而显得气度不凡，有"雍容华贵"之美誉。他还十分擅长使用"对药"，就是将二三味药搭配使用，可以收到意想不到的效果。

施今墨热爱中医学，对中医事业的发展非常关心。新中国成立后，施今墨曾任中华医学会副会长，北京医院、协和医院等中医顾问，在国内外享有很高的声望。他将自己毕生的理想汇总成 3 句话上书至中央——编著中医统一标准用书、开办中医院校、普遍建立中医院。施今墨对这 3 个目标做了极尽详细的阐述，同时表示："愿将所学之微末，尽量贡献社会主义祖国，在毛主席旗帜下，与诸同志共同迈进！"

1959 年 10 月，国庆十周年的一次中医中药展览会上，施今墨献出治疗胃溃疡、十二指肠溃疡、高血压、神经衰弱、肝硬化、肝大、脾大、气管炎的验方，并被国家收藏。根据上述验方炮制的中成药"高血压速降丸""感冒丹""气管炎丸"等畅销海内外，为国家换回大量外汇。自此之后，施今墨多次献出验方，1962 年一年就献出上百个验方。1969 年春天，施今墨疾病缠身，行医多年的他知道自己命不久矣，硬撑着身子口述几千字的中医改革建议书。临终前，他用颤抖的手写下一生中最后的一首诗："大恩不言报，大德不可忘。取信两君子，生死有余光。"并再三嘱咐家人，在他过世之后，将此诗献给周恩来同志和邓颖超同志。他还留下遗嘱，要求捐献遗体供医学研究。

**【案例分析】**

案例主要展现了施今墨精于岐黄、医德高尚、甘于奉献、淡泊名利的精神。回顾施今墨复兴中医、发展中医、为中医药事业的传承与发展留下了宝贵遗产的故事，同学们了解其"不为良相、即为良医"的人生抱负。施今墨是中国近现代中医发展史上重要的扛鼎人物，在国学升温、传统文化重放异彩的当下重温他的事迹、弘扬他的精神、传承他的思想，可以激励广大中医学子怀抱梦想又脚踏实地，敢想敢为又善作善成，立志做有理想、敢担当、能吃苦、肯奋斗的新时代好青年，让青春在全面建设社会主义现代化国家的火热实践中绽放绚丽之花。

**【案例讨论】**

1. 施今墨对中医药事业发展的贡献体现在哪些方面？
2. 请谈一谈施今墨的事迹对医学生成长成才的启示。

# 案例四　精益求精、良医济世：何世英

何世英（1912—1990），主任医师，中医临床家、中医理论教育家、中医脑病学科创始人、中国新医药学理论奠基人之一。1936年毕业于华北国医学院。1935年于天津市国民政府中医师千人会考中获得第一名。新中国成立后，历任天津市儿童医院中医科主任、天津市中医医院总顾问兼脑病内科主任、中华全国中医学会（中华中医药学会前身）脑病学组组长、天津市中医学会会长、《天津中医》（2005年更名为《天津中医药》）杂志主编、天津中医学院和天津职工医学院客座教授、天津市卫生局顾问等，一生著述数百万字。1990年5月8日因病去世。

何世英因家境贫寒，少时只读几年私塾后即辍学在家，但自幼好学，或到学堂外偷听，或到旧书摊看书，回来在心中背诵诗书、在地上临摹习字，既练得记忆力超常又练得一手好字。他尤以医学经典为偏爱，《濒湖脉学》《药性赋》《本草备要》《汤头歌诀》等可以倒背如流。后在亲友的资助下，1932年进入北平华北国医学院就读，亲聆施今墨、施光致、周介人、方伯屏、朱壹山、顾鹰陀等人的教诲。毕业后个体开业行医二十年，主要从事内、外、妇、儿科领域治疗工作，以医术精湛、为人和气成名于津门、享誉京津一带。

1953年，他搜集中医各种流派的观点和学说，参考西医理论和教科书的叙述方法，着手编写现代中医理论教材，完成了《新中医病理学讲义》初稿。何世英在天津儿童医院供职期间，建立了国内首个中西医结合病房，主持编写了《中医儿科学讲义》《小儿常见病中医手册》《增订幼科类萃》《历代儿科医案集成》《何世英儿科医案》《中医诊断学》等一系列教材和著作。根据小儿的生理病理特点，总结有效方剂，调整剂型便于服用，无私地将自己治疗儿科疾病的验方全部贡献给天津市儿童医院，临床应用至今，其中疏表灵清降丸、清肺丸等已经家喻户晓，成为许多家庭必备的儿童用药。

由于何世英一生积累了大量治愈小儿癫痫和成人神经疾患方面疑难杂症的经验，晚年集中精力投入脑病的研究。

何世英将自己的生命完全融入了热爱的中医事业。翻阅他留下的大量书稿、论文、讲义、报告，几乎都在围绕中医的发展和现代化这个大题目进行思考和探索。何世英认为，西医擅长定性、定位诊断疾病，而中医则重视整体反应和动态变化。只有把中医的辨证与西医的辨病相结合，才能克服不打开"黑箱"的中医学术局限性，加深对疾病的微观认识，同时也弥补西医在疾病过程中对人体的整体反应及动态变化重视不够的缺陷。辨证与辨病相辅相成，前者是基础，后者是前者认识上的提高。对于某些疾病，可采用辨证、辨病相结合的方法。世界上中医、西医两大医学体系从开始自然地渗透结合到未来高度融合所形成的具有中国特色的新医药学体系，才是真正意义上的"国医"。这一新医药学体系的形成和发展，不仅造福于中国一个国家，而且是对世界医学乃至全人类的贡献。何世英将此视为包括自己在内的中国医学界一代人甚或几代人神圣的使命。

**【案例分析】**

案例主要展现了何世英刻苦勤学、精益求精的学习精神，恪守医德、童叟无欺的高尚品德，教书育人、甘为人梯的学术精神。通过梳理何世英投身于中医教育的事迹，引导同学们培养救死扶伤、敬业奉献的医学精神。在何世英生平行医历程中，他始终保持着辨证观点，不断地更新完善中医诊断的方法，体现了继承与创新的学术精神；希望同学们在学医以及行医过程中要主动积极地培养独立思考的能力。

**【案例讨论】**

1. 结合何世英自身成才和培养学生的故事，谈一谈新时代如何发挥院校教育和师承教育在中医人才培养中的作用。

2. 何世英的事迹是如何体现医学楷模精神的？

# 案例五　精研方剂、厥功至伟：王绵之

王绵之（1923—2009），北京中医药大学教授，1942年1月起从事中医临床工作，为全国老中医药专家学术经验继承工作指导老师、首都国医名师、国家级非物质文化遗产传统医药项目代表性传承人、国医大师。曾任国家药典委员会中医组组长、国家新药审评委员会中（成）药分会主任、全国自然科学名词审定委员会委员等职，为第六、七、八届全国政协委员兼科教文卫委员会副主任。

王绵之的父亲王蕴宽是20世纪20年代南通地区家喻户晓的名医，享誉大江南北。王绵之从小耳濡目染，酷爱中医，有志继承家学。在父亲"学医必精，为医必仁"思想的影响下和"医生必须懂药，要识药性，会认药，知药味，一尝便知是对是错"的教导下，他15岁开始随父识药辨病、出诊理症，背诵汤头本草，研读中医典籍，积累了丰富扎实的中医和中药学知识，为日后济世救人奠定了坚实的基础。1942年，他正式悬壶在家乡应诊，因屡起沉疴，名声日隆。

1955年，王绵之教授以优异的成绩考入江苏省中医进修学校（今南京中医药大学前身）培训一年，后留校任教，并筹建方剂教研组，任教研组组长兼学校门诊部主任，创编、审定《中医方剂学讲义》等多部中医教材，从此与中医方剂学结下终生情缘。随着新中国高等中医药教育事业的快速发展，师资成为当时制约各地中医院校发展的瓶颈，1957年7月，卫生部中医司抽调王绵之等一批师资到北京中医学院工作，他担任了方剂教研室的主任。在长期的教学与科研实践中，中医方剂学在他手中逐步成型、成熟，形成系统化的理论体系，成为一门独立的学科。

王绵之认为，中医方剂学是运用中药使辨证论治具体化的一门学科，是一门既有基础又有临床的桥梁课，它跟西医的药学或药物学课程的意义不一样，它是教学生如何研究方剂、如何开方剂的课程。从教学大纲的制定、《方剂学》教材的编写、修订和审阅，到方剂学科硕士点、博士点的建立和建设，全国方剂师资高研班的讲课，无不倾注了王绵之的大量心血，他集多年教学经验总结出了一整套中医方剂教学法。

北京中医药大学对于王绵之的贡献评语是：对于中医方剂学科的构建和发展厥功至伟，成为现代中医药学科体系的重要支柱；在教学上，浸淫历朝经典，融会当代新知，纵横捭阖，通达古今，精思明辨，自成一家。

如今，王绵之教授创建的方剂学科已经成为国家重点学科；由他主持编纂的《方剂学》《中医药概论》《中国医学百科全书·方剂学分卷》《全国高等院校中医方剂教学参考丛书》《古方钩玄》《中华人民共和国药典（一九八五年版）·一部》等专著均成权威范式。

**【案例分析】**

案例主要展现了王绵之精学实干、孜孜不倦的教育精神，精思明辨的学术精神。王绵之创建方剂学科的教育事迹，引导同学们培养融会贯通、鞠躬尽瘁的学习精神。在中医教学和科研不完善的情况下，克服困难完成了中医教育的基本框架，将中医方剂学形成系统化的理论体系，将中医理论教育事业推向了另一个高峰，体现了王绵之不畏艰难、兢兢业业地投身于教育事业的奋斗精神；希望同学们从王绵之的故事中领悟勤恳精学的学习态度并主动积极践行。

**【案例讨论】**

1. 王绵之的事迹是如何体现"学医必精，为医必仁"的？
2. 结合王绵之的故事，谈一谈为什么中医药发展要坚持创新。

# 案例六　心怀慈悲、温暖杏林：柴嵩岩

柴嵩岩（1929—），当代著名中医妇科学家，国医大师，北京中医医院主任医师，博士研究生导师，全国老中医药专家学术经验继承工作指导老师，首都国医名师，获得国务院政府特殊津贴。她曾获第十七届宋庆龄樟树奖，成为获奖者中首位中医药界人士。

柴嵩岩说："我对中医的热爱像是砌砖头一样一点点加厚。"柴嵩岩 17 岁就拜入中医伤寒大师陈慎吾门下，在陈慎吾的启蒙、引导下苦读中医经典，奠定了深厚的中医理论基础。"《伤寒论》里面对不同疾病的辨证很严谨，越读越觉得博大精深，越学越深。"柴嵩岩说，"老师对事业和教学的认真影响我很深。"1950 年，她考取中医医师资格，两年后又考入北京医学院（现北京大学医学部）中学西研究班，师从吴阶平、王光超、严仁英等，系统地接受西医学培训。这些经历让她同时拥有深厚扎实的中、西医理论功底。"或许是北医的这段经历让我觉得，中医、西医都是科学，现代技术进步的结果不独属于谁，都应该服务于临床，道理就像古人乘牛车，现在我们坐汽车、飞机一样简单，中医要运用现代科学技术。"

1957 年从院校毕业后直到今天，柴嵩岩一直在北京中医医院妇科工作。"我们当时自主选择，我就选了妇科。"柴嵩岩回忆道，"当时觉得西医在妇科调整内分泌方面手段比较局限，而中医很多大家对妇科都有丰富的经验。"进入医院后，她跟随中医名家刘奉五、祁振华学习，"老师手把手地带，到现在我还记得刘奉五老师说的，治病要分阶段，不要一下子抓起来，我自己的理解就像穿了几件衣服，要一件一件脱，六十多年了我还在用他的思想，也传授给自己的学生"。

正是靠着勤于临证、善于总结，柴嵩岩开始慢慢有了自己独特的思想，多年以后形成了"柴嵩岩中医妇科学术思想及技术经验知识体系"。这一"知识体系"，从临床实用出发，完整而自成逻辑，分别在女性月经生理理论、中医病因病机理论、中医辨证思辨方法、舌诊脉诊认证技巧诸方面，充实、完善了现代中医妇科学理论。

柴嵩岩是新中国培养的一批"中学西"专家之一，她学贯中西，首创"妇科三论"思维，完善"肾之四最"理论，形成"二阳致病"学说，善用"补肺启肾"治法，是中医妇科舌诊第一人。

她完善了女性月经生理理论，强调顺应周期规律、顾护阴血津液、用药以柔克刚、调整气化功能、补肺启肾为临证思辨特点。她提倡尊古学古，按照中医辨证思辨方法，形成"肾之四最""二阳致病"的理论学说。

她独创"种子论""土地论""水库论"的"妇人三论"。即"种地"(生育)要有好"种子"(卵子),有肥沃的"土地"(健康的子宫内膜),还要有"水"(阴血),三者要综合对待、调理,治疗不孕症。她四诊尤重舌诊,强调辨舌诊病,辨舌立法,辨舌用药。从20世纪50年代起,即以舌象为诊断和用药的重要依据,积累相关舌诊资料近3 000份,堪称"中医妇科舌诊第一人"。

**【案例分析】**

案例主要展现了柴嵩岩治学严谨、持之以恒的学术精神,心怀慈悲的医学品德。通过梳理柴嵩岩的创立"妇科三论""肾之四最""二阳致病"等理论的事迹,深度剖析了柴嵩岩的行医路上的心路历程,引导同学们培养尊师重教、锲而不舍的学习精神。柴嵩岩刻苦学习,将中、西医治疗妇科疾病的理论相结合,最终形成了自己的独有思想,站在巨人的肩膀上思考问题,将妇科疾病的诊断及治疗水平提升到了新高度,这都体现了柴嵩岩埋头苦干的奋斗精神;希望同学们主动积极地端正精益求精的学习态度。

**【案例讨论】**

1. 根据妇科圣手柴嵩岩的故事,谈谈中医学发展如何守正创新。
2. 柴嵩岩的事迹是如何体现治学严谨的?

## 案例七　致中和平、济世为民:张磊

张磊(1928—),主任医师,国医大师,原河南省卫生厅副厅长,河南中医学会原会长,河南中药学会原会长,《河南中医》编委,《中医研究》顾问,河南省中药新药评审委员会原委员。系国家"十五""攻关"名老中医学术思想、经验传承研究课题的名老中医。先后在杂志上发表了多篇学术论文,注释《产鉴》一书,著有《张磊临证心得集》和《张磊医馀诗声》。

张磊18岁师事于当地老中医张炳臣门下,出师后,悬壶故里,1952年加入联合诊所,1953年参加区卫生所工作,1958年考入河南中医学院本科,毕业后留校任教,1964年以来,他培养出了数以万计的优秀人才。

张磊从小受儒学思想的影响,崇尚致中和平,研读《黄帝内经》《伤寒论》等经典,博采众家之长,勤于临床探索,在几十年的教学和临床实践中,逐渐形成了精湛的医术。他遵《黄帝内经》"谨守病机,各司其属,有者求之,无者求之,盛者责之,虚者责之,必先五盛,疏其血气,令其条达,而致和平"之旨,在临证中对"异病同因""异因同病""复症多因"的复杂病症,明辨求本,洞悉症结,求其所主,或攻补兼施,或温凉同进,或标本先后,或主次逆从。有常有变,知常达变,有缓有急,层次井然,皆可法可从。创立了具有临证特色的八法:疏利法,涤浊法,轻清法,灵动法,运通法,燮理法,达郁法,固元法。张老在长期的教学和临床实践中,积累了丰富的临床经验,加之治学严谨,医理纯熟,医术精湛,已然形成了他独特的"动和平"学术思想。

70余载从医路,他坚持临诊不辍,带教无数,传道授业。据统计,张磊曾为18届中医药本科生授课,传承岐黄,桃李满园;任河南省卫生厅副厅长期间,张磊推动各县建立中医院,引进优秀中医药人才;2009年,张磊倡议"院校教育+师承教育"相结合的人才培养模式,襄助河南中医药大学设立"仲景学术传承班""中药传承班"和"平乐正骨传承班"。除在医院、学校"传、帮、带"外,还经常应邀到各地讲学,近10年来举办学术讲座达40余场。

张磊对医术医德深有感触,曾作诗一首:医术医风如两翼,岂能缺失奋高飞;抬头渴饮江河水,放眼长空悟妙机。

尽管已是高龄,张磊现在仍然坚持每周一、三、五上午到医院坐诊,风雨无阻。这个习惯他已经保持了30多年。张磊说:"证是复杂多变的,不辨不明,心中无数,无从下手,即使治疗,也是稀里糊涂，难以取得理想的效果。要把证辨好，除细心外，必须具备理要明、多临床、不能忘记中医思维等条件，没有高深功夫是难以做得好的。"

"方精、药少、量小、疗效好"是患者对张磊治疗方案特点的总结，患者爱找张磊，张磊也尽心治病救人。除了用精湛医术医病，张磊还善用诗词唱酬等"无药处方"医心，以高尚的医德，终身践行"大医精诚"精神，蜚声杏林。

**【案例分析】**

案例主要展现了张磊一心为民的奉献精神，孜孜以求、躬耕不辍的职业精神。通过梳理张磊的"致中平和"学术思想形成事迹，阐述张磊的行医之前的教育历程，引导同学们培养坚持不懈、治学严谨的学习精神。张磊品学兼优，从患者的角度思考疾病，得出了"无药处方"，重视心理疏导在治疗疾病中的作用，最终形成了有特色的治疗疾病方法，丰富了治疗疾病的手段。希望同学们主动培养对患者无微不至的医学品德，积极做中医药事业的传承者、创新者。

**【案例讨论】**

1. 结合张磊的故事，谈谈如何理解"致中和平"。
2. 张磊的事迹是如何体现济世为民的？

# 案例八　训诂校勘、法古开新：李今庸

李今庸（1925—2022），湖北枣阳人，国医大师，生前是湖北中医药大学终身教授。熟谙中医经典，深入研究中医考据学，纠正古医书中的错误和偏差，是中医训诂校勘的一代宗师，中国高等中医教育的奠基人之一。

1925 年出生于湖北枣阳一个中医世家的李今庸，其名出自《三字经》："中不偏，庸不易。"字昨非，语出陶渊明《归去来辞》："实迷途其未远，觉今是而昨非。"李今庸幼承家训，耳濡目染，13 岁起跟随父亲学医，由于天资聪慧，博闻强记，只用一年时间就将《黄帝内经》读得烂熟，小小年纪就展现出了学中医的天分。在父亲的指导下，他先从炮药、卖药开始学起，然后慢慢学会自己独立开些固定药方，他还广泛阅读了《黄帝内经》《伤寒论》《针灸甲乙经》等中医经典，边读书边随父临证，在反复体悟中感受到中医的神奇。

新中国成立后，李今庸积极响应国家号召，参加医疗卫生防疫工作，并在家乡以父亲的诊所为基础组建了"联合诊所"，给乡亲们看病。1954 年，李今庸来到湖北省中医进修学校（后更名为湖北中医学院，现为湖北中医药大学）学习，后成为该校的一名中医教师。执教不久，他便展露出熟谙经典的功底。只要有人提到《黄帝内经》中的某段话，他都能凭着记忆很快指出是在书中的哪一篇。这一切都被时任湖北中医学院副院长蒋笠庵看在眼里。1961 年，蒋笠庵送给李今庸一本学术杂志，里面登载了不少关于古书校勘、训诂类的文章。李今庸看后深受启发，从此开始了治学之路。

从跟着父亲临床问诊到埋首于浩如烟海的中医典籍、深奥难懂的古文，李今庸从此步入了一条漫长而艰辛的治学之路。李今庸认为，学中医要涉猎广泛、学问扎实，反复揣摩体悟，方有所长，没有捷径可走。在李今庸看来，中医学博大精深，具有深厚的中华优秀传统文化底蕴和内涵，需要学习者具备广泛扎实的典籍功底和广博深厚的知识。他常说："钻研古代典籍文献是中医绕不开的基本功。治学是一个艰苦的过程，要厚积而薄发，一丝不苟，言必有据，来不得半点的虚假和草率，这才是治学之本。"李今庸一生治学的事迹堪称学者榜样。训诂校勘工作枯燥而沉闷，研读数百种古籍，在晦涩深奥的古文字中，去其精粕，取其精华，从错漏中寻求真谛，依类汇总，再记录成文，这需要人完全沉下心来工作。遇到一个难题，有时需要研究数天、数月甚至数十年。

"书不校勘，不如不读"，李今庸对中医训诂校勘工作有自己的一套治学方法。他将清朝乾嘉时期所兴起的治经学方法，引入到古医籍的研究整理之中。依据校勘学、训诂学、音韵学、古文字学的基本原理，以及方言学、历史学、文献学和历代避讳规律等相关知识，对古医书中的疑难问题进行了深入研究，多者刈之，脱者补之，隐者彰之，错者正之，难者考之，疑者存之。李今庸认为中医要发展，第一是古为今用，突出能用；第二是洋为中用，力求好用。李今庸校勘训诂并不囿于古人思想，师古不泥古，加入现代辩证思想，其所编写的《古医书研究》篇篇堪为考义释疑之精华，其所著《读古医书随笔》《读医心得》等数十部学术专著都被奉为后人难以逾越的高峰。在他的代表著作《古医书研究》中，考证所引用先秦两汉、唐宋时期的书籍，其书名达257种。

从20世纪60年代起，他发表了诸如"析疑""揭疑""考释""考义"类文章200多篇，不仅提出了独到见解，有些甚至使千百年来的疑窦顿消。每写一篇文章，李今庸都要头痛数日，然而他仍乐此不疲。有时为了一个词的考究，他可以花一个月的时间查资料。精通书本又能跳出书本，在数十年的临床实践中，李今庸对补泻治法有着很深的研究，尤其在内伤杂病的补泻运用上，形成了自己独特的风格。训诂校勘工作枯燥而沉闷，研读数百种古籍，在晦涩深奥的古文字中，去其糟粕，取其精华。遇到难题，有时需要研究数天、数月甚至数年。早在20世纪60年代初，李今庸就成为中医界大家，被世人誉为"内经学大家""活字典"，更是为国家培养了一大批优秀中医人才。

在执教生涯中，李今庸也十分注重经典著作的教学，他曾语重心长地告诫后学：莫谓故纸无今用，须向旧卷索新知。早在1958年，他就率先在全国中医学院校的本科教学中开设"金匮课"，独立编写了《金匮讲义》。1963年，又主持编写了全国高等医药院校第二版试用教材《金匮要略讲义》，将"金匮"这一学科推向了全国。1978年，他恢复和主持湖北中医学院内经教研室工作，主编《内经选读》供中医本科专业使用。

**【案例分析】**

案例主要展现了李今庸传承精华、师古不泥的创新精神。通过梳理李今庸首创中医治经学研究方法整理研究古典医籍，发掘并完善中医经典理论体系的事迹，引导同学们培养"师古不泥古"的严谨治学精神。李今庸学深术精，本可借此获取丰厚利益，但始终恪守勤耕谨养之道，心若明镜，不为世俗所染，希望同学们积极在实践中提升学术造诣，增强医德修养，自觉坚定中医药文化自信，为发展中医药学术、弘扬中医药文化、建设健康中国做出自己的贡献。

**【案例讨论】**

1. 学习中医，为什么要对古代医书进行训诂校勘？
2. 如何理解李今庸所提出的"师古不泥古"？

# 案例九　修德研术、仁心良方：雷忠义

雷忠义（1934—），陕西合阳人，主任医师，国医大师，全国首届中医药杰出贡献奖获得者，最早提出心病痰瘀互结理论者之一。

幼年开始，雷忠义就跟在身为民间中医的父亲身边，诵读经典论著，潜移默化中，他渐渐开始对中医产生兴趣。"不为良相，便为良医。"父亲常挂嘴边的话像颗种子，种在了雷忠义幼小的心灵里。

20世纪50年代初，中学毕业的雷忠义服从国家需要，就读于陕西省第一卫生学校，后以优异成绩提前毕业并留校工作，师从我国电针发明人朱龙玉，从事临床研究。1957年，陕南暴发疫情，雷忠义晚上跟着乡民的火把，背上保健箱、针灸包步行数十里，救治危重患者。

1961年，雷忠义参加陕西省高级西医学习中医班，正式迈入中医高等学府之门，开始中西医结合学习。毕业后，进入陕西省中医药研究所工作，师从米伯让、薛成等名老中医专家。

20世纪70年代，细心的雷忠义发现，随着生活水平的提高，冠心病、高血压发病率越来越高，中医系统却缺少专门医治的良方。于是，他开始专注于心血管疾病的中医治疗。羊红膻，便是挖掘的第一个宝。这种民间草药，又名六月寒、鹅脚板，因有羊膻气味、茎呈红色而得名。在陕北地区，百姓用它来防治幼畜发育迟缓、老畜倦卧等衰老征象，当地民谣有言："家有羊红膻，老牛老马拴满圈。"下乡义诊的雷忠义受到启发，将其引入研究。他带领100余名科研人员，白天上山采药，晚上在窑洞里拟方。十年沉潜，终于研制成功国家级新药"丹蒌片"、省级新药"舒心宁片"等，开启了中医学筛选防治心血管病药物的新思路。雷忠义心系苍生，将其无偿献给国家。雷忠义说："研发新药，就为了减轻病患痛苦。如果不能解决问题，即使获得再多奖励，也不过是欺世盗名罢了。"

雷忠义崇尚"医乃仁术，德者居之"，不论贫富亲疏，均精心诊治，从内心深处做到"急病人所急，痛病人所痛"，体恤病人不敷衍。他凭着一颗赤诚的心，以救死扶伤的精神努力钻研，攻克各种疑难杂症，治好了一批批患者，深受患者爱戴。他践行辨病与辨证相结合，配伍严密，药廉效宏，处方廉价高效，总是想方设法为患者减轻负担，从不以医药为牟利手段。他曾冒着大风雪，背上几十斤重的老式心电图机，为病危患者诊治；下班后骑着自行车，给卧病在床的患者送药上门……"有次回老家，乡亲们听说父亲回来了，纷纷赶来看病，屋里屋外站了一院子。"雷忠义的儿子雷鹏仍记得，月亮爬上了树梢，门外还排着长队。"我睡了一觉起来，父亲还坐得笔直，在油灯下给乡亲把脉。"

"长路漫漫，苦修践行"。打开雷忠义的行医札记，一首小诗映入眼帘："耄耋不已，何惧艰辛。实现梦想，不负此生。"

**【案例分析】**

案例主要展现了雷忠义甘于奉献、淡泊名利、敬佑生命、救死扶伤的精神。通过梳理雷忠义无偿献方、济世为民的事迹，引导同学们在"大医精诚"的中医药文化感染下，面对当前中医药事业发展的历史机遇，面对国家对健康中国战略的更高要求，面对人民群众对卫生健康的多层次、多元化需求，勇担使命，坚定中医药文化自信，踏着时代的鼓点，以国家的发展轨迹定义个人的成长坐标，把个人追求融入民族复兴的伟大理想，肩负起中医药事业发展的神圣使命。

**【案例讨论】**

1. 结合雷忠义为患者诊疗的故事，谈一谈对"乐业敬业"的理解。
2. 谈谈雷忠义将研发的新药无偿献给国家这一行为对新时代中医青年学生的启发。

---

### 知识链接

#### 同仁堂的新生

同仁堂是中药行业著名的老字号，首批国家级非物质文化遗产，自1669年（清康熙八年）创建以来的300多年里，始终以"济世"为己任，恪守诚实敬业的品德，秉承"炮制虽繁必不敢省人工，品味虽贵必不敢减物力"的古训，生产出了众多疗效显著的中成药，把百年老字号打造成国际化现代化中医药集团。

北京解放前夕，同仁堂的经营状况十分危急，只能勉强度日。1949年3月，同仁堂成立国药业基金工会，乐松生任总经理，通过不断学习，他对中国共产党的民族工商业政策有了基本认识，坚信个人在政治上、企业经营管理上必须紧紧依靠共产党和人民政府，重要决策听取职工意见。在后来的"五反运动"中，同仁堂也经受了考验，经过审查核实，被评为基本守法户。

在党的关怀下，同仁堂在中华人民共和国成立以后有了很大发展，工人生活稳定，而且质量有了很大提高。1953年，同仁堂盈利按国家所得税、企业公积金、职工福利奖、资方股息分红四部分分配。随着国民经济的恢复，党适时地提出了过渡时期的总路线和总任务。北京市积极响应，很快制定了利用、限制、改造资本主义工商业的具体措施，并召集在的北京民族工商业者召开工商业联合大会，会上，同仁堂总经理乐松生积极发言，拥护总路线。会上，市地方工业局拟选同仁堂这个国药大户首先进行试点，为全行业合营扩展影响，奠定基础，积累经验。

这一变革，引起了同仁堂乐氏家族的震动。他们因将失掉生产资料占有权、企业管理统治权和企业利润分配权，感受到切肤之痛。乐松生作为当时民族资产阶级的代表，面临着抉择——其家族已经经营了200多年的同仁堂药店该何去何从。经过反复思考，他深感这是大势所趋，人心所向。历史潮流不可违背。同时也看到，共产党和职工群众仍让自己做同仁堂的总经理，生活待遇不薄，这是对自己的信任和期望，因此必须听党的话，走社会主义道路。于是他毅然决定同仁堂带头实行公私合营。在这次代表大会上，乐松生当选为工商联执行委员，推动了同仁堂实行公私合营的进程。

1954年2月16日，中共北京市委统战部关于北京市工业公私合营工作计划中明确提出同仁堂是第一批合营的单位。同年8月9日，在大栅栏同仁堂成立了公私合营筹备工作委员会。27日，同仁堂彩旗高挂，在庆乐戏院召开了庆祝公私合营大会，锣鼓喧天，鞭炮齐鸣。全体员工欢欣鼓舞，迈进了社会主义大门，开辟了同仁堂历史上的新纪元。

合营后，一切涉及公私关系问题的事情，乐松生总经理都和公方代表协商。针对一部分老职工怕合营后遭开除、怕降低工资等问题，工会通过多次不同层次的座谈会，政策交心会，个别谈心等方式，向职工讲同仁堂合营的措施和合营后的前景，使大家认清形势，了解各项政策，消除各种疑虑，职工们纷纷表示，要为同仁堂出力，多做贡献，使合营工作得以顺利进行。此外，合营后的同仁堂，还进行了资产清算，确定了资方资本和应得的股息。面对合营后的新情况，同仁堂党支部领导全体职工先后进行人事劳动纪律、经营思想的整顿，并相应建立了劳保条例、成本核算、生产统计、质量检查、专人配送料、出入库等制度；制订年度、季度生产计划，和用户建立供销合同，改变生产的盲目性；增加设备，改进工艺技术，提高劳动生产率；降低消耗；特别注意了建立公私方共事的制度；使资方有职有权。通过改善经营管理，开始体现了合营优势，职工的情绪也空前高涨。经理乐松生满意地说："别的流水日益下降，咱们的流水逐日上升，原来担心合营工作会影响生产，没想到合营后业务发展这么快，这下可放心了。"

同仁堂率先实现公私合营，对其他国药店、行、栈影响很大，而且影响到全市的私营工商业者。中央和市委领导对同仁堂非常关怀，1955年初，彭真同志亲自到同仁堂会见乐松生经理，听取合营后的工作情况汇报，并对各方面的工作给予了肯定。乐松生还以北京市工商联主任委员的身份受到了毛泽东同志的接见。在同仁堂的影响下，全市私营国药业，于1956年1月13日被北京市政府批准全行业公私合营。15日，在天安门广场举行的庆祝社会主义改造胜利联欢大会，毛泽东、刘少奇、周恩来等党和国家领导人在天安门城楼接见了农业、手工业、资本主义工商业的代表。乐松生代表工商界登上天安门，手捧巨大报喜信向党中央报喜。

公私合营使同仁堂获得了新生，解放了生产力，经过短短几年的努力，企业面貌大改观。1959年比解放前夕的1948年，职工人数由190人增加到539人；产值由16万元增加到1251.9万元；蜜制丸药产量由140万斤增加到6864.2斤；水泛丸产量由4000斤增加到31.38万斤；虎骨酒产量由3万斤增加到30.5万斤。

**？　复习思考题**

1. 毛泽东同志早在 1913 年《讲堂录》笔记中就写道"医道中西，各有所长"。谈一谈如何在中西医融合互补中发展中医事业。

2. 习近平总书记指出："充分发挥中医药防病治病的独特优势和作用，为建设健康中国、实现中华民族伟大复兴的中国梦贡献力量。"站在新的历史起点上，如何彰显中医药的独特优势和作用？

3. 新时代如何坚持中医文化自信？

（王益兰　胡荟婕）

ER-7-2

扫一扫，测一测

# 下篇 社会主义核心价值观篇

# 第八章　爱　国

通过本章的学习，明确我国历代名医身上的爱国情怀主要体现在哪些方面，其爱国情怀与中国传统文化有何渊源，并立志做一名有爱国情怀的医务工作者，勇于承担弘扬中医药文化的职责。

## 案例导读

本章共选取了能充分体现我国近代以来医务工作者具有热爱国家、热爱中医药文化的崇高品质的 7 个案例，其中既有积极探索中西医会通的张锡纯、一生坚决捍卫中医事业的裘吉生、一生只为防一病的最美医生高琪、坚信针灸也能救国的承淡安，也有坚贞不屈并为之牺牲生命的曹颖甫、四度参军终于在 60 岁加入八路军的军医模范蒋维平、红色女针灸学家朱琏。

从上述医务工作者的崇高品格和优秀事迹中，我们能看出他们身上的家国情怀，能看出他们身上的家国情怀是怎样与中华传统文化、职业道德一脉相承的，能看出我国医务工作者对民族文化的热爱、对弘扬优秀传统文化的责任感，能看出中国知识分子"不为良相，即为良医"的人生追求在医务工作者身上的体现，能看出我国基层民众和各行业从业人员对中医学的高度认可，能看到新时代医务工作者对中医职业道德的自觉传承，更进一步增强了对传承和弘扬中医药学的信心和决心。

在学习本章内容时，首先要树立民族自信和文化自信，充分认识到中医药在保障中华五千年文明绵延不绝过程中的重要作用。其次，要树立正确的医学科学观，摒弃对待中医药和西医学的非此即彼、非黑即白的片面认识，坚持"实践"这一检验真理的唯一标准，做到中医药和西医学科学地兼容并包、相互取长补短，不拘泥于狭隘的学术之争，共同为人类健康事业做出更大贡献。

## 案例一　中西会通、衷中参西：张锡纯

张锡纯（1860—1933），字寿甫，原籍山东诸城，出生于河北省盐山县，中西医汇通学派的代表人物之一，近代中国中医学大家。1916 年在沈阳创办我国第一家中医医院——立达中医院。1928 年定居天津，1930 年创办国医函授学校，培养了不少中医人才。

19 世纪中叶以后，西方医学大量传入我国，对中医产生极大冲击。在这种形势下，一部分中医界的有识之士站在维护中医药文化、传承国粹的角度，积极思考和探索中医的应对之路，展现出崇高的爱国精神。他们以西医的解剖学、生理学等知识来印证中医的古典医理；或以中医的有关理论印证西医的某些知识，这种思路和做法比起全盘否定中医药的民族虚无主义和尊经泥古、

拒绝接受包括西方医学在内的新知识的因循守旧思想是一个很大的进步。但由于时代的局限，或是思想方法的片面性，这种试图会通中西医的工作，也存在一定的牵强附会之弊。中西医汇通派的主要代表人物有唐宗海、朱沛文、恽铁樵、张锡纯等。

张锡纯治学多创论，在中西医论争势若冰炭时，仍撰文评论中西医理相通，医界不宜作意气之争。当时国内的名中医，如汉口的冉雪峰、嘉定的张山雷、奉天的刘冕堂、泰兴的杨如侯、香山的刘蔚楚、慈溪的张生甫、绍兴的何廉臣等，均常与张锡纯讨论学术，为发展和提升中医做出了积极贡献。近代影响比较大的中医杂志，也多聘任张锡纯为特邀撰稿人。

张锡纯重视人才培养，其弟子如隆昌周禹锡，如皋陈爱棠、李慰农，通州高砚樵，祁阳王攻醒，深州张方舆，天津孙玉泉、李宝和，辽宁仲晓秋等均为一方名医。

衷中参西、会通中西医的思想，使张锡纯找到全新的治学观点和方法并对清末民初的中医发展做出积极贡献。首先，张锡纯主动抛弃崇古泥古、故步自封的观点，敢于创新，不拘于故纸中求学问。其次，张锡纯反对空谈，崇尚实验方法，虽然没有利用仪器进行实验室研究的条件，但能充分利用自己长期临证实践的条件，尽一切可能通过切身体会来会通中西医基本理论，解决临床问题。

为探索中医在新的形势下的发展之路，张锡纯重视对药物的研究和临床的细致观察、详细可靠的病历记录。其代表作品《医学衷中参西录》全书达一百万字，其内容多为生动详细的实践记录和总结，其中记载了张锡纯自拟方约200首，古人成方或民间验方约200首，重要医论百余处，涉及中西医基础和临床大部分内容，方、药、法、论均结合临床治验进行说明。张锡纯也因此被尊称为"医学实验派大师"。

张锡纯还结合中医的情况，认真学习和研究西医新说，贯通融会中西医。其写作《医学衷中参西录》的良苦用心可概括为：衷中者，根本也，不背叛祖宗，同道无异议，是立业之基；参西者，辅助也，借鉴有益的，师门无可厚非，为发展之翼。针对当时中西两医互不合作的现象，张锡纯主张："西医用药在局部，是重在病之标也；中医用药求原因，是重在病之本也。究之标本原宜兼顾。"对开创我国中西医结合事业功不可没。

总之，张锡纯结合中西医，其自创新方、配伍用药及服药方法等均围绕提高临床疗效展开，并付之于临床验证，力图探索出一条促进中医发展的正确道路，具有重要意义。虽然受历史条件和世界观的限制，张锡纯的学术思想还没有摆脱当时的改良主义的影响，存在不少唯心主义的观点，但是他在医学上的贡献，尤其在中西医会通上所做的各种尝试，是不可抹杀的。

【案例分析】

本案例介绍了中西医汇通派的重要代表人物之一张锡纯的主要事迹。19世纪中叶以后，西方医学大量传入我国，对中医产生极大冲击。在此形势下，张锡纯站在维护中医药文化、传承国粹的角度，积极思考和探索中医的应对之路，其爱国精神值得我们学习。在学术方面，张锡纯积极创新，主动抛弃崇古泥古、故步自封的观点；张锡纯反对空谈，崇尚实验方法，重视对药物的研究和临床的细致观察；张锡纯认真学习和研究西医新说，积极贯通融会中西医，力图探索出一条促进中医发展的正确道路，对后世医家传承和弘扬中医药优秀传统文化也具有重要意义。

【案例讨论】

1. 张锡纯的学术观点对传承中医药文化具有什么重要意义？

2. 张锡纯的医疗实践和学术思想，对我们当前更好地传承和弘扬中医药文化有什么启发？

3. 从张锡纯的医学实践和探索中，我们可以得出怎样正确对待本民族优秀传统文化的观点？

## 案例二    捍卫中医、革新先驱：裘吉生

裘吉生（1873—1947），名庆元，字吉生，浙江绍兴人。他不仅是一名辛亥志士，而且是我国近代中医革新的先驱，他一生捍卫中医事业，团结中西医，整理中医学遗产、出版医籍，为弘扬中医药文化做出重要贡献，他与何廉臣、曹炳章二人被世人誉为"浙江三杰"。

裘吉生早年立志革命，由于当时清政府腐败无能、民不聊生，裘吉生就以行医为掩护，投身革命事业。光绪二十八年（1902年），他就与徐锡麟、陶成章、孙德卿、秋瑾等人交往，从事革命工作。两年后，他将"吉生"化名为"激声"，经蔡元培、蔡元康兄弟介绍，加入光复会，参与大通学堂创办工作。光绪三十一年（1905年），他创办了"教育馆"，积极宣传革命思想；与何廉臣等人成立了"绍郡医药学研究社"，被推为副社长，又创办了《绍兴医药学报》。不久，徐锡麟、秋瑾等一批革命志士相继被害，裘吉生也成了清政府的"通缉犯"，不得不离开绍兴，到上海后经友人介绍加入了同盟会，仍以行医为掩护继续从事革命活动。光绪三十四年（1908年），受同盟会委任转往东北，继续从事革命。当时，张作霖在东北疯狂追捕革命党人，他得到俄国人的密报，连夜出关才得以脱险。

辛亥革命胜利后，裘吉生返归故里，在绍兴行医，为中医事业的繁荣发展积极奔走努力。1915年，他组织神州医药会绍兴分会，任会长；不久重新出版《绍兴医药学报》，任主编，积极开展学术活动；国内中医名家张锡纯、张山雷等均在《绍兴医药学报》发表论述，使之成为中医界主要学术园地之一。裘吉生1921年移居杭州，设立三三医社，出版医书及《三三医报》。又开办三三医院，医院有中、西医师，病人宜于西医诊治的就用西医疗法治疗，宜于中医治疗的就服用中药，对危重患者则请中西医会诊以互相磋商。

清末民初，自西医东传之后，"中医存废之争"一直延续了数十年。最早提出"废止中医"的是汪精卫，他自诩为革新派领袖，到处演讲推广关于日本明治维新的内容，第一件事就是废止汉医，其追随者于1929年向国民政府提交了"废止旧医"议案，随后国民政府"中央卫生委员会"悍然通过所谓的"废止旧医以扫除卫生事业障碍案"，认定中医"落后、迷信、不科学"，要用四十年时间将其淘汰，引起广大中医界同仁的愤慨和抗议。其间，裘吉生挺身而出，联合中医同仁，为捍卫中医事业奔走呼号。1929年3月17日，全国中医抗争大会在上海举行，来自全国15省234县的中医代表281人参加。裘吉生被推为浙江代表和大会执行主席之一，他到达上海后，与其他代表共商对策。在抗议废止中医案的会上，他慷慨陈词，声泪俱下，还提议会议当天为"中医药界大团结纪念日"，这就是后来"3·17国医节"的由来，并第一个自荐赴南京请愿。不久，他被推为赴南京请愿的代表，为保存中医积极奔走，据理力争，并上书"立法院"，尖锐地指出："消灭中医，乃外人挟帝国主义借中国内奸走狗实行文化侵略也。"最后，在中医药界坚决反对和全国各界人士的声援下，国民政府卫生部被迫撤销提案。在南京请愿期间，裘吉生以不屈不挠的精神，同当局反复斗争。最终，南京国民政府立法院通过了由他提出的设立"中央国医馆"的建议，全国中医界抗争南京政府的活动完美收官。1931年，他担任了中央国医馆理事。

裘吉生不仅是医学实践家和医事活动家，还是医学知识普及和推广家。他一生致力于搜集、整理、出版医学书刊，先后搜罗孤本、精抄本、医稿等三千余种约两万册，但他并不自私自守，而是旨在公开普及。

裘吉生在东北从事革命活动时，有机会结识日本医界人士，他就留心收集珍贵医籍，搜购海外汉医书籍、东瀛版本中医书及先贤遗著稿本，得到不少珍藏孤本、精抄本。抗日战争期间，日本间谍希望裘吉生能够留在杭州继续坐诊看病，裘吉生毅然拒绝，并悄悄把2万多册书装成40个箱子，秘密存放到杭州市郊回龙庙友人家中。不久，杭州沦陷，当时有个叫"印洗和尚"的日

本间谍，千方百计打听藏书的下落，裘吉生的两个不肖门生为媚敌得利，带着日军以搜查军火为名，将藏书全部搬运一空。后来，裘吉生一家又逃避到龙游县乡下，在那里，日寇要裘吉生找"花姑娘"，被他严词拒绝。日寇恼羞成怒，将裘吉生打得鼻青眼肿、血流满面，但裘吉生始终没有屈服，足见其高洁情操。

### 【案例分析】

本案例介绍了我国近代中医革新的先驱及捍卫中医事业的斗士裘吉生的事迹。清末民初，自西医东传之后，"中医存废之争"一直延续数十年。为捍卫中医事业，裘吉生挺身而出，联合中医同仁奔走呼号；裘吉生团结中西医，整理中医学遗产、出版医籍，为弘扬中医药文化也做出重要贡献。裘吉生不仅是一位有远见卓识的医学实践家和医事活动家，还是一位具有踏实肯干精神的医学知识普及和推广家，同时还以自己高洁的民族气节，为我们树立起一面爱国主义精神的丰碑。

### 【案例讨论】

1. 革命者与医生两种身份在裘吉生身上的统一反映了什么？
2. 如何看待"废止旧医案"背后所反映的文化背景？
3. 如何正确地对待人类的各类文化遗产？

## 案例三　一身正气、崇高气节：曹颖甫

曹颖甫（1866—1938），名家达，字颖甫，一字尹孚，号鹏南，晚署拙巢老人，江苏江阴人，医学家。

曹颖甫主张以研究经方作为学习中医的基础，著有《伤寒发微》《金匮发微》《经方实验录》《曹颖甫医案》等，阐释中医理论透彻周详而又切实可行，被时人尊为经方大家。1917年，丁甘仁、夏应堂、谢利恒等创办上海中医专门学校，邀请了当时的许多中医名家来校执教，曹颖甫也在其中。曹颖甫在上海中医专门学校开设讲座，教授"伤寒论""金匮要略"课程，为学生所尊敬和喜爱。当时，曹颖甫同时承担着上海同仁辅元堂的诊务和上海中医专门学校教务长之职，培养了大批高水平的中医人才，后来的许多中医名家如秦伯未、章次公、严苍山、姜佐景等，均为曹颖甫在上海中医专门学校时期的得意门生。

曹颖甫具有崇高的民族气节。1937年8月13日，日本帝国主义悍然进攻国民政府经济中心上海，兵锋直指国民政府首都南京，侵华战争的规模和范围进一步扩大。国民党政府陆续投入军队80余万人，实施了淞沪会战，但终因蒋介石的不当指挥和滥加干涉，在付出30余万人的伤亡代价后失败，上海沦陷。"八一三"事变后，曹颖甫回到家乡江苏江阴。不久，日寇进犯江阴，1937年11月底，江阴城沦陷。面对穷凶极恶的日本侵略者，曹颖甫毫不畏惧，严词拒绝了他们提出的由自己出任地方维持会会长的无理要求，充分展现了坚贞不屈的民族气节。

日本侵略者占领江阴后，到处烧杀抢掠，侮辱妇女。1938年12月4日，江阴的一名妇女被日军追赶，在无路可走的情况下，逃进曹颖甫家后宅。日寇在后面穷追不舍，尾随而入。曹颖甫听到声响后拄着拐杖出来阻拦。并对行凶日寇大声呵斥。被激怒的日寇举枪射击曹颖甫，并抽刀猛刺曹颖甫腹部后扬长而去。曹颖甫被刺后，仍大骂日寇不止，家人急忙将他抬进卧室。由于当时城中兵荒马乱，尸横遍野，无处请医生进行手术抢救，曹颖甫不幸去世，终年70岁。

曹颖甫年轻时就非常关心国家大事，热切希望国家能够强大起来。袁世凯篡夺辛亥革命胜利果实后，采取阴谋手段指使手下"劝进"，到1915年12月，在国会、高校、民众请愿团、筹安会和各省国民代表的"推戴"下，袁世凯经多次"揖让"，最终接受皇帝之尊号，准备成立中华帝国，打算1916年为洪宪元年，行君主立宪政体。袁世凯称帝前后，地方上的士绅有许多也列名参加了"劝进"，曹颖甫的本家叔父，同时也是他的启蒙老师接受了袁世凯的贿金，作为江阴的

代表参与了"劝进"。曹颖甫听说后,义愤填膺,直接上门诘问其叔父:"叔竟受袁氏之贿,而作此无耻之事耶?我江阴人之颜面,为汝剥尽矣!"曹颖甫的本家叔父大惊失色,为曹颖甫的一身正气所震慑,急忙为自己辩白:"绝无此事,绝无此事。"曹颖甫的凛然正气和不畏强势,由此可见一斑。

**【案例分析】**

本案例介绍了民国时期我国医学家曹颖甫不惧敌寇、敢于斗争的崇高民族气节。曹颖甫自年轻时就关心国家大事,热切希望国家能够强大起来,面对当时社会上的一些不良风气和恶劣行为,曹颖甫不畏强势、不计亲疏,其凛然正气令无耻宵小汗颜。曹颖甫具有崇高的民族气节,面对穷凶极恶的日本侵略者,毫不畏惧,敢于斗争,并为此献出宝贵生命,充分展现出中华儿女面对强敌时所具有的坚贞不屈的民族气节。曹颖甫阐释中医理论透彻周详而又切实可行,为中医事业培养了大批高水平的人才,以自己的实际行动为中医事业发展做出贡献。

**【案例讨论】**

1. 从曹颖甫的事迹中能看出怎样的家国情怀?
2. 曹颖甫的案例,体现了我国医药从业人员哪些方面的爱国主义精神?
3. 我国医药从业人员的爱国主义精神和其他行业从业人员的爱国主义有何异同?

## 案例四　执中守正、学术至上:承淡安

承淡安(1899—1957),原名启桐,江苏江阴人,1925年独立行医后,自取名澹盦、淡安,是新中国中医高等教育的创建者和开拓者之一。承淡安先后与人联办苏州中医学校(1928年),创立中国针灸学研究社开展师承教育和函授教育(1929年);创立中国针灸学讲习所(1935年)和中国针灸医学专门学校(1937年)开展学历教育;开设多种培训班(1937—1947)。1954年10月30日接受江苏省人民政府正式任命,出任江苏省中医进修学校首任校长。承淡安的中医教育实践跨越民国,一直延续到新中国成立后,在社会文化变迁中,逐渐形成了"执中守正,学术至上"的教育思想和办学理念,并贯彻于教育实践活动中。

承淡安出生于中医针灸世家,早年师从同乡名医瞿简庄学习中医内、外科,又在上海广德医学专门学校学习西医。中西医兼修,使得承淡安有了更多的思考和选择。他曾认为,学医过程中听到有什么新奇的、又快又好又灵的治病方法,总想去学一下,独认为父亲的针灸、挑痧等治疗方法是不科学的,结果自己患了腰痛、失眠,中西药治疗好几个月,一点不生效,最后由父亲用针灸治好,于是转而绝对信服针灸,才开始学起针灸来。1925年开始独立行医后逐渐体会到中医临床的显著疗效和独特性,而选择了中医之路。1931年始,独守针灸一科,并成为一辈子的坚守和事业。

从临床实践中,承淡安体会到,中医不缺乏确凿的疗效,但缺乏高素质的中医人才。1929年2月23日至26日,国民政府第一届中央卫生委员会会议通过的《废止中医案》,即有"禁止中医学校"一条。此时的政策危机,将中医逼入悬崖绝壁,到了退无可退的境地。面对当时的中医现状,承淡安认为延续中医血脉的关键还在于人才培养,迫切地感受到培育中医人才的紧迫性。彼时,1928年与季爱人等联合创办的苏州中医学校已无法维系,于是承淡安在苏州望亭创办了中国针灸学研究社,公开招收全国学员。1932年春,中国针灸学研究社迁至无锡南门外,经常有10多个实习学生。承淡安一般上午门诊,下午讲课,晚上回复函授学生。凭一己之力,理论与临床相结合,在传统师承教育的同时,开始探索和实践函授教育模式。1933年8月,中国针灸学研究社下设通函科,明确入学条件,建立学员档案,自学和通函辅导相结合,严格毕业要求。彼时,函授教育步入规范化、组织化的轨道。

为了进一步探索院校教育方法和针灸学理,承淡安于 1934 年 10 月 30 日—1935 年 6 月 12 日赴日本,先后考察了 7 所针灸学校,并特地进入东京高等针灸学院的甲种研究科学习。回国后,承淡安即在中国针灸学研究社附设了"中国针灸学讲习所"。讲习所下设训育处、教务处、事务处,开设了 3 个月的针灸速成班和 6 个月的普通学习班,初步形成了院校模式教育的雏形。

1937 年 1 月,中国针灸学研究社利用《中医条例》规定,将讲习所更名为"中国针灸医学专门学校",并将讲习所的速成班升格为研究班,在普通班的基础上增设二年学制的本科班,进一步完善了院校教育模式。同时,构建了一支稳定的多学科师资队伍、较为完善的课程体系,编著了系列教材,制定了独特的教育教学质量管理和监控制度等。遗憾的是,抗战爆发,中国针灸学研究社被毁,承淡安的中医教育实践受阻。在随后西行避乱的十年间,承淡安仍然通过各种培训班,为巴蜀之地培养了四百余名中医针灸人才。

1950 年初秋,深受新中国第一届全国卫生工作会议鼓舞的承淡安,在苏州恢复了中国针灸学研究社,又培养了邵经明、谢锡亮等一批学生。

1954 年 7 月 15 日,承淡安当选为江苏省中医学术研究筹备委员会副会长。9 月 5 日,承淡安只身来到南京,欣然受命参加江苏省中医院和江苏省中医进修学校的筹建工作。10 月 30 日,江苏省政府正式任命承淡安为江苏中医进修学校校长。经过紧张的筹备,1955 年 3 月 13 日第一届学员正式开始上课,承淡安揭开了现代中医高等教育的序幕。在民国中医最危急的关头,承淡安公开家学,注重中医人才培养和现代教育模式探索,不仅保留了中医薪火,延续了中医血脉,而且实践和探索了院校教育模式,为当代中医院校教育提供了先导和典范。

中医因疗效而存在,因疗效利于民生,因疗效而有学术学理。跟随新文化运动成长的承淡安,被"科学化"思潮深深影响着。"值此科学时代,谁肯抱神秘之诚信而不求学理,道不出理,何能使众人谅解而深信?"追求中医针灸的学术学理,成为他一生的追求目标,这也同样影响着承淡安的办学思想和教育实践。

"旧学",与"新学"相对,都是新文化运动时期的新名词。当时有一种倾向和时尚,凡是中国传统的、古代传承下来的,即称为"旧学",要鄙视和抛弃,中医也在此列。面对民国科学化思潮和中医非科学之责难,承淡安认为,"夫西洋科学,不是学术唯一之途径;东方学术,自有其江河不可废之故"。他的这份自信,既有来自中医临床疗效的学术自信,也有对中医经典感悟的理论自信。

中医学术的发展,一方面要以固有学术原理为依据,另一方面也要以现代知识诠释昌明中医为目标。在肯定中医优势的同时,也要看到中医存在的不足,尤其是与时代的差距。因此,在"中医科学化"的道路上,承淡安也有自己的见解:"凡能持之有故、言之成理者,即成一种学术。西洋科学,能持之有故、言之成理,东方学术亦能之。……自己明白,使人皆明白,此即谓之科学。"体现了承淡安洋为中用、新资旧用的学术范式,即并非简单名词术语的转换或者西医改造中医,而是依据中医固有的学术原理,借鉴现代科学知识进行诠释和阐述。

承淡安的中医高等教育思想和办学理念,是在东西方文化激烈碰撞、西学东渐逐渐深入、中医被取缔的绝境中形成的。在中西医会通交流的过程中,承淡安执着于中医学术信念,在解析中医学术学理的取舍中坚守中医经典,在中医高素质人才培养过程中树立学术至上的理念。"执中守正,学术至上"成为他进行中医现代高等教育实践的指导。

【案例分析】

承淡安的中医教育实践跨越民国,一直延续到新中国成立后,在社会变迁和文化交融中,逐渐形成了"执中守正,学术至上"的教育思想和办学理念。执中守正,即执着于中医之路,并以中医经典为圆心,坚守传统学术之理;学术至上,即始终以追求中医学术学理的本质和进步为目标。承淡安的高等中医教育思想和理念,成为现代高等中医教育实践的先行和指导。

**【案例讨论】**

1. 承淡安出身于中医世家，自幼受父辈熏陶，立志学医，以解病人苦难。按他的话说是："既抱定鞠躬尽瘁于中医学术，死亦无恨矣。"请从"人生须立志，立志当高远"的角度谈谈对此的理解。

2. 1923年承淡安得了严重的腰痛，终赖父亲承乃盈以针灸治愈。承淡安自云："看到父亲以针灸治病很有效，自己害了一场腰痛和失眠大病，治了好几个月，中西药都吃过，一点不生效，结果是父亲用针灸治好了。于是转而绝对信服，才开始学起针灸来。"请从偶然性与必然性相结合的角度谈谈承淡安的职业选择及对你的启示。

3. 1929年，国民政府曾抛出一项所谓"废医存药"的提案，妄图消灭中医。这使得本来就不景气的中医学，遭受极为严重的冲击。请简要概述承淡安的应对举措及其历史意义。

## 案例五　追求真理、军医模范：蒋维平

蒋维平（1878—1964），原名蒋顺发，中国人民解放军医务工作模范、劳动英雄。新中国成立后，他被授予中校军衔。

蒋维平年轻时先后在李鸿章、袁世凯、段祺瑞部下从军。清末，在外国列强的逼迫下，李鸿章成立了以自强和保卫国家为名的军队。蒋维平一心要为保家卫国奉献热血，所以在李鸿章军队招新兵时，蒋维平兴冲冲地参了军，从勤务员一路升到班长、教官。后来，蒋维平看到李鸿章只能勉强维护清政府统治，没有办法真正带领军队赶走侵略者和收复失地，感到十分失望并设法从军队逃走。之后，孙中山领导的革命党人宣传的革命主张让蒋维平十分心动，他再次参军入伍。但当时的革命果实已经被袁世凯窃取，袁世凯只想封建复辟，并不想救国兴邦，部队里时常发生欺负老百姓的事情，蒋维平对此无能为力。有一次，因看不惯一名团长欺男霸女而与之发生冲突，结果被开除军籍，离开了袁世凯部队。后来，不死心的蒋维平又加入了段祺瑞政府的军队，并被任命为宣化骑兵团团长。由于段祺瑞政府热衷于和国内其他势力争权夺利，严重违背了蒋维平参军的初衷，1929年，蒋维平放弃权力富贵，回乡种地。

1937年卢沟桥事变后，蒋维平激于民族义愤，又投身抗日斗争，曾在宋哲元第二十九军第三师担任管马处主任委员。但不久后该军就在国民党的内讧中解散，报国无门的蒋维平只得回乡继续开药店谋生。

1938年2月，王震将军率领120师359旅挺进平西，路过蒋维平的家乡房山。蒋维平早就听说过八路军军纪严明，对老百姓秋毫无犯。于是时年60岁的蒋维平带着药店的全部家当与自己的养子蒋志刚一起参加了八路军，希望为抗击日本侵略者做出自己的贡献。当时八路军最缺乏的就是医务人员和药品，蒋维平的这一举动完全是雪中送炭。经过组织审查考验，蒋维平还于1938年5月光荣地加入了中国共产党，并被任命为八路军120师359旅制药厂厂长。

359旅是八路军主力部队之一，作战任务频繁，部队伤亡较大。蒋维平除忙于医治抢救伤员外，还要寻找制造各种常见疾病药品，为革命根据地部队和群众服务。制作生产药品时，一没有原材料，二没有实验器械，三没有生产机械，但蒋维平克服了种种困难，自己动手研制药品。从1938年至1949年，蒋维平不顾年事已高和环境艰险，苦心钻研中西医学，翻山越岭采集中草药，深入民间收集药方300余种，配制丸、散、膏、丹等40余种，治愈大批伤病员，缓解了我军药品困难。

1946年7月，蒋维平担任白求恩国际和平医院第一分院副院长。在清风店战役和石家庄战役中，率领医护人员救治伤员1 200余人，并亲自管理由400多名伤员组成的连队，使之成为模范连队。

1955年，时年77岁的老八路蒋维平被授予中校军衔，并同时授予三级独立自由勋章、三级解放勋章。蒋维平年纪大、资格老，大家都非常尊重他。蒋维平是军医出身，留着一大把白花花的山羊胡子，按照军队的管理制度，本应当刮除清理，但是军委领导考虑蒋维平的特殊身份，特别准许其蓄留胡子。

【案例分析】

本案例介绍了一生追求真理而不知疲倦的军医模范蒋维平的事迹。蒋维平一生孜孜不懈地追求真理，一心为保家卫国奉献热血，自年轻时先后加入李鸿章、袁世凯、段祺瑞及国民政府军队，但每次均因看不惯旧军队的欺压民众而与之分道扬镳，直到最终遇到军纪严明、对老百姓秋毫无犯的人民军队——八路军，于60岁时毅然带着全部家当与养子一起参军抗击日本侵略者，其爱国之情令人敬佩。蒋维平热爱祖国、追求真理的精神，与中国科学家提倡的胸怀祖国、服务人民的爱国精神，追求真理、严谨治学的求实精神不谋而合。蒋维平加入人民军队后，不顾年事已高和环境艰险，苦心钻研中西医学，爬山越岭采集中草药，深入民间收集药方，配制丸、散、膏、丹等40余种，治愈大批伤病员，缓解了我军药品困难，其不畏艰险、刻苦钻研、献身医学的精神难能可贵，值得每个医学生学习。

【案例讨论】

1. 从蒋维平的事迹中，我们能看出我国医药从业人员对国家有什么样的共同情感？

2. 以蒋维平为代表的我国医药从业人员身上有什么样的共同特质？

3. 从蒋维平的经历中我们能看出，医药从业人员要发挥自己的特长，必须具备什么样的外部环境？

## 案例六　红医传奇、刚毅勇猛：朱琏

朱琏（1910—1978），女，字景雩，江苏溧阳人，现代针灸家。毕业于苏州志华产科学校，曾被聘为正太铁路医院医生。1935年加入中国共产党，同年参加革命工作。因革命工作需要，1936年在石家庄开设"朱琏诊所"。她用自己的一生书写了"不忘初心、牢记使命"，在石家庄一百个"红色印记"评选活动中被评选为"十大红色英杰"。

1932年，正太铁路收归国有，进步青年云集石家庄，朱琏和丈夫陶希晋一起从南方来到了北方，朱琏成为石家庄正太铁路医院的一名医生。朱琏用自己的高超医术为石家庄的老百姓们除灾祛病，很快就在石家庄声名远扬。1935年，朱琏加入中国共产党，成为石家庄市的第一位女共产党员。1936年3月1日，根据党的指示，朱琏在石家庄西横街爱华里1号开设了"朱琏诊所"，作为党的秘密活动地点。朱琏的丈夫陶希晋是正太铁路局的高级职员，也是一名共产党员，他出门总是西装革履，一身体面的行头，这样的夫妻在当时的石家庄上流社会如鱼得水。

朱琏夫妻工作很忙，但家里却总是摆着一张四方的麻将桌。闲暇的时候，家里便是谈笑有大腕，往来无白丁，灯火通明热热闹闹，有头有脸的人物坐得满满当当。在他们与社会名流们谈笑风生的时候，没有人知道这个小小的诊所居然是石家庄市委地下的联络机关。像很多谍战剧的主角一样，朱琏在人前是一名医生，暗地里却是一位中共地下党。

那时的石家庄东风西风两派纷争，这边朱琏诊所刚开张，马路对面的一处宅子里就出现了一些鬼鬼祟祟的家伙。这些人就是特务，那里就是他们的据点。这些特务打扮成走街串巷的货郎，装成敲铜打铁的工匠，紧紧地盯着朱琏诊所里的动静。朱琏夫妻二人冷眼旁观，沉着应对，硬是没叫他们占着什么便宜。

为了争取革命力量，朱琏以柔克刚，即便是上门看病的特务军警，她也是一律笑脸相迎认真诊治。久而久之就连这些原本心怀鬼胎的人物也真心真意地感激朱琏，每次搜查开始之前，都有人偷偷来通风报信，或者干脆在诊所门前贴上一张纸条，表示：鉴定完毕，这家都是良民。敌人对朱琏诊所只是怀疑，从来没抓到什么真凭实据。

小小一间朱琏诊所，在这里潜伏下来的地下党人确实不少。诊所开业以来，很多共产党员都在这里做过账房先生、司药员、挂号员和录诊员，用这样的身份做掩护，暗暗开展党的工作。凡是从山西到河北，或者是从平津赴延安的同志，大多由诊所负责接待，其中就有后来牺牲在辽沈战役前线的东北野战军炮兵司令朱端。

1936年冬天，中共石家庄市委发动各界人士组成了公开的抗日救国组织——"石门各界慰劳前方将士联合会"，朱琏当选为常务委员，并出面组织了"石门妇女抗日救国会"，任会长。朱琏还担任《石门正言报》卫生、医药副刊主编和《华北民报》的妇女副刊主编，宣传党的抗日主张和民族统一战线政策。1937年7月7日，卢沟桥事变爆发，"朱琏诊所"组织了救护卫生队，积极抢救受伤的群众。当时的"朱琏诊所"还担负着传递党的指示、决议，搜集情报和编辑、印刷《北风》党内刊物，传递中共中央北方局秘密文件《火线》，掩护党的干部等任务。1937年9月，周恩来由太原到保定与国民党徐永昌谈判路过石家庄，一同来的还有彭德怀、续范亭、南汉宸和边章武，周恩来便派彭德怀等人专门到朱琏诊所探访了市委机关的同志。1937年9月底，根据上级党组织决定，朱琏和陶希晋（当时任石家庄市委书记）撤离石家庄，随同正太铁路工人游击队一起到了太行山抗日根据地继续斗争。

抗日战争全面爆发后，朱琏将其诊所全部医疗器械和积蓄捐献给八路军129师，并奔赴抗战前线。在担任129师卫生部副部长、野战医院院长期间，她率领医务人员在战场上救护八路军和友军伤员，被授予"刚毅勇敢"女军医的光荣称号。

新中国成立前后，朱琏在党、政的重要领导岗位上，仍致力于针灸医学研究，为针灸医学的创新与发展，推动针灸医学走向世界做出了重大贡献。

中华人民共和国成立后，担任卫生部妇幼卫生司副司长、中央防疫委员会办公室主任的朱琏，仍以一名普通医务工作者的身份开展医疗活动。1951年，朱琏撰写的专著《新针灸学》，被朝鲜、越南、苏联等许多国家翻译出版，引起国际医学界的重视。1958年朱琏受到毛泽东同志接见，在宴会上毛泽东同志对朱琏说："针灸不是土东西，针灸要出国，将来全世界人民都要用它治病。"

**【案例分析】**

红医朱琏是石家庄第一位女共产党员。她的事迹，与我国古代"大医"重视"传医道""济世救民"的追求是高度一致的！她以行医为掩护，投身救国救民的伟大事业中，与我国历代"大医"爱国爱民的思想也是高度一致的。

**【案例讨论】**

1. 对上门看病的特务军警也是一律笑脸相迎认真诊治，与共产党员牢记初心使命的革命宗旨是否冲突？请说明理由。

2. 卢沟桥事变爆发后，朱琏诊所出色兼顾了救护伤员与救亡图存的重任，从中我们可以得到哪些思想启示？

3. 朱琏为针灸医学的创新与发展做出了哪些重大贡献？

## 案例七　抗击疟疾、坚守一生：高琪

高琪（1953—），河北省人，医学博士，江苏省血吸虫病防治研究所研究员、博士研究生导师，国家消除疟疾专家组组长、国家重症疟疾救治专家组副组长、世界卫生组织（World Health Organization，WHO）疟疾政策顾问委员会委员，全球抗击艾滋病、结核和疟疾基金技术评估专家。曾作为世界卫生组织疟疾专家赴马来西亚、韩国、朝鲜、菲律宾和泰国考察疟疾。荣获 2022 年度全国"最美医生"称号。

历史上，疟疾是最为凶险的传染病之一。我国曾是疟疾流行严重国家，年发病人数曾超过 3 000 万。高琪说："1983 年，我从学校毕业时全国仍有 300 万病例，我当时就有个梦想，要把这个数字降到零，这成了我奋斗的目标。"

蚊子是疟疾传播的主要媒介，高琪为掌握第一手资料，长期扎根在艰苦的疟疾防治一线，经常是晴天一脸灰，雨天一身泥。20 世纪 80—90 年代，每年夏天疟疾流行季，高琪都会深入边远贫困乡村蹲点，常常白天到田头、村边挨家挨户进行疟情调查，夜里通宵达旦在农民炕头及猪圈捕捉蚊子，研究蚊子种类、密度和生态习性。常人怕蚊叮，而他却常用自己的身体诱捕蚊子，有次一夜就捕捉了 200 多只蚊子，身上也被虫蚊叮咬得过敏红肿。还有一次，高琪在村里调查病人，眼看就要下大雨了，周围的同志劝他赶快离开，村内全是黏土路，一旦下雨就出不去了，但是高琪依旧坚持调查完最后一个遗漏的病人才离开。这时突遇暴雨，为了使车辆不陷在村里，高琪和其他同志一起赤脚冒着大雨推车走了近 3 千米，当地村民也拿着铁锹上前协助。"你们真不容易，从城里专程赶来帮我们，就像当年的新四军一样。"村里年长的人感慨地说。"尽管当时淋得像落汤鸡，但听到这个评价心里却很美"。那一刻，高琪心中的自豪感油然而生。长期在农村地区蹲点的经历，百姓的质朴和善良，让高琪默默许下心愿：要用最好的疟疾防治技术，帮助百姓从患疟疾的困境中摆脱出来。

1991 年，高琪作为世界卫生组织访问学者赴泰国国立玛希隆大学和澳大利亚昆士兰医学研究所学习和进修疟疾免疫学和分子生物学。为了能够在短时间内尽可能掌握更多的新知识和新技术，他狠下功夫，泡图书馆啃书本、查资料，进实验室勤操作、苦钻研，通宵达旦、枕书而眠是常有的事。当时不少留学生和访问学者留在国外继续发展，高琪却说："我从事疟疾防治研究，国内有疟疾流行，回国更能实现自己的价值。"为了能把所学到的技术用于国内的研究，他用节衣缩食省下来的 2 000 多美元购买了国内急需的试剂、仪器和资料。因为行李超重，他在上飞机前把自己的衣物等个人物品全部扔掉，带着购买的试剂、仪器和资料回国后，无偿交给了所里。"作为一个科研工作者，要热爱自己的国家，热爱这份事业，要将自己的抱负、事业和对国家社会的服务联系起来。"高琪这样说。

正是这份对疟疾防治事业的赤诚之心，让高琪取得了许多重要研究成果：他采用新的按蚊基因鉴别技术，首次在中国以外发现嗜人按蚊的存在；采用新的抗药性恶性疟原虫基因鉴别技术，为排除我国首例报告的"埃博拉病毒出血热"提供了关键的实验室诊断依据。

尽管从 2016 年后没有本土疟疾病例，但全球每年仍有几亿人感染疟疾，几十万人死于疟疾。国内实现消除疟疾后，如何巩固成果、防止输入再传播是高琪最关心的事。"我国每年有几千例境外输入的疟疾病例，消除疟疾永远没有松口气的那一刻。"高琪说。由于国内病例逐渐减少，一些地方的医生常常不能及时诊断，或者是诊断后不知道怎么治疗。这也成为我国疟疾患者救治面临的一个新问题。长期的一线工作经历，扎实的实验室病理研究功底，让高琪成为疟疾防治和救治"双料"专家。2005 年西藏林芝突发疟疾疫情，高琪受命率专家组赶赴西藏，在疫情处置过程中，他不顾高原反应夜以继日工作，首次证实在西藏存在恶性疟疾传播，并通过走访调查为西藏的疟疾防治提供了关键性的流行病学资料。他还曾成功救治 2007 年甘肃武威群体性国外输入恶性疟病例，处置 2010 年四川疟疾预防服药中毒事件等。

"疟疾一天不在世界上完全消失，输入性的风险就存在一天。从这个角度看，帮助国外抗击疟疾，也是在帮我们自己"。高琪十分关注国外的疟疾防治情况，他曾受国家派遣先后赴非洲 20 余个国家进行疟疾技术培训和指导援非疟疾防治中心建设等，六次赴朝鲜控制疟疾，为疟疾防治和研究做出了中国贡献，被国际友人称为"疟疾克星"。其中一次，他作为我国主要疟疾专家前往非洲，为我国首个援非疟疾防治中心的建设进行技术指导，从指挥工人铺设管道、安装水槽，到亲自安装调试电脑、测试实验数据，经过连续两天两夜的紧张工作，终于圆满完成实验室建设任务。"对非洲有关人员进行抗疟培训，是有效控制非洲疟疾疫情的重要途径之一。"高琪说。由江苏省血防所承办的援外培训项目，他主动申请担任培训班主讲教师，累计培训来自50多个国家的1 700多名学员，"对非洲有关人员培训一定要真诚、用心、有特色。要拿人家听得懂的话，听得懂的术语去介绍中国经验。如果简单地将中国经验复制，就常会遭遇挫败"。

2020年11月，中国向世卫组织提交消除疟疾认证申请，高琪全程参与材料起草和提交、世卫组织考核等过程。2021年，中国正式获得世界卫生组织消除疟疾认证。高琪在高兴之余，仍在国内外疟疾诊治和防止输入再传播等问题上探索，他说："我的工作远没到停下来的时候。""在非洲的不少发展中国家，疟疾仍在肆虐。防止输入再传播，仍然任重道远。"其实早在2013年，高琪就到了退休年龄，但为了消除疟疾这一目标，他退而不休，继续发挥余热。2022年，在第五个"中国医师节"前夕，中共中央宣传部、国家卫生健康委员会联合发布2022年"最美医生"先进事迹，高琪获评全国"最美医生"称号。

【案例分析】

本案例介绍了高琪一生都在为消除疟疾而努力的事迹，他的事迹折射了中国人战胜疟疾的艰辛历程。高琪结束在国外的学习回国时，因为行李超重，他在上飞机前把自己的衣物等个人物品全部扔掉，带着购买的试剂、仪器和资料回国，展现了一个科研工作者舍小家顾大家、热爱祖国、热爱事业的高尚情操。他利用积累的经验和专业知识，不断创新消除疟疾的理论和实践，为我国实现消除疟疾和推广中国消除疟疾的成功经验做出自己的贡献，吃苦耐劳、深耕一线、献身祖国的精神值得同学们学习。作为中国疟疾专家和世卫组织疟疾顾问，他多次赴疟疾流行国家进行技术培训并指导援非疟疾防治中心建设，既体现了一名医生的担当精神和国际主义精神，也体现医者的"博爱"精神。

【案例讨论】

1. 高琪扎根疟疾防治及科研一线逾40年，一生只为防一病，退休后他的抗疟之路还在继续，请谈谈高琪职业理想中蕴含的思想启示。

2. 出国求学期间，由于高琪勤奋好学，当时不少留学生和访问学者留在国外继续发展，而高琪认为寄生虫病长期以来一直危害着我国人民的健康，毅然决定回国。请从个人价值与社会价值辩证统一关系入手评价高琪的选择。

3. 高琪说："疟疾一天不在世界上完全消失，输入性的风险就存在一天。从这个角度看，帮助国外抗击疟疾，也是在帮我们自己。"请谈谈对这一看法的认识。

## 知识链接

### 裘吉生全心投入医药珍本书籍的保存出版

裘吉生非常反对旧时医家守秘方、秘而不宣的习惯，并以实际行动加以纠正。比如他在主持《绍兴医药学报》的编务后，成立了"流通医药书籍有限公司"，以市场化的手段力促医籍流通公开，促使中医药书籍得以流通发行，还亲自设计学报封面，上书一个很大的"秘"字，一人手持大锤猛向"秘"字砸去，线条粗犷，画意显豁，发人深省；他重视整理医药古籍，编成《三三医报》，特别是他在医报底面注明"准许翻印，版权所无"的字样，实属出版史上绝无仅有的创举。

1924年，裘吉生精选99种医书，经校刊整理，由杭州三三医社分3集出版。《三三医书》中有不少实用书籍，其出版为中医事业做出了巨大的贡献。裘吉生首先保存了大量海内外难得的中医孤本、珍本、抄本秘籍如《医经秘旨》《温热逢源》《医学妙谛》《伤科方书》《重楼玉钥续编》《行军方便便方》等,还收录了日本的《医余》《药征》等医书,保存了大量濒临散佚的医学珍籍。

1935年,裘吉生又在其家藏的3 000余种医书中选出孤本、抄本、精制本及批校本,包括未刊稿共90种,经分类编辑为《珍本医书集成》,由上海世界书局出版,所收古今医书90种分为12类,即医经、本草、脉学、伤寒、通科、内科、外科、妇科、儿科、方书、医案、杂著,具有十分重要的学术与文献价值。

### 澄江针灸学派掌门人承淡安

承淡安长期从事针灸理论和临床研究,著书立说甚丰。著有《中国针灸治疗学》《中国针灸学研究》《子午流注针法》《伤寒论新注——附针灸治疗法》等15部书籍,编修针灸经络图多册,共200多万字。

在承淡安的努力之下,中国针灸界承门弟子程莘农(中国工程院院士)、邓铁涛(国医大师)、邱茂良、杨甲三、陈应龙等一大批传人在海内外孜孜以求,引领着针灸学科发展,逐步形成了以融通中西医学为特色的现代针灸学术研究群体——澄江针灸学派。

1997年11月,美国国立卫生研究院(National Institution of Health, NIH)举行针刺疗法听证会,会上由中外医学专家组成的委员会提出并获会议一致通过的报告明确指出,起源于中国的针刺疗法对许多疾病具有显著疗效,可以广泛应用。这就为针刺疗法和针灸医学在其他国家推广奠定了重要的学术基础,同时也为弘扬中医针灸进一步走向世界提供了有利的机遇。

---

**?** **复习思考题**

1. 为了传承和弘扬中医药文化,我们应该怎样更好地培养人才?
2. 蒋维平直到60岁仍坚持不懈地追求自己的人生目标,这对我们青年人有怎样的启示?
3. 如何理解"爱国"这一概念?它包含哪些核心要素?
4. 作为新时代的青年,应肩负哪些与爱国相关的责任?
5. 请结合你的专业或兴趣,谈谈如何在未来的学习和工作中践行爱国精神。

ER-8-2

扫一扫,测一测

(孙晓 郭笑雨)

# 第九章　敬　业

## 学习目标

　　通过本章的学习，明确我国历代名医身上的敬业精神主要体现在哪些方面，其敬业精神的民族文化渊源主要体现在哪些方面，并立志做一名爱岗敬业的医务工作者，顺利成长为一名高素质医药人才。

## 案例导读

　　本章共选取了体现具有中国特色的医药从业人员敬业、爱岗 7 个案例，其中既有治疗齐湣王情志病的文挚、从实听讼的法医鼻祖宋慈，也有"不失人情"的李中梓，重实践、贵创新的王清任，拯救中国万千儿童的中国脊髓灰质炎疫苗之父顾方舟、献身梅毒及性病事业的胡传揆、麻风斗士李桓英、中国乙肝疫苗之母陶其敏等。

　　从这些医务工作者的崇高品格和优秀事迹中，我们能看出他们身上宝贵的敬业精神、爱岗情怀，能看出他们身上的敬业精神与中华优秀传统文化、职业道德的深厚渊源，能看出我国医务工作者对医药职业的热爱、对患者生命的珍视，也让我们能体会出，为什么每当我们国家、民族遭遇重大冲击时总能化险为夷，甚至还会因此而取得医疗技术的较大进步，这无疑与中国知识分子的"仁爱"之心和中国的医务工作者高度的使命感、责任心息息相关。也正是每一时代、每一地方、每一次挑战，都会有一大批勇于开拓、努力创新的医药从业者，甘心成为人民群众的坚强后盾，才保障了我们国家的繁荣昌盛和国民的健康平安，我们要向这些甘于牺牲的执盾者致敬。

　　在学习本章内容时，要注意挖掘医药从业人员敬业、爱岗精神的文化渊源，要注意总结中华五千年医药发展历史中所凝聚形成的敬业精神的丰富内涵和民族特色，要特别注意结合当前我国医药事业发展的现状以及人民群众对医务工作者提出的新要求，思考在新时代如何形成具有中国特色的崇高敬业精神和医药职业道德。

## 案例一　爱人胜己、以情胜情：文挚

　　《吕氏春秋卷十一·仲冬纪·至忠》中记载了这样一个故事：齐王疾痏，使人之宋迎文挚，文挚至，视王之疾，谓太子曰："王之疾必可已也。虽然，王之疾已，则必杀挚也。"太子曰："何故？"文挚对曰："非怒王则疾不可治，怒王则挚必死。"太子顿首强请曰："苟已王之疾，臣与臣之母以死争之于王。王必幸臣与臣之母，愿先生之勿患也。"文挚曰："诺。请以死为王。"与太子期，而将往不当者三，齐王固已怒矣。文挚至，不解屦登床，履王衣，问王之疾，王怒而不与言。文挚因出辞以重怒王，王叱而起，疾乃遂已。王大怒不说，将生烹文挚。太子与王后急争之，而不能得，果以鼎生烹文挚。爨之三日三夜，颜色不变。文挚曰："诚欲杀我，则胡不覆之，以绝阴阳之气？"

王使覆之,文挚乃死。夫忠于治世易,忠于浊世难。文挚非不知活王之疾而身获死也,为太子行难,以成其义也。

这个故事讲的是,战国时代的齐湣王患了忧郁症,请宋国名医文挚来诊治。文挚到了齐国,详细诊断后对太子说:"大王的病肯定可以治好。但是,大王痊愈后,必杀我无疑。"太子不解地问为什么。文挚回答说:"齐王的病只有用激怒的方法来治疗才能治好。激怒了大王,我一定会被杀死。"太子听了恳求道:"只要能治好父王的病,我和母后会以死来向父王求情以保全你的性命。"文挚推辞不过,只得应允,说:"那我就冒死为大王治一治吧。"于是他与太子约好诊期,文挚故意不守信誉,失约没来,约了第二次,他又没来。又约了第三次,他同样失约。齐王见文挚屡屡失约,甚感恼怒。没想到文挚突然来了,鞋也不脱,就直接上到齐王的床上,踩着齐王的衣服问齐王的病情如何。齐王气得不理他,文挚又用更重的言辞再次激怒齐王,齐王气得大吼一声坐了起来,这一怒治好了齐王的病。而同时也如文挚所预见,他最终被齐王所杀。

这个故事实际上是中医较早的治疗情志疾病的记录。中医的情志疗法类似于现代的心理疗法,但又不完全相同,是中医学重要组成部分,为历代医家所继承和发展。这是一个以怒胜思的典型案例,文挚通过触怒患者甚至采取一些过激行为来达到治疗目的。面对权贵实施治疗,难度与风险共存。虽然文挚已经事先表明利害关系,但最终还是在齐湣王盛怒之下以身殉职,这从侧面反映了封建统治者对人民的残忍,同时也反映了医者的高尚医德。

其实当文挚应允太子为齐王看病的时候,就已经意识到自己将会被杀。而若要治好齐王的病,自己必须存必死之心。这是因为齐王之怒必须达到相当的程度才能改善其忧郁症,只有怒盛才可打通心中郁结。所以泄愤的同时也就意味着文挚生命的终结。文挚明知要治好齐湣王的忧郁症,会以自己的生命为代价,但他仍为齐湣王施治,充分体现了他视职业胜过生命的崇高职业道德,给后世医者以诸多启示和思考。

【案例分析】

本案例通过记述文挚为齐湣王疗疾并达良好疗效,向我们展示了中医学在治疗情志疾病方面的较早成功实践,特别是文挚"以情胜情""以怒胜思"的有效治疗方法,充分彰显了中医学独特而有效的治疗理念和思路,值得我们骄傲和自豪,并启发我们在医学实践中努力创新开拓。文挚明知为齐湣王疗疾可能被杀,但最终仍为齐湣王施治,也充分体现了他视职业胜过生命的崇高职业道德,特别对医药从业人员思考如何应对单纯经济观念对医疗行业的渗透,提供了截然不同的答案和选择,给后世医者以诸多启示和思考。

【案例讨论】

1. 文挚为齐湣王治疗情志病这一案例体现了中医在心理疗法方面的哪些成就?
2. 如何理解文挚为齐湣王治疗情志病的中医学基础理论?
3. 文挚为齐湣王治疗情志病这一案例对后世医家提升职业道德有哪些启示?

## 案例二　不失人情、知常达变:李中梓

李中梓(1588—1655),字士材,号念莪,又号尽凡,汉族,上海浦东惠南镇人。幼年时擅长文学、兵法,因屡试不第,加之体弱多病,乃弃仕途而学医。他悉心钻研医学名家的著作,深得其中精要,对中草药物的药性进行反复研究,并用于临床实践,在实践中创立了自己的医学理论,成为一代名医。

李中梓的《不失人情论》是其以《素问·方盛衰论》中的"不失人情"四字为纲并加以发挥,对医疗实践中的有关见闻及自己的认识进行了归纳以后写成的一篇读经心得。他在这篇文章中这样说:"尝读《黄帝内经》至《方盛衰论》而殿之曰:'不失人情。'未曾不瞿然起,喟然叹轩岐之入人

深也！夫不失人情，医家所甚亟，然戛戛乎难之矣。大约人情之类有三：一曰病人之情，二曰旁人之情，三曰医人之情。"

　　李中梓认为，所谓病人的常情，是五脏各有偏盛的情况，七情各有偏过的表现。五脏阳气偏盛的病人应当清热，五脏阴气偏盛的病人应当温补；耐受药力的病人，平和的药剂没有功效；不能耐受药力的病人，峻猛的药剂则会有害：这是由于各人五脏的功能不同。交游还是静处，各有好恶，饮食也各有爱与不爱；性喜吉利的病人，对他们直言病情，就会遭到他们的责怪；心中常有忧虑的病人，对他们进行安慰，反而会被他们说成虚伪；不相信医学的病人，医生的忠告难被奉行；多疑的病人，医生若对其关切坦率地谈论病情，就会受到他们的猜忌：这是由于各人个性好恶的不同。富裕的病人大多任性，因而常常不遵守医生的告诫；显贵的病人大多自高自大，因而常常骄横放纵、违背医理：这是由于他们的地位、处境不同。贫穷的病人，衣食尚且不足，哪有钱财购买药物？低贱的病人，整天为了生活焦虑劳苦、不能休闲，心境也就可想而知了。这是由于生活的条件不同。有的病人刚刚相信了好话，一听到荒谬而能蛊惑人心的说法就又改为新的主意，这就好比多歧亡羊的道理，在众说纷纭之下，将会无所适从，治疗也就像画饼充饥一样，没有实效。这是没有主见造成的危害。有的病人最怕发生意外，只求稳当，这样，治疗便如杯水车薪，无济于事，难免坏事以致死亡。这是过于谨慎造成的危害。有的病人境遇不顺，谋求改变又没有成功，内心忧虑不已，以致良药也难以医治：这是患得患失之心造成的危害。有些性急的病人遇到了慢性病，由于不断更换医生，就会使得医生们随便用药；有些迟缓的病人遇到了急性病，由于拖延时机，就会造成难以挽救的后果。这是性情过缓过急造成的危害。有的病人惧怕温补，人参、白术一沾到嘴上，心里就先予以格拒；有的病人惧怕泻下，芒硝、大黄一进入口中，精神就涣散了：这是成见造成的危害。有的病人是忌讳疾病而不愿讲出；有的则是患了无法启齿的病情、难以告人而不愿讲出；有的甚至故意隐瞒病情，用切脉来试验医生。不知道即使古代高明的医生，也没有舍弃望、闻、问三诊而只凭一项切脉来诊治疾病的情况！比如寸口脉象旺盛，就知道是被食物伤了，至于是哪一天被伤的，伤人的又是什么食物，哪里能够只凭脉象就会知道呢？这些都是病人的常情，不能不仔细看待。

　　李中梓还对旁人之情、医人之情进行了详尽的阐述，提出不要因人之常情而造成治病的失误。"不失人情"的"人情"，原指"人的病情"，李中梓则有意发挥为"人之常情"，然后又将其阐发为病人之情、旁人之情和医人之情，既指出了必须顺应或迁就的人之常情，也列述了不可迁就的人之常情，并特别强调要"思之慎之，勿为陋习所中"。

　　李中梓关于"不失人情"的论述，对指导医务工作者提升诊治水平，更好地为患者服务具有重要意义。我们从李中梓关于"不失人情"的论述中，也能体会到要成长为一名高水平医务工作者的不易，充分认识到做一名合格的医务工作者，必须有高度的"敬业"精神，要时时处处将患者的利益和需求放在重要的位置。

　　【案例分析】

　　本案例对李中梓在《不失人情论》中提出的"病人之情、旁人之情、医人之情"进行较详明的阐释。李中梓的"不失人情"论，对提示和启发医疗工作者充分考虑医患关系、医者与同事的关系以及患者周边环境的影响，有的放矢地采取应对调适及治疗措施具有积极意义。李中梓的"不失人情"论，也充分展示了中医学不仅仅是一种自然科学，它同时还有丰富的社会科学内容，在观察方法和诊疗思路方面具有科学性和先进性，非常值得我们尊崇和弘扬。

　　【案例讨论】

　　1. 从李中梓关于"病人之情"的论述中，我们能体会到要成为"名医"必须怎样对待自己的服务对象？

　　2. 针对复杂的"病人之情"，医药从业人员应该采取什么样的对策？

　　3. 在医疗实践中，医药从业人员应该怎样仔细观察和分析"旁人之情"？

# 案例三　注重实践、医林改错：王清任

王清任（1768—1831），又名全任，字勋臣，清代直隶省（今河北省）玉田县人。他是一位注重实践的医学家，对中医学中的气血理论作出了新的发挥，特别是在活血化瘀治则方面有独特的贡献，创立了很多活血逐瘀方剂，注重分辨瘀血的不同部位而分别给予针对性治疗，著有《医林改错》一书。

王清任治学态度十分严谨，非常注重医学实践，他主张医学家著书立说应该建立在亲治其症万无一失的基础之上。王清任认为人的脏腑结构对医治疾病非常重要，认为"治病不明脏腑，何异于盲人夜行"。他曾进行解剖观察，绘制了大量的脏腑图。王清任认为前世许多医书的讲法不正确，必须加以改正，所以他为自己的著作命名为《医林改错》。《医林改错》著成于1830年，其中附图25幅。在这部著作中，王清任根据实际观察，首先记载了人的体腔由膈膜分为胸、腹两部分，而不是古书图中所绘的三个体腔——三焦。王清任还改正了古图中肺有六叶两耳二十四管的错误，认为"肺有左、右两大叶，肺外皮实无透窍，亦无行气的24孔。"他认为肝有四叶，胆附于肝右第二叶，纠正了古医图中肝为七叶的错误。王清任在《医林改错》中对胰腺、胆管、幽门括约肌、肠系膜等的描绘更加符合人体的实际情况。王清任还精辟地论证了思维产生于脑而不是心的理论。他提出："两耳通脑，所听之声归于脑，……两目系如线，长于脑，所见之物归于脑，……鼻通于脑，所闻香臭归于脑……"这些看法都与现代解剖学及生理学看法相近。《医林改错》极大地丰富了中医学宝库，并被节译成外文，对世界医学的发展也产生了一定影响。

王清任在治学方面反对因循守旧，勇于实践革新，对中医学中的气血理论做出了新的发挥，特别是在活血化瘀治则方面有独特的贡献。活血化瘀法是中医学宝库中的一份重要遗产，从秦汉以来，活血化瘀法不断充实完善，而以清代王清任的学术成就尤为引人注目。他的学术思想不仅对中医内外妇儿各科做出了贡献，而且对针灸临床也有着重要的指导意义。王清任在《医林改错》中提出的许多观点，体现了他对人体气血的较全面深刻的认识。他认为气与血皆为人体生命的源泉，但同时又是致病因素。不论外感内伤，对于人体的损伤，皆伤于气血而非脏腑。气有虚实，实为邪实，虚为正虚；血有亏瘀，亏为失血，瘀为阻滞。他认为瘀血是由于正气虚，推动无力造成的，所以说血瘀证皆属于虚中夹实。他在自己的医疗实践中大力倡导"补气活血"和"逐瘀活血"两大法则，形成了著名的"瘀血说"。他所创立的血府逐瘀汤、通窍活血汤、少腹逐瘀汤、膈下逐瘀汤、身痛逐瘀汤、会厌逐瘀汤等方剂，临床疗效显著，深受患者欢迎。他先后共创立和修改古方33个，总结出了气虚症状60种，血瘀症状50种。他所创制的"补阳还五汤"已成为治疗冠心病、半身不遂的有效名方。他所创制的许多方剂，对治疗脑膜炎后遗症、小儿伤寒瘟疫、吐泻等症有良好效果。

虽然后世医家对王清任的《医林改错》有不同的看法，但大家无不对他重视实地观察，勇于创新的精神给予高度肯定。他为后世所留下的宝贵的医学资料，他在瘀血证的治疗立法及方剂的创立方面所做出的贡献，至今值得医学界尊重和推崇。

【案例分析】

本案例通过对王清任治学方面相关做法的介绍，展示了他态度严谨、注重医学实践，以及反对因循守旧，勇于实践革新的治学态度，他的这些优秀品质和做法非常值得医药从业人员学习。正是因为他一丝不苟地实验观察，使他的《医林改错》成为中医学宝库中一部重要著作。正因为他对中医学中的气血理论作出了创新性发挥，才使中医学在活血化瘀治则方面有新的发展。凡立志为中医学做贡献者，均可从他身上得到有益的借鉴和启示。

【案例讨论】

1. 王清任的主要医学成就体现在哪两个方面？
2. 王清任不惧风险观察人体脏腑的实事求是作风给我们什么教益？
3. 王清任勇于开拓创新的治学态度给我们什么教益？

# 案例四　一粒糖丸、护航一生：顾方舟

2019 年，92 岁高龄的顾方舟，走完了伟大的一生。尽管你可能不知道顾方舟是谁，但他做的糖丸，你一定吃过。就是这位看似普通的老人，用一生时间，研制一粒糖丸，却拯救了十几亿中国儿童。

顾方舟，男，1926 年出生于上海市，发展中国家科学院院士，英国皇家内科学院（伦敦）院士，欧洲科学、艺术、文学学院院士，医学科学家、病毒学专家，中国医学科学院北京协和医学院原院长、一级教授。荣获"人民科学家"国家荣誉称号，入选"中国海归 70 年 70 人"榜单，被评为"感动中国 2019 年度人物"。顾方舟从事脊髓灰质炎的预防及控制研究 42 年，是中国组织培养口服活疫苗开拓者之一，被称为"中国脊髓灰质炎疫苗之父"。

顾方舟出生于一个普通工人家庭，父亲是船务公司职员，母亲是教师。一家人勤劳工作，过着俭朴、和睦的生活。可是，在顾方舟 5 岁那年不幸降临，顾方舟的父亲因为感染传染病去世。这在幼小的顾方舟脑海里有了传染病的记忆。母亲为了维持家用及孩子的教育费用，转行做了一名收入较高的助产师。受父亲离世及后来母亲职业的影响，顾方舟从小就立志做一名救死扶伤的医生。1944 年，顾方舟顺利考入北京大学医学院。从大学毕业后，顾方舟放弃进医院当一名医生，而是主动要求分配到大连卫生研究所，从事传染病的研究工作。他认为"当医生固然能救很多人，可从事公共卫生事业，却可以让千万人受益"。1951 年，顾方舟前往苏联留学，在苏联学习的四年里，没有花前月下、歌舞升平，整日里与书本、实验为伴。1955 年顾方舟获苏联医学科学院医学科学副博士学位回国后，被安排到北京流行病研究所工作。

20 世纪 50 年代，国内出现了一种非常流行的疾病，多发于 7 岁以下的儿童，患儿出现手脚不灵活，甚至不能走路，严重的无法呼吸等症状，这就是脊髓灰质炎，老百姓俗称小儿麻痹症。当时的医疗水平低下，根本无法有效救治。脊髓灰质炎，为脊髓灰质炎病毒感染，极易通过唾液、粪便等多途径传播，对于当时的条件和环境来说，预防难度非常大。这期间，顾方舟也接触了一些患儿和家长。绝望的目光、孩子将要面对的灰暗人生，深深刺痛他的内心。作为医生的职责，他和同事们决定到病情最严重的地区，去实地调研，寻求解决办法。随着调研的进行，走过的地方越来越多，让顾方舟意识到，这个病如果不得到有效控制，将很可能出现一次全国性的大暴发。

预防脊髓灰质炎最为有效的办法，就是注射疫苗。当时的美国、苏联已经成功拥有这项技术。1959 年顾方舟一行人去苏联考察学习。疫苗有"死""活"疫苗两种形式，顾方舟充分考虑我国经济实力弱、人口众多等实际情况，向国家建议了活疫苗的技术路线并被采纳。1959 年底，国家卫生部批准，成立以顾方舟为组长的中国脊髓灰质炎研究组，并在多方的共同努力下，仅用九个月的时间，一座拥有 19 栋大楼，面积达到 13 700 平方米的医学生物研究所的生产基地建成。经过研究者们夜以继日地研究，脊髓灰质炎的减毒活疫苗终于研制成功。但是，疫苗须进行临床试验，找受试者成了研究所的难题。此时，顾方舟笑道："疫苗都研制出来了，还有什么能阻碍我们成功呢？我就是受试者啊！"说完，他就拿起桌上的疫苗喝了下去。大家被顾方舟的勇气感染，跟着他一起服下了疫苗，中国脊髓灰质炎疫苗的第一批实验者，在这个实验室诞生了。"脊髓灰质炎多发病在孩子身上，我们服用后无恙，并不代表它是成功的。只有孩子服用后依然安全，研制才能算成功……"顾方舟咬着牙，毅然做出惊人决定：给自己刚满月的儿子服下了疫苗。顾方舟表示，自己生产的疫苗，如果自己都不相信，不敢使用的话，那如何推广，如何给更多的人使用。在顾方舟的感召下，基地研究人员，纷纷主动给自己的孩子使用疫苗，正是在这种精神的推动下，1960 年 12 月，首批 500 万份疫苗被生产出来，并投入全国十余个省市。接种疫苗的地区，脊髓灰质炎疫情明显消减。后来，为了让疫苗更好地向全国推广，经过一年多的反复实验，顾方舟借鉴中医制作丸剂的方法，不断改良配方将液体疫苗融入糖丸，就此糖丸疫苗诞生。他也被人们亲切地称为"糖丸爷爷"。在成绩面前，顾方舟并没有停步不前，而是继续深入研究脊髓灰质炎。从 1981 年开始，顾方舟就带着专家团队，从脊髓灰质炎病毒单克隆技术着手研究，成功研制出试剂盒。并先后建立三个血清型、一整套脊髓灰质炎单克隆抗体。2000 年，顾方舟作为中方代表，正式在"中国消灭脊髓灰质炎证实报告签字仪式"上签字，向全世界宣告，中国成为无脊髓灰质炎国家。从 1957 年到 2000 年消灭脊髓灰质炎这条不平之路，顾方舟艰辛跋涉了 44 年。

　　顾方舟以"一辈子只做一件事"的专注精神为中国公共卫生事业做出巨大贡献——让中国人民远离脊髓灰质炎，不再被其困扰。"守初心，担使命"，这正是我们需要的人民科学家精神，有利于推进中华民族伟大复兴。

### 【案例分析】

　　案例展现了顾方舟爱国为民、无私奉献的爱国情怀，勇于创新、求真务实的科学精神。通过梳理顾方舟开发脊髓灰质炎疫苗到研制出糖丸疫苗的过程，培养同学们的创新精神和责任意识。培养同学们敢于创新、严谨认真的科学态度。顾方舟同志为脊髓灰质炎的防治奉献了一生，在疫苗临床试验阶段，顾方舟同志不仅带头亲身接受脊髓灰质炎活疫苗试验，还冒着风险让自己的孩子试服首批活疫苗，充分反映出执着精神和奉献精神，希望同学们积极培养执着和奉献的精神。

### 【案例讨论】

1. 顾方舟将自己的人生概括为"一辈子只做一件事"，说说你对这句话的理解和体会。
2. 你认为顾方舟"舍己幼，为人之幼"的做法对吗？请谈谈你的看法。
3. 从糖丸爷爷身上，你学到了哪些优秀的品质和精神。

## 案例五　鞠躬尽瘁、死而未已：胡传揆

　　在北京大学医学部解剖学教室有一个长者的骨架巍然屹立，如同他站在讲台上在给学生讲课一样。这副骨架在北京大学医学部所有师生心中珍贵非凡，它的主人是胡传揆，北京大学医学部原名誉校长，医学教育家和皮肤性病学家。他毕生致力于皮肤性病的防治研究和医科大学的教育事业，培养了五代科技人才，为消灭我国的性病、控制头癣和梅毒做出了巨大贡献。

　　胡传揆，1901 年 4 月 1 日出生于湖北省江陵县（今湖北省荆州市）纪南城一个小康之家。童年在家乡读书。其父喜读古代医书、钻研医术，虽未正式行医，但经常免费为亲友和邻里治病。他在父亲的"为人者不为良相，便为良医""治国致富，治病强民"的思想和行为的熏陶下，早早就立志要做一个有益于国家和人民的人。1913 年，12 岁的胡传揆考入武昌文华中学。1927 年，他以优异的成绩毕业于北京协和医学院，并获得美国纽约大学医学博士学位。他主动放弃去学校的内科、妇科、外科等工作的机会。梅毒、淋病病人的痛苦表情一直在他脑际萦回，他下决心从事皮肤病、性病的防治研究。他留在协和医院皮肤科做住院医生后，开始了头癣和梅毒的研究。1939 年胡传揆曾两次前往美国进修，研究梅毒螺旋体和兔天花。他完成了梅毒螺旋体中国种的分离，并将其与外国种进行了对比研究，发表的论文得到国际会议的好评。珍珠港事件后，北京的协和医院被日本军队接管。他拒绝与日本政府合作，自行开诊所为市民治疗皮肤病。抗日战争胜利后，他不为名利所动，婉言谢绝在美国哈佛大学任教的傅瑞思教授的许以重金的邀请。他

写道:"我是中国人,从医是为了中华民族的健康。国内条件再差,我也要努力干到底,决心为国人效劳。"他毅然应聘出任北京大学医学院附属医院皮花科主任、教授。之后又兼任医学院院长。

1949年,由于旧社会遗留下来的娼妓制度仍然广泛存在,中国性病患者高达1 000万。梅毒是最复杂、危害最大、影响组织器官最广的性病。梅毒首先表现为皮疹、皮肤溃烂,感染神经系统后,会出现精神分裂,晚期更会侵犯各个脏器,产生失明、耳聋、半身不遂、心绞痛等严重症状,乃至死亡。它的皮肤疹型与杨梅相似,故取名梅毒。当时胡传揆受命带领医务人员来到韩家潭胡同,为被解放的妓女检查治疗疾病,发现接受体检的1 303人中,确诊性病者高达96.7%,并以梅毒、淋病患者居多。胡传揆制定了详尽的分类诊疗方案,对患有梅毒、淋病的病人,以油剂青霉素为主要治疗药物,配合一系列的治疗及康复措施。在半年之后,梅毒患者的治愈者占患病总人数近40%,淋病治愈者占患病总人数达95%,其余人不再具有传染性。1950年,卫生部开始把注意力转向民族地区的性病防治。在胡传揆的动员下,北京大学医学部派遣师生参加医疗队,前往内蒙古、青海、甘肃等地,胡传揆负责制定治疗方案,并前往指导。"青霉素治疗性病"是胡传揆在实践中总结出来的最优方案。1954年,北京成立了中央皮肤性病研究所,胡传揆兼任所长。该研究所成为指导全国梅毒防治研究的中心,陆续派出了许多工作队,与各地协作开展调查研究工作,并为当地培养训练专业人员。1964年,北京举办了新中国成立后的第一次大型国际学术会议。在这次北京科学讨论会上,胡传揆作了题为"我国对梅毒的控制与消灭"的专题报告,宣告:曾经在中国流行过450年之久的梅毒,已经在全国范围内得到控制,许多地区已基本上消灭。这时年已花甲的胡传揆,亲眼见证了在中国"消灭性病"的工作,内心之喜悦,难以言表。

他先后在国内外杂志上发表论著达80多篇,其中有关皮肤病方面的26篇,梅毒学方面的23篇,对皮肤病性病学有创造性贡献的就有13篇。他的《梅毒学》《皮肤病及性病学》《新中国对梅毒的控制和消灭》《梅毒在世界的传播及在中国的消灭》等专著,都有很高的理论和实践价值。

胡传揆早早就留下了遗嘱:"遗体不火化,不留骨灰,病理解剖后尽量利用其他组织及骨架,以利教学。"1986年3月17日胡传揆在北大医院逝世,他的骨架依照他生前嘱托制成标本。而今,胡传揆遗体制成的骨架巍然屹立在北医解剖楼,延续着传道授业的使命,成为一座丰碑。

**【案例分析】**

案例体现了胡传揆教授的爱国情怀和无私奉献的崇高品质,严谨治学的科学精神。通过学习胡传揆拒绝与日伪政权合作到拒绝国外高薪聘请,培养同学们的爱国主义精神。通过梳理胡传揆教授几十年如一日坚持不懈地从事梅毒治疗和皮肤病的研究,甚至捐献遗体制作成标本教学,把奉献精神体现得淋漓尽致的事迹,希望同学们认真学习和培养为中华民族的健康奉献的精神和责任感。

**【案例讨论】**

1. "我是中国人,从医是为了中华民族的健康。国内条件再差,我也要努力干到底,决心为国人效劳。"谈谈你从这句话中受到的启发。

2. 胡传揆的事迹与社会主义核心价值观有哪些联系?

3. 结合胡传揆的事迹,谈谈你对敬业的理解。

## 案例六　披荆斩棘、舍身忘己:李桓英

"如果我能活到100岁,还有5%的人生可以跟党走,为医学事业继续奋斗"。在2016年,95岁高龄的老人递交了入党申请书,2017年12月26日,在党支部党员大会上,这位老人戴上大红色的围巾,正式成为一名中国共产党党员。这位老人就是李桓英。她从医近80年,是世界著名的麻风病防治专家。她的人生从57岁至今都奉献给了麻风病研究。曾荣获首届"中国麻风病防

治终身成就奖""国家科技进步奖一等奖",并获得"全国道德模范""时代楷模"等荣誉称号。

1921 年,李桓英出生于北京的书香门第。1945 年,她从同济大学医学院毕业,由于成绩优秀,被美国约翰霍普金斯大学录取,攻读细菌学和公共卫生学硕士。29 岁时,李桓英因在校表现出色,被推荐进入日内瓦刚成立的世界卫生组织任职。她多次横跨各洲,为贫穷落后地区防治疾病而努力。当李桓英得知钱学森毅然回国时,她深受触动,"时不我待,作为中国人,我很渴望回到祖国的怀抱,想把我最好的年华奉献给祖国"。在 1958 年,37 岁的她婉拒了世界卫生组织续约邀请,放弃了世界卫生组织的高薪以及在美国的优渥生活。瞒着家人,几经周折后终于回到中国。

麻风病历来是备受歧视的、致残的"不治之症",生病的人大多脸部毁容,手脚畸形,皮肤溃烂。让人"谈麻色变"。人人唯恐避之不及,就连许多从医的人也对麻风病人绕道而行。1970 年,李桓英在江苏第一次见到麻风病患者被深深触动,她立志要攻克麻风病。

1978 年,李桓英被调到北京友谊医院热带医学研究所,从此便将全部精力献给了防治麻风病的研究工作。当李桓英得知世界卫生组织研究治疗麻风病的新药物配方已完成,但缺乏临床试验后,便在全国走访调查中国麻风病情况,并提交给世界卫生组织,最终获批免费药品和实验项目支持。带着这批药品,李桓英来到云南省勐腊县的"麻风寨"。"以前人们对麻风病怕得要命,我就不信那个邪,就要和这种错误观念斗"。她不仅没有穿隔离服,还徒手和寨里每一个患者握手、拥抱。渴了,她舀起病人家的水仰头就喝;饿了,她和麻风病患者一桌子吃饭。仿佛他们患的不是传染病一样。麻风病患者说:"麻风病把我们从人变成了鬼,是李教授把我们从鬼变回了人。"仅仅经过两年治疗,"麻风寨"的患者全部治愈。1990 年泼水节,"麻风寨"摘掉了帽子,作为行政村被正式划入勐仑镇。李桓英为村子取名为"曼南醒",意为"新生的山寨"。

李桓英将国外先进的治疗方法与中国实际相结合,率先开展了服药 24 个月就停药的短程联合化疗和消灭麻风病的特别行动计划,这一方法使全国麻风病患者从 11 万人下降到不足 1 万人,且年复发率仅为 0.03%,大大低于年复发率小于 1% 的国际标准。1994 年,世界卫生组织公布:中国麻风病专家李桓英,运用一种名为"短期联合化疗"的方法,治愈了近万名麻风病病人。此消息一出,震惊中外。

1996 年,她又率先在国内开展消除麻风运动,首次提出了麻风病垂直防治与基层防治网相结合的模式,被称为"全球最佳的治疗行动",促进了麻风病的早发现、早治疗。成功之路从来都是布满荆棘的。为了我国麻风病防治事业,李桓英向世界卫生组织申请到上百万美元防治经费,长期奔波在云南、贵州、四川的贫困边远地区,7 个地州、59 个县镇,几乎每一个村寨都留下了她的足迹。在深入麻风病区的途中,由于山高路险、道路崎岖,李桓英曾经 4 次遇险、2 次翻车、2 次翻船,两侧锁骨和肋骨都摔断过。她在勐腊坐独木舟过河翻了船,被捞上岸后却仰天大笑:"我胖得像个皮球,哪里沉得下去?"她始终觉得,既然已经选择了这条路,就要无比坚定地走下去。

她曾说:"人的一生很短暂,只有拼搏,才是生命的最好延长,而再长的生命只为自己也将毫无意义。"虽然李桓英在麻风病防治领域取得了常人难以超越的成绩,98 岁时她依然精神矍铄地奋斗在麻风病防治研究第一线。她带领麻风病研究课题组的同志进入分子生物学研究领域,开展麻风病早期诊断、耐药基因检测和分子流行病学的研究,为彻底消灭麻风病而不懈努力……

**【案例分析】**

案例展现了李桓英的爱国爱民、大爱无疆的医者精神,不忘初心、执着追求的科学精神。通过梳理李桓英为防治麻风病贡献毕生精力,充分彰显不忘初心、生命至上、护佑苍生的医者仁心,培养同学们的坚守初心、践行使命的责任感。学习 95 岁李桓英递交入党申请书的事迹,使学生树立以人民为中心,治病救人、救死扶伤的坚定信念。

**【案例讨论】**

1. 李桓英 95 岁递交入党申请书,说说你对这件事的理解和体会。

2. 你认为"李桓英在防治麻风病工作中，曾经多次遇险，甚至锁骨和肋骨都摔断过"这样做值得吗？

3. 李桓英走访调查麻风病人时，不怕传染，和病人握手、拥抱，一同吃饭。体现了她怎样的职业道德？

# 案例七　锲而不舍、持之以恒：陶其敏

陶其敏（1931—2017），女，汉族，江苏苏州人，著名实验诊断学专家、免疫学家、肝病专家。北京大学肝病研究所（原北京医学院肝病研究所）的创始人，中国第一支血源性乙肝疫苗及第一套乙型病毒性肝炎（简称乙肝）和丙型病毒性肝炎（简称丙肝）的诊断试剂盒的研制者，北京大学肝病研究所首任所长、名誉所长，博士研究生导师。获得"全国劳动模范""首都十大健康卫士"荣誉称号，中国病毒性肝炎防治事业的先驱，中国病毒性肝炎免疫学检验的奠基人。

1931 年 10 月，陶其敏出生于江苏省苏州市的一个小资家庭。她的祖父开办了苏州最大的一家丝绸厂，一家人过着富足、幸福的生活。陶其敏在少年时就早早立下了学医的志向，少年时就读于苏州著名的"淑女学堂"——振华女中。1956 年从山东医学院毕业后，她来到北京医科大学人民医院内科工作。2 年后陶其敏由于实验技能和创新能力突出，被抽调组建生物化学研究室。1964 年 33 岁的陶其敏成为检验科生化研究室主任及检验科主任，她的主要工作之一，就是对病人进行肝炎病毒检测。从此，她开始逐渐接触乙肝疫苗的研究工作。为了尽快研制出乙肝疫苗，陶其敏整日沉浸在工作、学习和反复试验研究中。甚至在不幸发生车祸、肋骨被撞断的日子里，仍放不下研制工作。只休息了不到一个月，她就咬着牙、忍着痛，让爱人每天用自行车把她推到单位，坚持研制工作。

1972 年，陶其敏开始做肝炎的实验室研究，长期从事病毒性肝炎研究，率先在国内纯化了乙型肝炎病毒核心抗原，此抗原成为我国乙肝核心抗原的标准品。建立了多项乙肝敏感且特异的检测技术并推广应用。1975 年 7 月 1 日，陶其敏团队终于研制成功了我国第一代血源性乙型肝炎疫苗，为了纪念这一天，团队把疫苗命名为"7571 疫苗"。然而，这并不意味着大功告成，开展临床应用前，疫苗要进行验证安全性和有效性的动物实验。当时已知可感染乙型肝炎病毒的动物是大猩猩。但是当时的北京医学院买不起试验的大猩猩。陶其敏萌生出一个大胆的想法：在自己身上做试验。1975 年 8 月 29 日下午，陶其敏悄悄打开冰箱，取出了一支乙肝疫苗，把疫苗抽进注射器里，避开了同事，要求注射室值班护士为其注射。当值班护士询问她注射的药物名称时，陶其敏笑着说："放心打吧，不会有问题的！"陶其敏毅然伸出手臂，疫苗被缓缓推进了她的体内。此后两个月内，她每周抽血 5 毫升进行检测，没有异常，直到第三个月转入定期检查，依然没有异常，所有人都提着的那口气才终于放下来了，疫苗的安全性没有任何问题，而且经检查陶其敏体内产生了抗体。就这样，中国的第一支乙肝疫苗在第一个研制它的人身上试验成功。她冒着失去健康的极大风险，亲身证明了乙型肝炎疫苗的安全可靠。从 1975 年血源性乙肝疫苗应用，到 2000 年停止使用，25 年间，她研发的乙肝疫苗已经使至少 4 000 万中国人免于患上乙肝。中国 5 岁以下儿童乙型肝炎病毒感染率从 5% 降至 0.3% 以下，中国从此摘掉了"乙肝大国"的帽子，被世界卫生组织誉为发展中国家典范。

在肝病研究方面，陶其敏从未止步。随后，她又研制出乙肝表面抗原试剂及乙型肝炎病毒脱氧核糖核酸的诊断试剂盒、丙型肝炎检测试剂盒，率先建立达到国际先进水平的丙型肝炎病毒基因检测方法。陶其敏在病毒性肝炎研究领域做出了卓越的贡献，确诊首例中国乙型肝炎病毒携带者，自行研制出中国第一套乙型肝炎检测试剂盒。

2011 年，陶其敏入选"中国好人榜"，大会的颁奖词是对她这一生最好的诠释：她让肆意张狂的乙型肝炎病毒望而却步，她用自己的生命挽起患者的希望，筑起了坚实的健康长城。她经历半个世纪青丝变银发，仍然用母亲的胸怀守护着人民的健康。她用一生"陶醉于器皿，陶冶其敏锐"，无论是专注在显微镜下的微观世界，还是面对芸芸众生的大千世界。领奖时，陶其敏已经白发苍苍，此时坐在轮椅上的她，充满信心地讲述着未来工作："我对未来的愿望就是，把肝癌早诊技术推广到农村肝癌高发区，把射频消融技术传授给更多基层医生。"

2017 年 11 月 15 日，陶其敏教授因病在北京逝世，享年 86 岁。她的一生为中国检验医学事业，特别是肝病诊断和预防方面做出卓越贡献，为中国医学事业树立一座精神丰碑。

**【案例分析】**

案例展现了陶其敏爱国为民、无私奉献的爱国情怀，严谨治学，求真务实的科学精神。通过学习陶其敏半个多世纪的医学研究和临床生涯，感受到她不辞劳苦为中国肝病事业辛勤耕耘的无私奉献。培养同学们逐步树立起为人民服务的信念和救死扶伤、严谨务实的职业精神。陶其敏亲自注射研制的第一支乙肝疫苗，充分诠释了大爱无言，无私无畏的精神，值得当代大学生好好学习和发扬光大。

**【案例讨论】**

1. 陶其敏用一生"陶醉于器皿，陶冶其敏锐"说说你对这句话的理解和体会。

2. 陶其敏冒着失去健康的极大风险亲身证明了乙型肝炎疫苗的安全性，展现了她什么样的医学精神。

3. 作为医务工作者，从陶其敏事迹中，学到哪些医者的职业责任感和使命感？

**? 复习思考题**

1. 王清任身上体现出的敬业精神，对加强当前医疗行业从业人员的职业道德建设具有什么价值和意义？

2. "爱人者，人恒爱之"，结合糖丸爷爷的故事，谈谈对这句话的理解。

3. 医务工作者的敬业精神对促进其技术的提升发挥着怎样的作用？

ER-9-2

扫一扫，测一测

（孙晓　张颖）

# 第十章　诚　　信

## 学习目标

　　通过对案例的深入学习，理解诚信的内涵与表现，熟悉诚信的作用与意义。认识医学实践中的诚信行为，从中深刻体会医学诚信之精神内涵；树立正确的诚信观念，形成良好的职业道德，自觉规范自身的言行。

## 案例导读

　　诚信是我国传统道德的核心，是中华民族几千年形成的共识和理念，它的不断传承使得我国文化和思想始终走在人类文明的前列。"诚"是要真心实意、实事求是，"信"是要言而有信、言行一致，诚信表现为讲真话、不虚伪，既不欺人，也不自欺，说到做到、不弄虚作假，既不虚张夸大，也不欺骗隐瞒。诚信是个人品德，是赢得他人信任，建立互信良好人际关系的前提和基础。

　　在医学实践中，医患诚信的表现更为多样。医不欺患，据实以告，如有自己不能确定的，也应说明情况。患不欺医，如实告知病情，医患相互尊重信任。医患有效交流，不但要有医生的告知与解释，而且也要有患者知情与同意的表达，双方在充分交流后形成医疗决策。诚信是建立良好医患关系的基础，是医患之间的桥梁，是救死扶伤路上坚定的基石，饱含着医者忠诚的职业信念、真诚的职业态度和守信的职业作风。以"大医精诚"为最终理想弘扬中医药事业，是当下无数中医药人终生奋斗的目标。

　　通过分析案例中具体的诚信表现，理解诚信的含义，深刻体会医者诚信的丰富精神内涵，树立正确的诚信观念，在今后的学习与实践中能够自觉规范自身的言行。

## 案例一　诚于本心、精于医术：喻嘉言

　　喻昌（1585—1664），字嘉言，号西昌老人，新建（现江西南昌）人，明末清初著名医学家，在伤寒、温病、杂病等多方面有创新观点和学说以及治疗经验，是最早创立"误诊学"理论的中医名家，早于西方创立"误诊学"理论二百年，其著作《寓意草》《尚论篇》《医门法律》对后世影响深远。

　　喻嘉言对待患者的态度是"医者笃于情"，强调"视人尤己"。他定居常熟后开一间草庐医所为百姓治病，亲自为多个患者守护、煎汤喂药，待人热情，不论男女老少，富贵贫贱，凡有求者均鼎力相助，尤其怜悯穷苦患者，有贫人就医，他不仅送医给药，还在药包中夹带银两，临走时常常嘱咐"回家煎药之前一定亲自检点一下药"。这些言行充分体现出喻嘉言"诚于心"的行医理念。

　　明末清初社会动荡，一些医者以医谋私、唯利是图，针对这样的不良风气，为了规范诊治、加强医患沟通，减少误诊、漏诊，减少医患纠纷，传承医之重任，治病救人，救死扶伤，喻嘉言完成了《医门法律》，书中说："医为人之司命，不精则杀人。"他特别提倡"敬、慎、严、怵、惕"，反对"鲁

莽、粗疏、虚妄"等不负责任的做法,也就是医者必须以生命至上,具备诚实、坚韧的品质,对医术要不断精益求精。他反对草率从事的医疗作风,认为"凡治病,不问证辨脉,而以无师之术笼人,此最可贱",提出要"先议病,后用药",其首创的"议病式"已具备现代病历的框架,具有标准化、规范化的特征,还体现出循证医学的思想。这些反映了喻嘉言求真务实、严谨治学的态度,"精于术"的行医理念。

《寓意草》医案记录,有一位先生叫黄咫旭,他的妻子得了怪病,总是痰沫上涌,从胃里返东西出来连饭都吃不下去,已经二十来天了,大小便也不通,家人以为患者命不久矣,请喻嘉言上门看诊,喻嘉言认为此病为膈气。在开方时喻嘉言想,根据这个患者的脉象,不能判断她是否怀孕,应该把这个情况考虑在内,万一有孕又用了重坠之药,恐怕胎儿就留不住了,于是换上更为安全的药物,患者喝下不久呕逆就开始平息。此时患者的公公在旁边嘟囔:"这人参好贵啊,能治好吗?治不好就别治了。"喻嘉言听了,正色道:"您别害怕,一定能够治好,如果治不好,不但这人参钱我掏,我还愿意再赔您三十金,如果治好了,我可以分文不收。"喻嘉言亲自给患者熬药,三天后,患者的呕逆终于止住了。又过了三天,患者开始喝粥了,但是大便仍然没有通。于是患者和家人反复提出加上通便的药,喻嘉言耐心地解释:"别着急,您的脾胃之气太虚了,等饮食积累得多了,自然会慢慢通的。"患者和家人却以为喻嘉言不近人情,并不知道他的顾虑,此时如果用了润肠通便的药,这些药性滞腻,恐怕会引起膈气的重新发作;如果用泻药,则如果患者真有身孕又会伤及胎儿。在慎重地思考后,喻嘉言还是坚持让患者的大便自然通下。于是不管旁人怎么催促,都坚持不给患者服用泻下之药。又过了几天,患者的大便自己就通下了。再过了一个月,患者的肚子逐渐地大了起来,原来真是已经怀孕了。喻嘉言诚于心、精于术,保护了母子两人的平安。

【案例分析】

案例回顾了喻嘉言的从医生涯,他履行救死扶伤医者使命时秉承"诚于心"的职业态度,为病患解除病痛时追求"精于术"的职业理念,且不为当时以医谋私、唯利是图、庸医误人这些不良风气所影响,晚年特地撰写《医门法律》,为医者诊疗立法、定律、纠偏,希望以此书规范指导,使医者在诊治疾病时重视医德,依循规律,谨慎遣方用药。在记录的医案中,也充分体现出喻嘉言的职业行为与他所倡导的职业态度、职业理念相一致。希望同学们学习他对"诚于心、精于术"始终如一的坚守,在今后的工作学习中严格遵守医疗规范,加强医疗安全意识,提升医疗服务质量。

【案例讨论】

1. 喻嘉言对待病患"诚于心"时,不但真心实意,而且有很强的同理心,不单单治病,还十分关注疾病带给病人的痛苦,重视人文关怀。请谈谈你将如何提升自己的医学人文素养。

2. "医者笃于情""视人尤己"这些观点如何应用于医患沟通,以利于建立良好的医患关系?

## 案例二　心正意诚、息翁不息:萧龙友

萧龙友(1870—1960),原名萧方骏,字龙友,号息翁、不息翁,四川省三台县人,民国"京城四大名医"之一,中国科学院学术咨询委员会学部委员,主要致力于发展中医教育事业,擅长治疗虚劳杂病。

萧龙友祖籍江西吉安,其先祖萧聚泰于乾隆年间迁入川北三台县,开荒种粮的同时,在圩场上开了一家中药铺,定居下来。少年求学期间,因母亲身患"血崩"久治不愈,本着"为人子者不知医为之不孝"的思想,凡遇假日回家休息,萧龙友便到药铺去辨识药材,也常向长者请教关于医药方面的知识,为母亲治病买药,对医药日渐有了浓厚的兴趣,也丰富了中医理论知识。

清光绪十八年（1892 年），入夏之后，连续数日暴雨不止，江水上涨，多地发生水灾，洪水淹没了很多村镇。淹死的人和牲口随水飘荡，粪便秽物溢得到处都是。暴雨过后，骄阳似火，不久四川霍乱流行，几乎十室九空。染病者吐泻交作，发病后三四个小时即可死亡，横尸街头，仅成都就一日死亡几千人。走在路上，入目全是白布盖着的死尸，路边全是瘫倒的吐泻患者。棺材店无货可卖，绸布庄白绸断销，整个成都陷入一片死寂之中。人心惶惶，街头一片凄凉，路断人稀，店门紧闭，很多医生因惧怕传染，不予医治。此时萧龙友年仅 22 岁，正在尊经书院求学，他挺身而出，置个人生死于度外，约了一位中医陈蕴生，沿街巡治，甚至在街头支起大锅，熬煮汤药，免费发放，使很多患者得以转危为安，人们称赞他为"万家生佛"。霍乱扑灭之后，萧龙友从此名震四川。

1897 年，27 岁的萧龙友赴京赶考，而后开启了官宦生涯，从知县做到了知府。民国成立后，他曾入副总统黎元洪幕府，历任财政、农商两部秘书及府院参事，农商部有奖实业债券局总办等职。他在职事之余，仍悉心研习医药，取得医师资格，并被内务部聘为中医顾问。

1925 年，孙中山病情日趋严重，饮咽不能，请了众多医生均不能断其病由。经友人介绍，请萧龙友前去为孙中山诊病，萧龙友诊断病之根在肝胆，因知病已入膏肓，非汤药所能奏效，故未开处方。同年 3 月 12 日，孙中山在北京病故。后经病理解剖，孙的不治之症实为肿瘤扩展到肝及横膈，萧龙友诊断无误，当时社会为之轰动。

1928 年，萧龙友历经三十年乱世宦海，自感于国于民无益，于是毅然弃官，践行幼时不为良相便为良医的夙愿，在北京西城建"萧龙友医寓"，挂牌行医，自署为"医隐"，号为"息翁"。虽然萧龙友当时名气很大，但他为人谦虚诚恳，尊重同道，从不贬低其他医家的诊疗。他对待患者无论贫富，一视同仁，每遇穷苦患者，常免费医治、施舍成药。他诊病时心正意诚，为病患殚精竭虑，若遇棘手之症暂未获效，常反复思考，废寝忘食，直至为患者解除病痛。七七事变后，北京沦陷，萧龙友不顾个人生死，拒绝为日本人看病，每每将日本人拒之门外，家人整天为他的生死捏着一把汗。新中国成立后，萧龙友年逾八旬，改号"不息翁"，重返医坛，并致力于发展中医教育事业。

在 1954 年中华人民共和国第一届全国人民代表大会第一次会议上，萧龙友提案建立中医学院并被采纳，1956 年，首批成立了北京、上海、成都、广州 4 所中医学院。他还颇有远见地提出："加强理论联系实际，进一步发扬中医学，以供世界同用，而成为世界的新医学。"他主张不拘泥于古今、不拘泥于中西，取彼之长补己之短，认为"修其身，正其心，诚其意，致其知"才是医者对待自己职业的正确态度。他言行合一，实事求是地诊治，从不虚词，能治者则治，不治者绝不延揽，以高尚的医德和精湛的医术受到各阶层人士的信赖，连当时德国医院（现北京医院）的德国医学博士狄博尔在闻及萧龙友大名后，也屡次邀他前去会诊，开创了中西医结合治疗疑难疾病的先河。

### 【案例分析】

案例回顾了萧龙友的经历：少年时期走上医学道路；青年时期于成都求学又遭遇霍乱疫情，危机当前挺身而出，因街头巡诊、抗疫救人而受人尊崇；在其后的官宦生涯中也不忘济世救人，他诊病时心正意诚，对待患者一视同仁，言行合一，实事求是地诊治，常免费医治、施舍成药，名气越来越大。他有着浓厚的家国情怀，弃官后挂牌行医，号"息翁"；七七事变后，他拒绝为日本人看病，不畏强权、坚守民族风骨；新中国成立后，改号"不息翁"，重返医坛，并从国际视野提倡发展中医教育事业。希望同学们学习他勇于担当的医者精神，体会当时社会环境下他忧国忧民的家国情怀，树立正确的职业理想并养成终身学习的良好习惯。

### 【案例讨论】

1. 萧龙友对医学的学习动力始于对母亲的孝道，此后对医药的兴趣日渐浓厚，并在工作之余不断研习医药、为人们解除病痛，成为民国"京城四大名医"。请谈谈你的学习动机，在实现自己的职业理想时可以向萧龙友学习哪些精神?

2. 萧龙友拒绝为日本人看病,后又将"息翁"改号为"不息翁",体现了他的哪些品质?

3. 萧龙友提倡"修其身,正其心,诚其意,致其知",请谈谈你将如何践行这样的职业理念?

## 案例三 外科大家、智慧忠诚:裘法祖

裘法祖(1914—2008),浙江杭州人,著名医学家、我国现代普通外科的主要开拓者、肝胆外科和器官移植外科的主要创始人和奠基人之一、晚期血吸虫病外科治疗的开创者、中国科学院资深院士,被誉为"中国外科之父"。

裘法祖1932年至1936年就读于同济大学医学院,1939年毕业于德国慕尼黑大学医学院获博士学位。1945年4月底,裘法祖当时是德国巴特托尔茨备用医院的大夫。一天一名护士跑进来,神色紧张地高呼"地上躺着许多从集中营来的囚犯",裘法祖马上让护士和助理医生带上外科器械奔了出去。对集中营的事情,他久有所闻,但也只是私下传闻。原来是德军押解一车犹太人去集中营,其中一些人虚弱得躺在地上无法动弹。裘法祖看见后,"我被眼前的惨象惊呆了,他们再也走不动了。"他大胆上前和德军交涉,谎称这些人染了伤寒,很可能会造成大规模的传染,希望德军把这些人交给作为医生的他。幸运的是,德军并没有怀疑。裘法祖跟医护人员在力所能及的情况下,送给他们简单的充饥食物,经过一段时间的照料,这四十多名犹太人全部活了下来。

裘法祖常说:"我有三位母亲,一位是生养我的母亲,一位是教育我的同济,一位是我热爱的祖国。"1946年,裘法祖决定回国。当得知他要回去,周围的人几乎没有站在他那一边的,还劝他说:"连孩子的奶粉都买不到,为什么回去?"但他依旧退掉了洋房,卖掉了汽车,带着妻儿踏上了回国的海轮。对于他之前"谎言"救助犹太人的事情,始终只字未提。然而因他当初的"谎言"获救的四十多名犹太人却从未忘过他,向各大新闻媒体讲述裘法祖当年的义举,德国也从未放弃过寻找这个来自中国的医生。1985年,德国通过媒体电视台发布消息寻找当年救命恩人,经过多方辗转,终于发现裘法祖就是四十年前的中国医生。这一年,裘法祖成为第一位获得德意志联邦共和国"大十字勋章"的中国人。

1950年10月19日,中国人民志愿军跨过鸭绿江,"抗美援朝、保家卫国"的热潮也涌动在祖国大地。12月15日,上海组织抗美援朝志愿手术队奔赴前线,救治伤员。裘法祖教授踊跃报名参加,在报名志愿书"工作地点"一栏中,他填写:最危险的地方。1951年1月26日,茫茫夜色中,志愿医疗队乘坐专列离沪北上,2月初到达长春,进驻专门收治志愿军伤员的战时医院。这段经历在裘法祖的自传体回忆录《写我自己》中有生动描述,其中一段写道:"每周有大批伤员到达,我们连夜接待进行治疗。其间,我们还担任军医大学青年医生的教学工作,上课、作报告。"当时正值东北的严冬,手术队工作条件十分艰苦。医院的伤病员总容量为800~1 000人,志愿军伤员一批批送到这里,重伤病员的治疗由裘法祖他们负责,手术一台接着一台,裘法祖、张涤生以及王飞鹏、耿兆麟、刘春生、戴植本这些日后成为我国外科界翘楚的医生,没有星期天、没有休息日。裘法祖作为医疗顾问,还负责了更多重伤病患的救治,将许多生命从死亡线上拉回来,很多志愿军战士都亲切地称呼裘法祖教授为"战场保护神"。69岁时,裘法祖写下入党申请书,其中有一句发自肺腑的话:"参加抗美援朝医疗队,让我深深感受到了中国共产党有远见、有胆量、有魄力,中国像巨人一样站起来了。"

在之后的工作中,裘法祖曾率领医疗队直奔血吸虫病重疫区,挑条件最艰苦的偏远农村巡诊,用医学服务于大众。裘法祖对患者极端负责,"患者对医生的信任不是宣传出来的,而是在与患者相处中一天一天建立起来的。一个医生要理解患者,就应该知道患者在想什么。在我夜不

能寐的时候，我常常扪心自问，我还有很多失误的地方，对患者做得还很不够，我因此感到惭愧和不安。"裘法祖一再强调，做医生最重要的是要端正服务态度，因为医生的工作关系到人的生命。他要求外科医生在给患者手术后的当天晚上一定要去病房查看。他说："不去看看患者回去后能睡得着觉吗？"而由此创立的查房制度也一直沿延续下来。裘法祖"稳、准、轻、细、快"的高超技术被公誉为"裘氏手术"，"他要划破两张纸，下面的第三张纸一定完好无损"是对他精湛技艺的形容，他改进术式数十种，挽救了无数患者的生命。裘法祖还致力于医学的传承，以培养新秀为人生乐事，2004年，他拿出多年积攒的奖金设立了"裘法祖普通外科医学青年基金"。他向学生强调医生要"三会""三知"，即"手术要会做、经验要会写、上课要会讲""做人要知足，做事要知不足，做学问要不知足"。

2008年5月24日，当第一批汶川地震伤员抵达武汉后，94岁高龄的裘法祖仍然坚持来到病床前为伤员进行临床诊断。在会诊一名下肢受伤的16岁伤员时，裘老还一再叮嘱："要想尽一切办法保住肢体，尽可能为他以后能行走做好准备。"几天后的6月14日清晨，裘老安静地离开了人世。裘法祖一生都在用智慧与忠诚践行医者初心，也诠释着作为仁医所具备的强烈的家国情怀。

### 【案例分析】

案例展现了裘法祖在德国求学行医期间，弘扬国际人道主义精神，智救四十多名被德军押解去集中营的犹太人。在第二次世界大战结束后，他放弃当时稳定的生活，义无反顾地回到百废待兴的祖国。在深沉的家国情怀里，他用勇于担当、敢为人先书写着医者精神，他参加抗美援朝医疗队、率领医疗队直奔血吸虫病重疫区、挑条件最艰苦的偏远农村巡诊……将医学归于大众，职业信念始终坚定。从赴德学成归来到参加抗美援朝，在适应了上海的工作之后又响应中央号召内迁驰援武汉，从城市工作到参加农村巡回医疗，裘法祖的这些选择，充分彰显了救死扶伤的医者初心。希望同学们学习他不畏困难、锐意进取、开拓创新的科学精神，在专业上精益求精、细心耐心、高度负责的工作作风，引导同学们将自己的职业发展同行业的发展，以及国家、人民的需要充分结合在一起，在实现中华民族伟大复兴的重要历史时期，发挥自己的力量。

### 【案例讨论】

1. 裘法祖冒着巨大的风险救下几十名犹太人并精心照顾他们，这种行为主要体现了什么精神？

2. 从赴德留学、学成归来到参加抗美援朝，在适应了上海的工作之后又响应中央号召内迁驰援武汉，从城市工作到参加农村巡回医疗，裘法祖的这些选择，体现了哪些精神？

3. "裘氏手术"风格以及裘法祖创建的术后查房制度，体现了他哪些优秀的职业作风？

## 案例四　严谨务实、学贯中西：沈自尹

沈自尹（1928—2019），浙江宁波人，中西医结合专家，中国科学院院士，复旦大学附属华山医院教授，华山医院中医脏象研究室、中医科、中医教研室原主任，复旦大学中西医结合研究所原所长。他主要从事中西医结合思路和方法的开拓、肾本质的研究和传统老年医学研究，领衔研发了急支糖浆、补肾防喘片和补肾益寿胶囊等中成药。

1944年，抗日战争末期，中国江南多数地区仍处于日军控制之下。当时16岁的沈自尹不愿到处于沦陷区的宁波读高中，决定前往游击区求学。在亲人们担忧的目光中，他告别了父母，与几位同学一起从宁波坐船前往宁海游击区。就在大家快要到达目的地的时候，突然遭遇了日军发射的示威炮弹，溅起的巨浪打得小船几欲沉没，幸而最终大家都化险为夷，顺利到达游击区。

1947年起，沈自尹在国立上海医学院（现合并在复旦大学）开始了他6年的大学生活。沈自尹

后来评价："每个上医的老师、学生都时刻把'严谨'二字记在心头，列为做学问的第一要素。上医人的严谨是刻在骨头里的。"1955 年，沈自尹迎来人生的一次重大转折，服从组织安排，从西医转攻中医。医院党总支书记说："当前西医普遍存在歧视中医的不良倾向，没有深入研究过中医，却要否定中医，这是不科学的态度，派你去学中医，就是要发扬中医的精华，这是一项光荣的任务。"一切从零起步，沈自尹师从当时华山医院中医科主任的老中医姜春华。姜春华"在治病用方时不拘一格，以及治疗上具有魄力的风格"，不但让沈自尹树立了学习中医的信心，而且对他日后迈向"学贯中西"之路起到了关键而深远的影响。在工作中沈自尹发现，西医里全然不同的几种疾病，如异常子宫出血、支气管哮喘、红斑狼疮、冠心病等，其病程的某个阶段都有中医所谓的"肾虚"症状，决定以"肾"作为突破口进行研究。后来，沈自尹为了证明补肾药物可以直接滴注提高肾上腺皮质功能，就委托上海医学院药学系把补肾中药成分萃取成静脉针剂。可是这样的针剂纯度有限，可能含有一些对人体有害的杂质及过敏原，不能贸然在患者身上使用。于是沈自尹自告奋勇，把自己当作实验对象，同事们都劝他不要冒险，但他一再坚持，同事们最终完成了注射，并守在一旁小心翼翼地观察，大家都担心会出现严重的不良反应，好在并没有给沈自尹带来很大的伤害。

1969 年，沈自尹到重庆市黔江区山区参加祖国医疗探索队。那时，涪陵山区很多地方流行百日咳，因为缺医少药，不少儿童因病早夭。沈自尹决心帮助山区孩子摆脱病魔，于是他花了整整一天一夜的时间，根据当地有限的草药资源，拟定了针对病情的药方。之后他又和村民一起上山采药，把大量的草药背下山来，在平地支起大锅，亲自将草药熬成汤剂，又亲手把一碗碗汤药挨家挨户送到百姓手中，山区的百姓都亲切地称他为"沈高明"。回到上海后，沈自尹在当时江苏南通一带治疗急性肺炎的鱼鸭汤（鱼腥草、鸭跖草组成）基础上，按西医抗生素的配伍协同理论，加清肺热的金荞麦、四季青和宣肺止咳的麻黄、前胡，配成止咳糖浆，用于治疗急性支气管炎、急性肺炎。这个药方先是在中西医结合病房使用，因临床疗效满意，后做成院内制剂在华山医院使用，为患者提供便利。后来，沈自尹将配方无偿转让给涪陵的一个濒临破产的药厂，不仅救活了药厂，还创造了很好的经济价值。有人提醒沈自尹说，应该让药厂付一笔转让费。可沈自尹却说："我们当时在涪陵地区行医，和当地人关系很好，那里的百姓生活很苦，给他们一些帮助是应该的。再说，上医的老校训就是'正其谊不谋其利，明其道不计其功'，颜福庆老院长一直教育我们做医生要为百姓谋福祉，这个方子留在我手里，也只能给华山医院的员工用，可是给了他们，可以让全国人民都用到，这不是很好嘛。"

直到 89 岁高龄，沈自尹都坚持在华山医院坐诊，只看普通门诊而且一看就是几十年。他说："普通也好，专家也好，患者来看的都是我沈自尹，没必要让患者多花钱。"六十年的行医生涯，沈自尹认为最重要的有两点：首先要博采众长，博览群书，知识全面了，才能看出当中的联系纽带，而这往往是很重要的突破口；其次是持之以恒，看准了的事情坚持下去，一定不会失望。真诚质朴的理念也渗透在他的家风中：无私奉献，不求回报。沈自尹逝世后，夫人赵馨荷捐赠了出售房产所得的 500 万元人民币，设立"沈自尹院士医学发展基金"，每年的收益主要用于发放"沈自尹院士医学励学金"，重点扶持家庭经济困难、品学兼优的医学生。

**【案例分析】**

案例回顾了沈自尹的学习与工作经历，他将个人职业发展方向与国家、人民的需求相统一，从西医转攻中医，始终把严谨务实记在心头，将为人民群众解除病痛放在首位。他以虚心好学、勤于钻研、勇于创新的精神克服困难，甚至以身试药；工作和生活中，他又展现出淡泊名利、无私奉献、不求回报的高尚品质。为了不加重患者的经济负担，不辜负患者对自己的信任，他普通门诊一看就是几十年，并无偿将止咳糖浆的配方转让给当时濒临破产的药厂，不仅救活了药厂，更造福了人民群众。希望同学们通过梳理案例，学习沈自尹严谨务实、无私奉献、勇于创新的精神，树立正确的职业诚信观，具备良好的道德品质，在学习中养成勤奋、自律的良好习惯，在今后的职业生涯中规范职业行为、提升职业素养。

**【案例讨论】**

1. 接受了完整、规范的西医教育，为了国家、人民的需求和中医药的传承，沈自尹又转学了中医。面对家乡发展的需要和自己的职业需求，你会选择回乡就业创业吗？

2. 沈自尹虚心好学，实事求是，在工作中勤于观察，发现 6 种不同的西医疾病都有中医"肾虚"症状，选择肾作为研究的突破口。请结合自己的专业，谈谈如何提升职业态度和改进学习方法。

3. 沈自尹将止咳糖浆配方无偿转让给濒临破产的药厂，这体现了他什么样的优秀品质？

# 案例五　谨小慎微、勤于实践：张孝骞

张孝骞（1897—1987），湖南长沙人，内科专家，医学教育家，中国科学院学术咨询委员会学部委员，曾任中国医学科学院副院长。他是我国现代胃肠病学创始人，创建了第一个临床消化专业小组。

张孝骞出生于湖南长沙一个清贫的普通教师之家。他考入湘雅医学院后经过七年的刻苦学习，1921 年毕业后留校成为一名住院医师，三年后赴北京协和医科大学任助教、总住院医师。1937 年七七事变后，张孝骞不愿留在沦陷区给日本伤兵看病，从协和回到湘雅，在危难中担任湘雅医学院院长之职，1938 年至 1944 年战火不断蔓延，他带领湘雅医学院西迁贵阳、重庆。抗战胜利之后，他重返北京任协和医学院副院长。

在 60 多年的临床工作中，"和患者在一起"成为张孝骞最朴素的坚持，他认为只有在乎病人的病痛，才会有动力去精研医术，提倡"搞临床离不开病人，不要只做看书的郎中，一定要靠近病人的床，和病人在一起"。他十分重视书本知识，很多业余时间都花在图书馆查看资料；但他同时认为，书本只是间接经验，其中不少仍需实践检验。直至 85 岁高龄，他还坚持一周两次门诊、四次查房的惯例。张孝骞特别善于在病人的床边详细问诊、细致查体、精琢细磨、反复推敲，通过严谨的病因排查最终得出正确的结论。每次查房、门诊时，他都随身带着一个小本本，记录疑难病历的具体信息，作为他继续研究、思考、追查、验证的依据。勤于实践、日积月累，他的小本本竟然有好几箱子，成为他面对疑难杂症也能出奇制胜的法宝。

1977 年，医院收治了一位久治不愈、多次发生不明原因骨折的患者，医生们意见不 、无法确诊。张孝骞细心询问、仔细查体，终于在患者右侧腹股沟摸到了一个不显眼的肿块，他立刻意识到，这就是症结所在，并建议把肿块切除。大家惊奇地发现，术后，患者的病情很快好转了。后来经病理切片证实，肿块是一种能够分泌激素的间叶瘤，它的作祟使全身钙磷代谢紊乱，造成骨质疏松，引起多发性骨折。当时，这种病在世界文献中，只报道过 7 例。张孝骞总能见人所未见，思人所未思，洞察力之强，有时甚至超过机器。有一次医院会诊一个胃肠病人，超声检查都没有发现异常。张老亲自给病人查体，手法很复杂，哪里深，哪里浅，位置、角度都有考虑，过一会儿说："这儿有个肿块。"其他人又去摸，都摸不出来。既然张老说有，那就重新做超声，调换角度，左转位、右转位，终于——看出来了。

现实中的张孝骞脾气耿直、性格执拗，不懂得、不了解的东西，绝不随声附和。对不勤奋的学生，他会暴跳如雷；对不负责任的医生，他会当面训斥，甚至把写的不合格病历摔在地上，绝不顾及什么面子。但是，从来没人见过张孝骞对病人发脾气。次子张友会说："很多病人找到家里请父亲看病，他从不拒绝，而且不厌其烦。""有时候我们都有点烦了，他还一遍遍地讲解，生怕病人听不懂、记不住。"1981 年初，北京郊区某医院一位医生请张孝骞为一位农民作书面会诊。看了病历，他感到单凭现有材料还不能下结论，就叮嘱那位医生，再给病人完善两项检查。两天过去了，一直没有回话，张孝骞越等越焦急。让助手打电话一问，检查只做了一项。他直接从座位上站了起来，在办公室内转了几圈，然后说："不能等了。走，马上去看病人！"说着，拉上助手、拄着拐棍就向郊区出发了。那么冷的天，那么大的专家，那么大年纪，却亲自跑来，那个从未见过张孝骞的农民病人和他的医生们几乎不敢相信自己的眼睛……张孝骞曾说过："几十年的医疗实践中，我总是用'戒、慎、恐、惧'四个字要求自己。病人把生命都交给了我们，我们怎能不感到恐惧呢？怎么能不用戒骄戒躁的态度对待呢？"他也言传身教地将这个理念传承给一代又一代的医务工作者。

**【案例分析】**

为了履行敬佑生命、救死扶伤的医者使命，张孝骞一生都秉承着勤于实践的职业作风、谨小慎微的职业态度。从医 60 多年来，他始终践行着最朴素的坚持——"和患者在一起"，关心患者的病痛是促使医生精益求精、坚持不懈的动力。他很好地诠释了专业学习的正确方法，既要有书本理论的间接经验学习，又要不断临床诊疗而积累直接经验，理论联系实际，日积月累，使他具备扎实的专业基本功，在诊断疾病时具有非凡洞察力。希望同学们学习张孝骞对待患者高度负责的职业态度，学习他始终勤于实践、坚持不懈、精益求精、细致耐心的职业作风，并能主动改进自己学习的方式方法，戒除拖延、懒惰、粗心等不良习惯，勤学苦练专业基本功，规范职业行为。

**【案例讨论】**

1. 张孝骞坚持"和患者在一起"，他的职业动力来源于什么？

2. 张孝骞将"戒、慎、恐、惧"当作座右铭，这体现出了哪些值得学习的职业态度和职业作风？

3. 为了有更扎实的专业基本功，请谈谈你将如何改进自己的学习。

## 案例六　信守一生、护佑一城：路生梅

路生梅，1944 年出生，女，汉族。被评为"感动榆林"2015 年度人物、第四届"榆林好人楷模"，获得 2017 年榆林市儿科协会"儿科医师终身成就奖"、2020 年全国"诚信之星"称号、2021年"全国三八红旗手""全国优秀共产党员""最美医生"称号、第八届全国道德模范。

1968 年从北京第二医学院（现首都医科大学）毕业后，路生梅响应"知识青年上山下乡"的号召，告别家人，赶赴陕北。当时的佳县人民医院就是两排破旧的石窑洞，喝的是毛驴驮回的浑浊黄河水，还每人每天只能分到一瓢；不会生火炉子，晚上只能睡冷炕……望着医院周围的空旷荒野，路生梅不知偷偷哭了多少回，但两次难忘的出诊让路生梅决心留下来。

一次，路生梅赶了 1 个多小时夜路，看到昏暗的煤油灯下，破旧窑洞里半边炕上没有席子，孩子已经出生，脸色苍白、披散头发的产妇坐在土袋子上，一名妇女却一直死死揪住产妇的头发，说"产妇'血迷'（失血性休克）了，揪着头发就不会昏死过去"。另一名妇女拿来黑乎乎的家用剪刀，准备给孩子剪脐带。路生梅急忙抢下剪刀，用自带的消毒器械为孩子断脐、包裹。路生梅这样说道："老乡们哪里懂得，在那个年代因不卫生断脐引起的新生儿破伤风死亡率几乎是100%。"那一刻，路生梅暗下决心，一定要改变这里落后的医疗条件和生育观念。

还有一次是在大雪天，路生梅下乡出诊。崎岖不平的山路上，十几里的路摔了 40 多跤。快到村口时又是下坡路，摔怕了的路生梅索性半躺着滑了下去，到患者家时几乎成了一个泥人。孩子得了麻疹肺炎——一种典型的呼吸系统传染疾病，严重的肺炎是婴幼儿麻疹患者死亡的罪魁祸首。经过一系列急救治疗，孩子的病情终于稳定，又有村民告诉她，村里还有几个孩子得了同样的病。路生梅果断将几个患儿隔离，阻断了传染源。几天后，孩子们痊愈了。临走时，孩子的母亲拉住路生梅，塞给她一双千层底的棉布鞋。看着大姐熬夜通红的双眼，路生梅感动得说不

出话。

"这里就是最需要我的地方，我要扎根佳县，为党工作 50 年，为佳县人民服务 50 年，把自己的青春年华毫无保留地奉献给这片土地。"这样的承诺，路生梅一直坚持落到实处。她放弃了北京协和医院、西安儿童医院等大医院的工作调动机会，只为了更专业、更有效地救治更多患儿，立志要为佳县医院创办儿科，东奔西走、四处筹资……佳县人民医院儿科终于在 1983 年独立出来，路生梅出任首任主任。当时佳县医院是全区医疗条件最落后的县级医院，在她的努力下，儿科却是榆林地区最好的。

1999 年，路生梅从佳县医院儿科主任、副院长的岗位上退休，却是退而不休，婉拒了大医院提出的高薪返聘，每周一、三、五，她坚持义务在佳县坐诊。退休后的 20 多年来，经她义诊的患者累计超过 10 万人次。"路大夫这么大的年龄还坚持义诊，我们佳县人发自内心地感谢她！"这是很多人共同的心声。2018 年 12 月，路生梅终于完成了"为党工作 50 年，为佳县人民服务 50 年"的承诺，她又向自己做出新的承诺：生命不息，服务不止。

### 【案例分析】

案例展现了路生梅初到陕北后，克服各种困难坚持开展医疗工作，在县医院治病救人同时也送医上门，目睹当地人民缺医少药的困境，体会到人民的疾苦和迫切需求，决心扎根佳县，甘于奉献，为改善革命老区的医疗条件不断努力奋斗。她始终坚定"到祖国最艰苦最需要的地方去"的理想信念，坚守贫困地区从事医疗卫生工作 50 余年，表现出坚韧不拔、乐观顽强、无私无畏、不被利欲所诱的优秀意志品质，用赤诚的医者仁心守护着革命老区人民的生命健康。希望同学们树立正确的职业理想，涵养高尚的职业道德，磨炼良好的意志品质，遇到困难时不轻言放弃，能够为实现理想付诸行动并坚持奋斗。

### 【案例讨论】

1. 从在县医院治病救人到送医上门，从放弃调往大医院到退休后依旧婉拒大医院的高薪返聘留在基层医院工作，路生梅毕生追求的理想信念是什么？

2. 路生梅坚守承诺五十年，她具有哪些优秀的意志品质？

3. 请为自己的学习制订切实可行的目标，谈谈你将如何实现这一目标。

# 案例七　忠于职守、以心暖心：提灯女神

## 一、甘做"提灯女郎"的将门之女：黎秀芳

黎秀芳（1917—2007），祖籍湖南湘潭，出生于南京，曾获南丁格尔奖、国际医学成就奖、爱党为民模范护理专家荣誉称号。

黎秀芳是家中长女，其父曾任国民革命军遗族学校主任，并被授予中将军衔。1936 年春天，黎秀芳怀着"医学救国"的志向，违背父亲的意愿，报考了南京国立中央高级护士学校。1938 年，她在长沙湘雅医学院聆听了共产党人吴玉章"到西北去，到延安去，保卫我们的大后方"的演讲，内心深受震动。1941 年底，黎秀芳知道西北需要护理人才，为了投身建设抗战大后方的工作，她不顾家人反对，义无反顾地来到了兰州，参与筹建护士学校并担任校长。当时的兰州，刮风满天土、下雨遍地泥，住的是漏雨土坯房，吃的是碜牙黑面馍、土豆萝卜加咸菜；没有校舍，把破败的平房整修后再利用；没有教材，自己编写；绷带、枕套、被褥等用具不够，自己动手一针一线地缝。从鱼米之乡来到兰州的黎秀芳一点点地克服困难。

20 世纪 50 年代初，黎秀芳和张开秀创造性地提出"三级护理"理论（根据病情把病员分成危重病员、重病员、轻病员三个护理等级），"三查七对"护理制度（服药、注射、治疗前、中、后各

查对一次，对床号、姓名、药品、剂量、浓度、时间、用法等），将我国医院护理引向有序，奠定了中国现代科学护理的基础。"文革"期间，黎秀芳被下放到甘肃会宁刘坪村——一个干旱缺水的穷山村。这里卫生条件极差，村里很多女性因长期的繁重劳动，都患上了子宫脱垂，严重的甚至溃烂流血。黎秀芳白天参加劳动，晚上跪在土炕上，用药水给她们清洗，然后用艾叶熏，用煮过的纱布蘸上盐水、草药，敷在她们的子宫上，再轻轻地揉托，将脱垂的子宫一点一点复位。有一次，她连累带饿，一下昏倒在土炕上，全村人都来看她。当她醒来时，发现口袋里装满了炒豆子，黎秀芳的眼睛湿润了，她深知，乡亲们拿不出什么好东西表达心意，这一把把豆子，就是一颗颗心呀！

黎秀芳在黄土高原、黄河岸边为国家培养了一批又一批的优秀护理人才，先后教授过 29 个年级的护理专业，培养学生 5 000 多人，其中不少人现在已成为行业专家。

## 二、病人的痛苦就是我的痛苦：吴景华

吴景华（1932—2019），上海人，全国民族地区先进科技工作者、全国模范护士，获南丁格尔奖。

1952 年，20 岁的吴景华自愿报名支援边疆建设，从繁华的大上海来到当时偏僻艰苦的宁夏。1958 年，刚生完孩子 20 天的吴景华为救治一位大面积烧伤的患者，坚持献血 400ml。也是这一年，银川市麻疹病流行，病房挤满了患儿和家属，吴景华忙着抢救患儿、安慰家属，连轴转了 24 小时，为了及时救治更多患儿，她用空心塑料管制作头针，在自己女儿头上试验成功后，将小儿头皮针这项实用技术推广到了全区。1960 年，吴景华到回族聚居的同心县巡回医疗。一天夜里，预旺地区打来电话说有一个难产妇急需抢救，她和另一位大夫背着急救箱就出发。预旺距离同心县七八十里，山路崎岖，不通车辆，走了整整一夜才赶到患者家里，当时两人的脚都痛得不敢挨地，但一看产妇的情形，她俩顾不上休息，忍着疼痛布置临时手术室，将桌子当作手术台，终于将孩子接生了下来。但产妇却因难产出现了产后尿潴留，撕心裂肺地呼喊着。当时条件简陋，没有相应的器械用物，吴景华当即果断地说"用嘴吸吧"，于是，两位医生便轮着用嘴将产妇的尿吸了出来。当地的群众听到这个消息时全惊呆了，因为他们从来都没听说过这样的大夫。在医疗队要回银川的前几天，产妇的丈夫拿着一双布鞋找到吴景华说："这是我女人亲手做的，是她的一点心意，没有你们，就没有我的女人和孩子！"

吴景华有三个子女，在她心中病人却是第一位，三个孩子每天放学后都先到医院帮母亲叠纱布或者帮着做一些其他护理准备工作，然后才写作业、吃饭。吴景华还经常给患者送衣服、奶粉，尽管那时候每月仅有几十元的工资。有一次，她为抢救一位无儿无女的孤单老汉，自己不幸被感染并转为败血症而不得不住院治疗。一时间，医院的患者很快发现，并悄悄溜到她的床前静静地等她醒来。前来看望的人最多时一天达 70 多人，面对着那么素不相识的人，她的老伴急了，一问才知道这些全都是吴景华抢救、照顾、护理过的人。医院 80 多岁的老院长也寸步不离地坐在她床边，一直看着她脱险才离去。

吴景华认为护理是工作，是以心灵沟通心灵、以生命温暖生命的崇高事业，她常说："我爱我的病人，病人的痛苦就是我的痛苦，病人的欢乐也就是我的欢乐。"而朴实的人们也记住了她，宁夏的老百姓心中装着她。

## 三、专业与爱心是白衣天使的双翼：成翼娟

成翼娟（1949—），先后获得全国"巾帼建功标兵"，四川省科学技术协会先进个人，四川省卫生厅、四川省民政厅联合表彰"抗震救灾先进个人"，获南丁格尔奖。她扎根贫困山区基层医院

15 年，服务于四川大学华西医院一线护理和管理岗位 29 年，两次将生死置之度外，参与松潘 - 平武地震和汶川特大地震医疗救援，3 次为西藏护理事业的发展冒险登上西藏高原，她立足岗位，开拓进取，为西部乃至全国护理事业的发展做出了积极的贡献。

像父亲一样成为一名救死扶伤的医生，是成翼娟从小的梦想。1968 年，19 岁的成翼娟护理学校毕业被分配到四川绵阳专区最边远的平武县水晶区黄羊公社医院。这里是羌族、藏族聚居地，海拔 3 000 米，距离县城 67.5 千米，山岭绵延、峰峦重叠，一边是陡峭的悬崖，一边是奔腾的激流，看一眼都让人胆战心惊。当时公社医院的设施简陋，只有一位没有经过正规培训的"医生"。生活条件也很艰苦：用粗糙难咽的苞谷面凑合果腹；只有一张小床、一张课桌，连椅子都放不下的地方就是她的家；在冬季严寒，积雪一尺多厚的寒冬腊月里，家中四壁透风；山区没有公路，泥泞山路上雨季泥石流滑坡、冬季大雪封山……从 19 岁到 34 岁，成翼娟毅然一个人背着医药箱在这四川盆地西北边缘的大山里，趟急滩、爬高山，即使背负着吃奶的女儿也要前行，她身兼数职，既是"医生"又是"护士"还是"护理员"。老乡们都知道，在公社医院，有一位从城里来的，能吃苦还很能干的姑娘。在调离黄羊公社时，老乡们用背篼背着她的行李，送了一程又一程。

成翼娟的职业生涯中，经历过四次地震灾害救援，其中两次格外令她印象深刻。第一次是 1976 年 8 月 16 日的松潘 - 平武 7.2 级地震，当时，成翼娟就在平武县水晶区卫生院工作，她坚守在灾区一线。当奔赴重灾区的绵阳专区医院医疗队找到她时，她将年幼的女儿送上汽车，自己又迅速投入灾后救援中。每天，她的主要工作就是背着出诊箱巡诊，给地震伤员送医送药。2008 年 5 月 12 日，成翼娟再次经历特大地震的医疗救援，此时她是四川大学华西医院护理部主任，从 32 年前初次经历抗震救灾的护理"小兵"，成长为地震医疗救援"华西方面军"指挥作战的一名"将军"。华西医院是离震中最近的国家级大型综合性医院，承担着大量危重伤员的救治任务，短短 21 天里，就收治地震伤员 2 618 名，其中危重伤员 1 153 人，进行急诊手术 1 239 台，血液透析 77 人次，同时医院还有大量急需救治的其他患者。成翼娟科学合理地调度指挥着数千人的护理队伍，在抗震救灾的工作中做出了突出贡献。成翼娟天天坚守在医院临床一线，实践着"只要有一线希望，就要尽最大的努力来救治伤员"的信念。在成翼娟眼里，"护士不仅要有专业和技术，还需要有爱心。专业与爱心，如同白衣天使的双翼，缺一不可"。她体验到了普通老百姓们的疾苦，懂得了对每一个生命的尊重和敬畏。她尽心尽力为他们服务，也得到他们的尊重。

**【案例分析】**

案例展现了二位南丁格尔奖获得者的事迹，面对困难，她们自己创造条件克服困难；面对危险，她们毫不退缩、迎难而上，甚至将个人生死置之度外；在平凡的岗位上，她们通过团队协作与个人奋斗，凭借对理想信念的忠诚之心和对职业的热爱之情，用实际行动诠释着"敬佑生命、救死扶伤、甘于奉献、大爱无疆"的医者精神，也获得了患者和同行们的信任。希望同学们既要提升个人专业能力，也要主动参与团队协作，学习她们不畏困难的顽强意志，甘于奉献、吃苦耐劳的精神，培养良好的人文素养和临危不乱的心理素质。

**【案例讨论】**

1. 黎秀芳初到兰州，生活条件十分艰苦，没有校舍，把破败的平房整修后再利用；没有教材，自己编写；绷带、枕套、被褥等用具不够，自己动手一针一线地缝。吴景华送医下乡时走了整整一夜才赶到患者家里，当时脚都痛得不敢挨地。成翼娟背着医药箱趟急滩、爬高山，即使背负着吃奶的女儿也要前行。是什么精神支撑着她们不断奋斗？

2. 专业与爱心，如同白衣天使的双翼，缺一不可。除了个人的专业能力，良好的人文素养也不可或缺。请谈谈你将如何将人文关怀应用于临床实践。

# 案例八　匠心传承、药香绵延：百年老店

## 一、陈李济以诚信广结善缘

明万历二十八年（1600 年）岁末，广东南海县商人陈体全在外收得货银从水路折返广州，匆忙中不慎将巨额货银遗落在船上，幸好被同船的南海西樵人李佐拾获。李佐整日等候失主，终将遗金悉数归还。陈体全得知李佐精通医道，便诚意拿出半数遗金投入他经营的药店，取名陈李济，寓意"陈李同心，和衷济世"，陈李济祖训定为"火兼文武调元手，药辨君臣济世心"。初创时拾金不昧、诚信结缘，奠定了陈李济最本质的"诚信"观念。从此，历代陈李济人始终秉承着"同心济世、救急扶危"的理念，心怀天下，兼济苍生。凡路过陈李济门市者，一旦晕倒或受伤，必施药相救；坚持以行善为乐事，每到夏季，烈日炎炎，街头各种拉车、挑担苦力常患暑病，陈李济便在人行道上设置茶缸，免费提供茶水。

时至今日，对诚信的坚守使陈李济跨越百年，成为世界上最长寿的药厂，始终坚持"古方正药，真材实料"为基础，药材用料必用正品：东北的人参鹿茸、化州的橘红、德庆的何首乌、肇庆芡实、阳春的砂仁，特别是作为镇店之宝的正宗新会陈皮。同时不断精益求精，进行制药工艺的创新。早在康熙年间，陈李济人首创蜡壳药丸，可防潮防虫避光，使药物久存不坏。蜡壳药丸的制作成为医药界的巨大技术进步，使我国中医药得以沿海上丝绸之路走出国门、走向世界。陈李济始终秉持"选料上乘、配方严谨、做工精细"的原则，若市面药行、药栈供货难以满足要求，则派人到产地直接采购；平日备料不足，宁可停产；工艺再繁复，也不减少任何一道工序。改革开放至今，陈李济继续坚守"同心济世、守正创新"理念，2016 年陈李济重新启动药工拜师仪式，师带徒这一形式不仅要传承"正药"技术，而且要传承"同心济世"的陈李济精神。

## 二、同仁堂以诚信守护招牌

1669 年乐氏家族创建"同仁堂"，乐家祖上是走街串巷、行医卖药为生的铃医，尊崇"可以养生、可以济世者，唯医药为最"，以"修合无人见、存心有天知"来自律药铺的经营。1723 年，同仁堂开始承办官药，长达 188 年一直供奉清朝皇宫御药。在此期间，同仁堂严格遵照皇家标准挑选药材，恪守宫廷秘方及制药方法代制丸散膏丹，在潜移默化中，形成了一套制度，提升了同仁堂的药品质量，守护着同仁堂的金字招牌。

同仁堂是以"质"取胜的。严格的自律加上供奉御药期间的外在压力，形成了"质量至上、安全第一、疗效确切、万无一失"理念，延续在同仁堂一代又一代人的头脑中。选药的标准严格，要"地道、纯洁、上等"。譬如：人参用吉林的，山药用河南的，枸杞用宁夏的，陈皮用广东新会的，牡丹皮用安徽芜湖的；僵蚕不能用僵蛹代替，16 头的人参不能用 32 头的小人参代替……同时要选用药材最有效的部位，并且在药材有效成分最多的时候采摘，制药工艺也绝不能含糊。芦广荣是著名药材专家，也是国家非物质文化遗产代表性传承人，从业 50 余年，练就了一身绝技，通过手捏、鼻闻、眼看、口尝、火试、水试，鉴别药材的真伪和品质。芦广荣说："有的药材掺杂使假，连精密仪器也化验不出来，但人的感官能识别。比如，麝香里面掺杂麝香酮，骗得过机器，骗不过药工。"如今，人工检验依然是同仁堂进药的"第一关"，然后才是仪器检测环节。为了保证质量，在制药过程中，也不怕费工费时、增加成本，坚持"必不敢省人工"的古训。"纯洁"是说同仁堂的药材干干净净、绝无尘土，而且植物的根、茎、叶、花、果，清清楚楚、绝不混杂。"上等"是严格按照配方要求下料，不够等级的绝不下料，宁缺毋滥。

同仁堂以"义"为上。"以义为上,义利共生;以义取利,不取无义之利"。当义与利发生矛盾时,坚持以义为先,先义后利。早在清代,每到冬天同仁堂便广设粥棚,施舍棉衣;对没钱装殓的人施舍义棺;对应试学子赠送平安药;自筹资金创办消防水会;兴办义学等。同仁堂博物馆中悬挂着一副布制对联——"但愿世上人无病,宁可架上药生尘",在绵延的药香之中,同仁堂人对于中药的制作技艺和制药精神也薪火相传。

【案例分析】

案例展现了陈李济和同仁堂这两家百年老店的传承与创新。老字号药企有义务弘扬中华传统文化、中药文化。在形式上,老字号应该突出"文化"这一载体。"陈李济"陈李两公因拾金不昧、诚信结缘的故事,体现中华民族传统美德;经历几百年的企业依然存续,体现了中华传统文化中互相包容、共同发展的理念。同仁堂以"修合无人见、存心有天知"来自律药铺的经营,坚持质量至上、安全第一、疗效确切,以"质"取胜、以"义"为上,为了保证质量,不惜费工费时、增加成本,不但诚信制药而且坚持诚信服务。通过案例学习,培养同学们具备诚信为本、互相包容的美德,树立精益求精的工匠精神和良好的产品质量意识,平衡"义"与"利"的关系,做到不以利小而不为。

【案例讨论】

1. 陈李济和同仁堂作为百年老店,对药材原料和生产工艺都要求十分严格,这体现了哪些精神?

2. 打造让百姓放心的药店以及提供满意的服务,需要平衡"义"与"利"。当义与利发生矛盾时,请谈谈你的应对方式。

**? 复习思考题**

1. 2013年4月我国出现人感染H7N9型禽流感,一时间民众谈禽色变,对鸡肉鸭肉以及鸡蛋鸭蛋究竟能不能吃,一直心存疑虑,导致相关销售业、养殖业跌入冰点。疫情防控专家李兰娟带头吃鸡肉,"只要充分煮熟,鸡肉完全可以放心食用",同时身体力行介绍科学的防范方法,"只要是从正规渠道进货的禽类,经过高温煮熟加工,检疫是安全的,就可以放心食用。"结合本章知识,李兰娟带头吃鸡肉的行为体现了什么样的职业态度和职业作风?

2. 余家军是安徽省金寨县响洪甸水库里唯一的岛上医生。他原本希望学医后走出大山,余父因当地没有医生生病未得到及时医治而去世,临终前嘱托:"军了,回来吧,咱们这里需要一个医生。"1999年,他返回家乡,开始了岛上的行医生涯,随叫随到,出行全靠行船。对于余家军而言,忙碌的工作成为了他的日常。这样的日常已经坚持了二十多年,为库区百姓免费医疗超过两万次,小船的总航程超过了4万千米,乡亲们也把这条船叫作"水上120"。结合本章知识,你认为是什么理想信念支撑着余家军医生二十多年来坚守海岛行医?

（李　莹）

# 第十一章 友 善

## 学习目标

　　通过学习本章内容，学生能够深刻领会中华优秀传统美德中友善的重要意义和核心内涵，自觉在社会、生活中践行友善价值观，构建和谐的人际关系、医患关系。培养学生"与人为友，与人为善"的德行，承担"友善待人，友善处世"之责任，努力增强友善修养的自觉性，提高自身素质，将友善之心付诸医疗、家庭、学校、社会等层面。

## 案例导读

　　友善，是一种善行，它表现在人们的生活里，也体现在人们的言行中，是中华民族千百年来形成的基本传统美德，更是在中华医药的发展长河中处处留下了其踪迹。我们非常重视这一传统美德在新时代的传承与发扬，因此本章共选取了能充分体现我国古今医者待人友好、行医仁善的案例六则，其中既有怀"大医精诚"之情的孙思邈拦棺活"死妇"、致力于钻研小儿科的钱乙浅醉诊患儿、钻研诊治重病难病的焦树德创立"尪痹"的诊治理论、也有"赤脚医生"王桂珍守护一方百姓健康、一代代中国援非医疗队远赴他乡援助国际友人，还有中国古代封建社会下保护女性隐私的诊病百态。

　　上述选取的中国医疗案例故事，不仅深刻诠释了中华传统文化中"与人友善"的真谛，更是在各主人公身上看到了作为医者的这一基本素养——"医者仁心"，它蕴含了医学的使命，是一种对生命的敬畏，是一种人性和情感的表达。医学是科学，更是人学。医生的治病救人职责里，必然要与"仁""善""友""爱"相融合，医生是一种职业，但核心却是"仁道"。正因为如此，古今无数的医者们，即便途中辛劳、烦闷、危险，却时刻怀友善仁爱之心，践行仁善精诚之术。望眼古今，无论是闻名于世的医药大家还是埋头于基层的勤恳医生，无论是年代久远的古代医家还是欣欣昂扬发展的新时代医务工作者，我们总能在他们身上挖掘出那宝贵的友善德行，这也正是我们要学习和自觉传承并要不断发扬的优良品质。

　　学习本章内容，要充分体会自己所处的这个人与人的多样复杂个体构建起的社会，在这样的社会里，"人人为我，我为人人"的亲善、互助、友爱，变得尤为珍贵。我们倡导的友善，是爱心的外化，是与人为善，与物为善。善待亲人以构建和谐家庭关系，善待他人以构建和谐人际关系，善待万物以形成和谐自然生态。只有在一个和谐、温暖的大环境里，我们才能稳步前行、积极向上地追求美好生活，才能在历经困难阻碍的时候有同舟共济的信心，才能在平淡的生活中为生命增添一道艳丽色彩。汇聚爱心，仁善至真，让整个社会充满爱，是友善的理想境界。而从事医药的人们，更应秉持这种能够为生命和健康提供保障的行为准则，真正为人类健康事业做出应有贡献。

## 案例一　大医精诚、扶危拯弱：孙思邈

孙思邈（541—682），妙应真人，京兆华原（现陕西铜川市耀州区）人，唐代著名医药学家，被后人尊称为"药王"。

541年，孙思邈出生家庭背景无从考据，其自谓"幼遭风冷，屡造医门，汤药之资，罄尽家产"。孙思邈从小聪明好学，受到老师的器重，后来他18岁立志学习医术，并将毕生精力投入浩瀚医学研究，"颇觉有悟，是以亲邻中外有疾厄者，多所济益"。20岁时孙思邈精通诸子百家学说，爱好道家老庄学说，兼好佛典。

孙思邈热爱医学，淡泊名利。隋朝开皇元年（581年），社会动乱，当时的朝廷下令征孙思邈为国子监博士，被他拒绝了。孙思邈隐居陕西境内，一边壶济世，一边采药做研究，并且逐渐地在当地获得了很高的声誉。他曾先后到过陕西的太白山、终南山，山西的太行山，河南的嵩山以及四川的峨眉山等地。在这期间，孙思邈研究道教经典，探索养生术，同时也博览众家医书，研究古人医疗方剂。他十分重视民间的医疗经验，经年累月孜孜不倦地走访，广泛搜集单方、验方和药物使用知识，及时记录积累下来。为了解中草药的特性，他走遍深山老林，采集、栽种和炮制中草药，做医学研究。他搜集了东汉至唐以前许多医论、医方以及用药、针灸等经验、教训，兼及药饵、食疗、导引、按摩等诸多养生方法，终于完成了他的不朽著作《备急千金要方》，后在其晚年又著成了《千金翼方》，在著作中记载了800多种药物的使用方法，并对其中200多种的采集和炮制作了详细的论述，在药物学研究方面，为后人留下了宝贵的财富，所以人们尊称他为"药王"。

孙思邈胆大心细。一日清早，孙思邈外出要到远处的一个村子行医。正在行走的路上，忽然看见一行出殡队伍缓缓迎面而来，为首的送葬年轻男子哭哭啼啼满脸哀伤。孙思邈正为之低头哀叹中突然发现了反常，他忽然上前几步，按住了棺材，大喊："且慢！"送殡的人都吓了一惊，以为他是疯子，随即要赶他走。孙思邈不依，并大声喊道："停下！停下！这棺里边装的是什么人？是怎么死的？死过多长时间啦？"众人不以为意，仍继续抬棺而行。可他后面说的一句话让众人愕然而停，"棺里的人可能没死，先别急着葬呀！"年轻男子下令落下了棺木，走到孙思邈面前抱着疑惑和些微的希冀问询拦棺者："你怎知可能没死？"孙思邈缓了口气，才淡然道："你们看，棺材底下有血在滴呢，血的颜色还是鲜红的，死人不会流这种颜色的血，或者说，死人不会再流血了呀！"大家顺着他指的地方看去，果然发现有细细血丝向外滴着。

众人皆感大惊，尤其那年轻男子，情绪突然激动起来，边用袖子擦那止不住的泪边抓住孙思邈的衣袖大声道："您是大夫？我家内子因为夜里生子难产，大出血没熬过去，一身两命啊！呜呜呜……还能回魂吗？"孙思邈安慰他道："先开棺让我看看，或许可救。"可是其他人都觉得，这产妇都死去大半日了，哪能说活就能活的。不过，抱着一线希望，他们还是就地打开了棺材，请这个自称大夫的人诊看。

开棺后，孙思邈看到一名约莫二十出头的妇人，面色黄如蜡纸，尤带着生产时的痛苦表情似的，她的腹部隆起不算明显，身下积着鲜红的血迹。孙思邈急忙伸手去探查她的脉象，果然不出初始判断，年轻产妇的脉搏仍有细丝脉动，再试鼻息，也有微弱呼吸。于是，他迅速从药包里取出了几根银针，在她的身上取了中极、人中、中脘三穴，急忙进行针刺。后又取出了一些药末，给她灌进嘴里。这个过程中，在场的所有人都焦急地观望着，期待奇迹的出现，果不其然，一刻左右，产妇竟然缓缓苏醒过来了。

直到此时，那名年轻丈夫终于失声痛哭，朝着孙思邈忙不迭磕头。孙思邈却觉得这是他身为大夫应做的事，他又给病家开了一剂药，并送一幅图，嘱咐众人把年轻产妇抬回去，给丈夫讲解

了药的煎服方法，并让人按图接生，能保产子顺利。后来年轻妇人果然顺利生下了一子，此事就在当地一下子传开，大家说他是活神仙，能起死回生。

**【案例分析】**

本案例通过简述我国唐代名医孙思邈的从医经历和记录的救死扶伤事例，充分展现了孙思邈的精湛医术与高尚的医德修养，尤其在他的著作《备急千金要方》中，首列"大医习业"与"大医精诚"二篇，这是我国最早的较为完整的医德文献专论，是高尚的医德与高超的医技两相结合的医德规范。孙思邈通过其精湛的医疗技术，凭借医生自身培养出的细致观察力和对病情的判断力，展现了一名医生所应具备的对患者亲诚友善的精神和救死扶伤的责任感，感召和培养学生热爱生命、敬畏生命的职业道德，在掌握知识扎实的学术、本领过硬的技术等精湛医术的同时，教育学生尽早树立济世救人的情怀和大医精诚的医学职业理想。

**【案例讨论】**

1. 中医学在唐宋时期处于繁盛发展时期，孙思邈留给世人的不仅有其精湛的医术，还有在著作中特别论述的医生德行规范，这对于该时期中医学的发展具有哪些突出贡献？

2. 孙思邈拦棺救妇的故事对你有什么启发？

3. 在学习和研究医学的过程中会遇到各种困难与阻碍，通过孙思邈的毕生从医经历我们能学习到什么精神？

# 案例二　幼科鼻祖、不怨不躁：钱乙

钱乙（1032—1113），字仲阳，宋代东平人，约生于北宋仁宗至徽宗年间，是我国宋代著名的儿科医家，后人尊称其为"儿科之圣""幼科之鼻祖"。

钱乙家族与吴越王钱俶有宗属关系，因先祖随吴越王北上迁移，成为郓州（今山东东平县）人。钱乙之父钱颖精于医道，但喜饮酒，又常外出巡游，自一次海上东游，便再没有归家。钱乙幼年失母，三岁时随姑妈嫁到吕医生家，被姑父吕君收为义子，跟其长期学习医术，精勤好学。后来钱乙曾遍寻自己的生父，直至三十年后才将生父寻回。人们对其孝行感慨万千，还被文人写在诗赋中加以赞颂。钱乙对待姑父吕君，也像侍奉生父一般，在吕君死后为其戴孝守丧。

钱乙入门儿科的缘故，是在其跟吕君学医时，常常切身感受到患病小儿们遭受着的病痛折磨，不能自拔。于是，经吕医生的引导，他开始苦心钻研儿科著作《颅囟经》。经过反复研究，深受启发，通过临床实践，不断积累临床经验和疗效。他在张仲景提出的辨证施治基础上，借助《颅囟经》中的"小儿纯阳"学说，创设了适用于小儿的"五脏辨证"法。

古代医家称小儿科做哑科，认为治小儿病最难。一是因为小儿脉微难切，诊察时又多惊啼，靠脉诊难以辨证；二是小儿骨气未成，形声未正，悲啼喜笑，变化无常，靠望诊、闻诊了解病情也有困难；三是小儿不能言语，言语亦未足取信，凭问诊了解病情更难；四是小儿脏腑柔弱，易虚易实，易寒易热，用药稍有不当，就会使病情复杂化。钱乙在行医过程中，深感到小儿病难诊、难治。他说："脉难以消息求，证不可言语取者，襁褓之婴，孩提之童，尤甚焉。"为了解决这些难点，他用了近四十年时间，"专一为业，垂四十年"，成为"幼科冠绝一代"（出自《四库全书总目提要》）。钱乙一生著作有多部，《伤寒论发微》五卷，《婴孺论》百篇，《钱氏小儿方》八卷，可惜均已遗失，唯有《小儿药证直诀》仅存于世，而为人熟知的滋补肾阴的名方——六味地黄丸就出自此书。

北宋年间，因高超医术而获赐象征皇家官品等级的"紫衣金鱼袋"的大夫，就是中国古代的儿科鼻祖钱乙了。彼时，钱乙因医术精湛在民间已享有盛名，一次偶然的诊病，又让他得到了皇家认可。宋神宗元丰年间，长公主的小女儿生病了，已经延请了好几位御医，都没有治好，在拖延中竟已经到了病危的程度。正值众人束手无策之际，有人推荐了已经很有名气的钱乙，并连夜请他来公主府为公主的小女儿诊治。因为事发突然,匆忙被叫去的钱乙没有任何事先准备,更意外的是,他还刚刚参加完一场小宴,浅酌了几杯,竟然一身酒气,面带微醺之色地来到了公主府。当然,钱乙并没有醉酒,他仍保持着非常清醒的状态,凭着丰富的临床经验对小女孩的身体情况进行了详细的诊断后,便告诉在一旁焦急的驸马说:"不必太过担心此病,没什么大事的,小女儿是要发疹了,待胸背部和腿上的疹子都出齐了,病就能很快痊愈了。"听他这么一说,身为武将的驸马爷可就不乐意了,本来就对呼吸间还带着酒气的钱乙已抱有偏见,脾气暴躁的驸马爷当场翻了脸,冲钱乙吼道:"你倒是说得轻松,我儿都虚弱成这样了,你竟然说她没什么大事,彻头彻尾的庸医!还不快给我滚出去!"随后着人把钱乙推推搡搡地轰出了公主府。钱乙被推出门后倒不以为意,整理了下自己的衣冠后便赶紧回了家。第二日,公主府又派人来到钱乙家,来人说公主的小女儿身上果然开始发出了疹子,驸马爷特地遣他来还向钱大夫赔礼道歉,并请他定要再去公主府一趟,为公主的小女儿诊病。钱乙像是早就料到这个情况,不卑不亢地说:"嗯,我知道你们还会再来找我,药都已经配好了,咱们即刻出发吧。"从此,钱乙名声大振,被授予翰林医官院中"医学"官职。在京城成为被争相邀请的对象。后来又以"黄土汤"治好了皇子,受到宋神宗的召见,被提升为太医丞,赐他饰金的鱼符和紫衣(四品官服)。

### 【案例分析】

本案例通过对我国宋代儿科之圣钱乙因被误会醉酒遭到不公待遇后仍坚守初心、不怨不躁,细致耐心诊治长公主之女的事例,为我们展现了一名医者高尚的职业道德以及丰富的诊疗经验,为学生带来深入心灵的启发,即医者应以救死扶伤为己任,心怀仁慈,诚挚待人。钱乙通过总结自己的经验,全身心投入钻研,最终取得巨大的成就,为后世留下了宝贵的医学财富。他立下宏愿,一生为使"幼者无横夭之苦,老者无哭子之悲"而努力。我们要学习他悲天悯人的医者仁心、迎难而上、从医多年专精一科的精神。同时还使学生认识到高超的医术和友善敬业的重要性,对医学生应该具有的职业道德、职业理想、职业操守等内容进行了潜移默化地渗透。

### 【案例讨论】

1. 钱乙对患病小儿的感同身受体现了他的什么品质?
2. 钱乙在被驸马爷无理对待后仍然配好药物等着,说明了钱乙身为医者的何种素养?
3. 从钱乙致力于钻研儿科的事迹中,我们可以从中学习到哪些优秀品质?

## 案例三　树德为怀、尪痹克星:焦树德

焦树德(1922—2008),河北省辛集市人。焦树德原名焦聚辉,他出生在中农家庭,受母亲的中医世家影响,自幼酷爱医学。年幼时在外祖父李讲义身边耳濡目染,小学时便能习读古典医籍,背诵中医药经典歌诀。

1937 年 7 月后由于日寇侵华战争爆发,焦树德便在家乡跟随外祖父正式学习中医,其间精读外祖父所藏医学著作,同时刻苦学习熬膏药、轧药和炒药等炮制药物之法,在少年时期就打下了深厚扎实的中医学根基。18 岁时,焦树德开始进行独立的临床诊疗,在实践中不断学习和积累医学知识。19 岁那年,为了系统地学习中医,他通过努力考入了天津"国医函授学院",后来受到新文化运动的影响,他又进入"天津西医专业学校"学习西医,由此焦树德具备了中西医双重基础,正因于此,也开拓了他后期独有的临床诊疗思维。焦树德 23 岁时正式在河北开设诊所,悬壶行医,树立"精研岐黄、济世活人"之志,诊室里挂"树德为怀"作为行医准则,也正是于此时起,他更名为大家所熟悉的"焦树德"。行医期间,医术得赞,医名渐振。28 岁时,为了能在医学上更进一步,他前往北京,与其表姐夫杨长谦合开了"慈德中医诊所"。在此期间,焦树德接触到很多的疑难病人,并且在他的精心钻研调养下治愈了不少,于是在北京又获得了较响的医名,受到当

地老百姓和工人的尊敬。

新中国成立后，他顺利通过了卫生部的"高级医师"考试，然后关掉了私人诊所，进入国家医务工作者行列，先后供职于北京市第二医院、北京中医学院（现北京中医药大学）、中日友好医院等。1958年秋，焦树德开始在北京中医学院担任教学工作，这一教，就是27年，桃李满天下。1984年，他被调往中日友好医院筹备开设中医内科。在职期间，他于1986年荣获卫生部授予的"全国卫生文明先进工作者"称号。自1990年起获国务院政府特殊津贴。1992年，被北京市科学技术委员会评为"科技之星"，并在《北京日报》头版发表。1992年被卫生部、人事部、国家中医药管理局确定为首批全国500名老中医药专家学术经验继承工作指导老师。1994年被收录于英国《剑桥国际名人辞典》。

焦树德一生对医学精勤不倦，深研辨证论治，并开拓创新，见解独到。临证时重视辨证论治的灵活运用，力求辨证精确，立法精当，选方用药丝丝入扣。他的处方既严格遵循传统组方原则，又注重汲取现代研究成果。处方用药既重视成方活用，穿合化裁，又重视药物归经，恰当配伍。他对于中医科研非常重视，提出了"继承传统、博采众长、突出特点、创新发扬"的研究思维，倡导继承与发扬并举，传统手段与现代手段并用，主张有目的、有选择、积极地吸收现代科研成果，提倡具有中医特色的创新，不拘泥于古方古法。

焦树德擅长医治内科疑难重症，通过运用独特的组创方药，对诸如肝胆病、脾胃病、高血压、哮喘等疾病的治疗颇有疗效。特别是在辨治类风湿关节炎、强直性脊柱炎等风湿类疾病方面更有独创，他创立了"尪痹""大偻"新病名以及相应的辨证治疗原则和方药，补充了《黄帝内经》行、痛、着三痹之不足，对痹病学术研究具有推进作用。这是我国中医风湿病诊疗史上浓墨重彩的一笔。

焦树德于医学上精勤不倦，于育人上无所保留，他将所想所思付诸涓涓笔触，用最朴实无华的语言深入浅出地诠释他对医学的理解和热爱，在每一则的病案记录中能细细体会到他对病者的关爱和用心。他的著作以《用药心得十讲》《方剂心得十讲》《从病例谈辨证论治》为代表，发表医学论文60多篇，像《治咳七法》《尪痹刍议》《尪痹的辨证论治》《心绞痛的辨证论治》《中药临床运用》等篇所述诊疗思想都具有独创性。他曾主编《中医内科学》下卷、《实用中医风湿病学》、《实用中医心病学》，参编高等中医院校教材《中医内科学》和北京中医学院《内科学讲义》《医学百科全书》《中医证候鉴别诊断学》等书。这些是他的呕心沥血之作，他殷殷希望蒙昧求学的杏林学子可以从中受益。

焦树德是我国医学界的"风湿大家"，还曾被冠以"南朱北焦"的美称（朱即指朱良春；焦，是指焦树德）。他一生奉行"精研岐黄，济世活人"，终生热爱中医事业，倾注了他毕生的精力和心血，弥留之际他仍胸怀祖国，情系四川地震灾区，还特别请家人代缴"特殊党费"。他谆谆教诲之下学子众多，后继者们将循着前辈指明的道路，背负医学崇高使命，为着人类健康事业锐意进取、奋勇前进。

**【案例分析】**

本案例通过讲述我国现代风湿病大医焦树德的医学之路与医学贡献，充分展现老一辈优秀医家身上的坚守医者初心、勇担责任、甘于奉献的优良精神品质。焦树德树立"精研岐黄、济世活人"之志，在其诊室内挂"树德为怀"牌匾，不仅时刻提醒他自己，也激发了我们从医的责任感、使命感，应当肩负起为健康保驾护航的重任。焦树德不拘泥于固守思想，对中医理论开拓创新，创立了"尪痹""大偻"新病名以及相应的辨证治疗原则和方药，鼓励学生应该学习前人不畏艰险勇于探索的精神，激发学生科研报国、创新报国的理念。同时也可以激发学生求知探索的勇气，培养学生的意志力，只要持之以恒，即使目前认为不可战胜的疾病，也终有一天会被人类征服。

**【案例讨论】**

1. 焦树德的从医之路和学术思想，对我们更好地传承中医事业有什么启发？

2. 我们可以在焦树德身上找到哪些宝贵品质？

3. 焦树德学习过中医与西医，他是怎样看待中西医的关系的？

# 案例四　赤脚乡医、淳朴为民：王桂珍

1944 年，王桂珍出生于上海市川沙县（今属浦东新区）江镇大沟村的一个贫农家庭。1958 年，王桂珍小学毕业后，先是在镇上的纺织厂做了 3 年的纺织女工，因为她聪明勤奋，很快便掌握了挡车技术，并在同年进厂的学徒中第一个转为正式工人，并且在 1960 年加入了共青团。

"六二六"指示下达以后，上海川沙县江镇公社在 1965 年夏天办了一个医学速成培训班，用来培养半农半医的农村卫生员。招收学员提出了一定的标准：必须是贫下中农家庭出身，思想政治端正，必须有小学毕业以上的文化水平。经商讨推举，大沟村党支部一致认为王桂珍恰好符合上述条件，便决定送她去培训学习。

1965 年 12 月，21 岁的王桂珍走进了培训班的大门，培训班的学习时间只有 4 个月，为了让学员们掌握几年才能学完的医学知识和一般治病方法，速成班的课程安排得特别紧，这对于连中学都没上过的王桂珍来说，挑战特别大，她完全搞不懂那些"大于""小于"的符号和化学元素。但王桂珍学习非常刻苦，她在晚上 10 点熄灯后，仍然经常打着手电筒在被窝里看书，她还从别人那里借来医学书籍，像蚂蚁啃骨头那样一点一滴地学习，碰到不认识的字就翻字典或求教那些文化程度高于自己的人，有时为了背诵一个医学名词，她经常半夜三更还爬起来翻书。4 个月的学习结束后，王桂珍成了速成班中学得最好的学员，她回到了村里，成为一名乡村医生。但一开始村民们都不敢让王桂珍看病，大家觉得当一个医生要学好几年，但她才学了 4 个月，医术真的能行吗？有一次村民老许患牙痛，王桂珍主动提出要给他针灸，但他却不敢让王桂珍扎，王桂珍就先给自己扎让他看，老许这才不害怕了。王桂珍把针扎下去后，老许果然不痛了。以后老许就成了王桂珍的义务宣传员，渐渐地找王桂珍看病的人也多了起来。

"一根银针、一把草药"是王桂珍的两样法宝，她在村边的一块坡地上种了 100 多种中草药，并想出了各种土洋结合的办法，让身边的老百姓少花钱也能治病。

王桂珍虽然是乡村医生，但并不是脱产的，平时她也要赤脚下田劳作。所以经常会出现这种情况：王桂珍正在水田里劳动时，被叫去给病人治病，她来不及洗去脚上的泥，于是赤着脚就过去了，看完病后继续回来下田干活。久而久之，大家送给了王桂珍一个"赤脚医生"的称号，就是说王桂珍既要劳动也要行医，这充分说明了大家对她全心全意为人民服务的精神的肯定。久而久之，"赤脚医生"这个称号越来越有名气了。

1968 年 9 月，当时中国最具政治影响力的《红旗》杂志发表了一篇名为《从赤脚医生的成长看医学教育革命的方向》的调查报告，专门介绍了王桂珍的事迹。《人民日报》《文汇报》等各大报刊也纷纷进行了转载，王桂珍很快被全国人民所熟知，"赤脚医生"这一名称也得到了广泛认同，此后公社卫生员一律被称为"赤脚医生"。这年 9 月，毛泽东同志也看到了这篇文章，他非常高兴，并在《红旗》杂志该篇文章的眉头批示："赤脚医生就是好。"

从 1966 年到 1968 年，农村出现了很多"赤脚医生"，他们没有固定编制，一般是经乡村或基层政府批准和指派的有一定医疗知识和能力的医护人员，受当地乡镇卫生院直接领导和业务指导，他们的特点是：亦农亦医，农忙时务农，农闲时行医，或是白天务农，晚上送医送药的农村基层兼职医疗人员。赤脚医生是中国卫生史上的一个特殊产物，尽管他们医术并不是非常高明，但他们已经掌握了一些卫生知识，可以治疗常见病，能为产妇接生。可以说，赤脚医生在很大程度上缓解了农村缺医少药的状况。

【案例分析】

本案例讲述我国第一代"赤脚医生"王桂珍的从医事迹，使学生了解到我国"赤脚医生"的存在意义，在特定时期，这群医生平时是农民身份，需要下地干农活，而有诊疗需要时才变换身份，成为开药治病的医生。而现代的乡镇基层医疗卫生服务人员，对其应具备的素质有了新的要求，即基层医生应充分学习全科基础医学知识，掌握简便易行、经济有效的治疗方法，熟悉乡镇居民的生活习性、心理特点，具有良好的医德医风和全心全意为人民健康服务的信念。

【案例讨论】

以王桂珍为代表的"赤脚医生"身上有哪些值得我们学习和借鉴的精神？

# 案例五　女病难医、煮石息怨：古代女科医生

中国古代社会制度里，古代一直有"女病难医""宁医十丈夫，莫医一妇人"的说法。由于受封建礼教"男女授受不亲"的限制，而在男尊女卑的影响下，男性成为大夫的主要群体，因此女性生病后的就医难问题，尖刻地反映在如何保护高度隐私的同时，与进行望、闻、问、切有效诊疗之间的矛盾中。在古代历史长河中，虽然记载寥寥，但仍能搜寻出一些关于女子诊病禁忌之事的信息。

女子诊病的最优选方案是找到女医官。中国古代相传的十大女名医有汉代义妁、晋代鲍姑、北宋张小娘子、明代谈允贤、清代曾懿、西汉淳于衍、唐代胡愔、宋代邢氏、明代的蒋氏和方氏，但相较于屈指可数的女医生而言，古时女子绝大多数情况下无法顺利就医。

唐代有位名叫昝殷的四川名医，精通女科，编撰有《经效产宝》。他行医时常带一女体仿造模型，诊断时就会拿出来，让女患者自己指出不舒服的具体位置，然后根据描述和相应诊察情况辨证治疗。

明代的李梴在《医学入门·习医规格》中，总结出一套古代医生行医的行为准则，其中提到给女患者看病时要注意如下事项："如诊妇女，须托其至亲，先问证色与舌及所饮食，然后随其所便，或证重而就床隔帐诊之，或证轻而就门隔帷诊之，亦必以薄纱罩手；寡妇室女，愈加敬谨，此非小节。"其中特别指出，遇到女病人家庭困难，医生还要"自袖薄纱"。这是对于女性诊病时注意事项较为清晰和真实的记载。

运用心理学治疗妇女病症的还要看清代名医傅青主，他精于妇科，并擅长治疗"心病"。一次，有一位年轻的丈夫向他求医，据他所述，他与妻子新婚不久，平时生活恩爱互持，前阵子偶因一些琐事发生了口角冲突，他的妻子颇感委屈而闷闷不乐，已经数日不吃不喝，现在竟然是卧病不起了。傅青主听他讲完后，便开出了一方名为"软石汤"的药剂。至于用药和煎煮方法，他特别交代这名丈夫去河滩捡一块圆滑的鹅卵石，回家后要马上将这石头用沸水煮，直至煮软后才可作为药引使用。并且叮嘱煮石头时不可离人，要随时观察，不能少水。于是年轻的丈夫回家后便日夜不停地熬煮卵石，可是已经连续几日下来，人也渐渐熬得憔悴疲累，卵石仍没有煮软，只能继续不间断地煮石。他的妻子见到丈夫为自己用情如此费神，不禁郁解怒消，爱意转浓，还主动要替丈夫看火煮石，让丈夫再去问大夫，为什么煮不软这石头。待向大夫询问后，傅青主轻松笑着说："你可以回家了，她的病其实已经康复了。虽然煮不软卵石，但你对她的至诚爱意，却把她的心肠软化了。"这就是广为传颂的"煮石息怨"的药引故事。

古代对女性的歧视、压迫和道德枷锁使得她们很难得到较好的医疗保障，随着现代社会的发

展和医疗技术的进步，以及对女性权利的重视，女性因隐私保护导致的看病难问题已在很大程度上得到解决，从而建立起人与人之间真正的和谐关系。

【案例分析】

在封建社会里对女性的歧视、压迫和道德枷锁使得她们很难得到较好的医疗保障，本案例简述了由于古代妇女就医的诸多限制使得各医家不得不使出浑身解数，想办法和途径解决古代妇女的身体疾患。这些医生们的方法可能不是最好，但仍然部分解决了女性看病难的问题。从而使学生处于新社会环境中理解和谐友好社会关系的重要性，引导学生思考生命的意义，通过换位思考，培养其爱伤意识，增加人文情怀，为患者做出全方位的考虑，培养新时代兼具人文关怀与专业能力的温暖医者。

【案例讨论】

1. 对于古代女性诊病时的隐私保护程度，你有什么看法？
2. 试联想古代主要从事妇科诊疗的医家们是怎样给女性诊病的呢？

# 案例六　命运与共、救死扶伤：中国援非医疗队

1963 年，中国应邀向阿尔及利亚派出了首支中国医疗队，开创了新中国援非医疗的历史。59 年来，中国累计向非洲派出医疗队员 2.3 万人次，诊治患者 2.4 亿人次，目前在非洲 45 国派有医疗队员近千人，共 100 个工作点。中国医疗队被非洲当地人誉为"白衣使者""南南合作的典范"和"最受欢迎的人"。2015 年，中国援非医疗队被评为感动中国 2014 年度人物。

近 60 年来，一批又一批援非医疗队队员从未停下远行的脚步，在广袤的非洲大地上用心血乃至生命，诠释救死扶伤、大爱无疆的含义，让人道主义精神熠熠生辉。

援非医生的第一大心灵考验，便是思念。心中纵有万般不舍，脚下依然义无反顾。援非医生陈尔东的母亲叮咛他："平时在国内只要做好医生工作就行，但这里不行，你必须是医生、老师、护士、设计师、工程师、水电工……一切从零开始。"这是他在桑给巴尔期间最暖的抚慰。

援非面对的挑战远不止思念家人、感染疾病……。即便做足心理准备，中国援非医疗队队员抵达南苏丹时，依然感觉震惊。这个饱受战乱之苦的国家，严重缺电缺水。发电机的响声，就是"手术指令"。机器一响，大家争分夺秒往手术室跑。但常常是手术没做完，停电通知就来了，只得一边协调，一边加快进度。天气炎热，加上手术灯的"炙烤"，一台手术下来，参与的医护人员几乎虚脱。

神圣的使命感使得援非传统在家族中传递开来。夫妻携手、子承父业的故事，在中国援非医疗队中并不少见。1985 年，程军在高考前悲痛地得知，父亲意外殉职在援非医疗岗位上。填报志愿时，他毅然填报了临床医学专业。去学医，当一名援非医生，这是儿子对父亲的缅怀和告慰。程军 23 岁的女儿现在是一名药学系在读研究生。参加援非医疗队，已成为这个程家第三代的心愿。中国援非医疗队"金字招牌"的背后，是青丝变成白发，是 51 人长眠他乡，更是薪火代代相传。

2014 年，世界谈"埃"色变。肆虐的埃博拉疫情，成为检验一个大国道义与责任的"试金石"。一如半个多世纪前毅然向阿尔及利亚伸出援手，在抗击埃博拉的斗争中，中国同样站在最前列。有些国家的人员不断撤离时，中国派出了 100 多名医护人员和公共卫生专家，成为"最美逆行者"，来到疫区人民身边。

雪中送炭，尽己所能。50 多年里，中国的医疗援助始终着眼非洲国家现实所需，聚焦最迫切

的问题。"非洲提出、非洲同意、非洲主导",秉持这样的原则,中国不断优化援非医疗,让民众感受实实在在的益处。

援非医生远离祖国和亲人,在各受援国政府和人民的支持下,克服困难,全心全意为非洲人民提供优质医疗服务。他们不仅治愈了大量传染病、常见病和多发病,还成功开展了心脏手术、肿瘤摘除、断肢再植等高难度手术,挽救了许多生命垂危的患者。他们不仅利用现代医疗技术,还将针灸推拿等中国中医药技术以及中西医结合的诊疗办法带到非洲,诊治了不少疑难重症。援外医疗队不仅承担了所在医院的主要诊疗任务,还通过临床带教、共同手术、举办专题讲座和培训班等各种形式,向当地医务人员传授医疗技术,为受援国培养卫生人才,留下了一支"不走的医疗队"。

援非医生送去光明,创造"奇迹",带去中医药与现代科技,留下技术和真情,甚至还有人因为深深眷恋,留在了这里。如今年逾80岁的龚梅灵,在20世纪90年代先后两次参加援赞比亚医疗队。结束援外工作办理退休后,他重返赞比亚开办诊所,又干了20多年,接诊病患16万多人次。

援非医疗,宛如一曲生命赞歌,回荡在中非友好的磅礴史诗里。

**【案例分析】**

本案例讲述了有着悠久传统的一支特殊国际援助医疗服务队的点滴事迹,体现了中国的人道主义精神和对非洲国家友好的态度。医疗援助虽然是中国对非洲外交的一种形式,但却是中国对非洲援助项目里最持久、最受认可的外交形式。这种公共外交的途径,让中国人的大爱情怀、中国的医学精神以及中国的医药走进了非洲,并且开枝散叶,广结硕果。而援非医疗队里的每一个成员都能写出一篇可赞可颂的事迹,他们的故事使学生深切体会到爱国主义精神、人文主义关怀、强烈的职业使命和责任感。展现了医者应始终秉承"医者仁心无界"的高尚情操,弘扬"生命至上、命运与共"国际医疗精神。

**【案例讨论】**

1. 代代传承的中国援非医疗,体现了什么样的精神?给我们带来了哪些启发?
2. 结合中非友好深化交流合作事迹,如何理解人类命运的休戚与共?
3. 如何将国家和职业赋予的使命与普通人之间的真挚情感相结合?

## 知识链接

### 大医精诚摘抄(《备急千金要方》)

孙思邈一生非常注重医学道德的修养,在他的《千金要方》一书中,首列"大医习业"与"大医精诚"二篇,这是我国最早的较为完整的医德文献专论,是高尚的医德与高超的医技两相结合的医德规范。现摘抄《大医精诚》如下:

凡大医治病,必当安神定志,无欲无求,先发大慈恻隐之心,誓愿普救含灵之苦。

若有疾厄来求救者,不得问其贵贱贫富,长幼妍媸,怨亲善友,华夷智愚,普同一等,皆如至亲之想;亦不得瞻前顾后,自虑吉凶,护惜身命。见彼苦恼,若己有之,深心凄怆,勿避险巇、昼夜、寒暑、饥渴、疲劳,一心赴救,无作功夫形迹之心,如此可为苍生大医,反此则是含灵巨贼,自古名贤治病,多用生命以济危急,虽曰贱畜贵人,至于爱命,人畜一也。损彼益己,物情同患,况于人乎!夫杀生求生,去生更远。吾今此方所以不用生命为药者,良由此也。其虻虫、水蛭之属,市有先死者,则市而用之,不在此例。只如鸡卵一物,以其混沌未分,必有大段要急之处,不得已隐忍而用之。能不用者,斯为大哲,亦所不及也。其有患疮痍、下痢,臭秽不可瞻视,人所恶见者,但发惭愧凄怜忧恤之意,不得起一念蒂芥之心,是吾之志也。

## 六味地黄丸

六味地黄丸是现代常用的一剂药方，具有滋阴补肾的功效，用于肾阴亏损所致的头晕耳鸣，腰膝酸软，骨蒸潮热，盗汗遗精，消渴等症。其实，六味地黄丸是钱乙在临床中的创新，最早是儿科用药。其组方和张仲景记载在《金匮要略》中的金匮肾气丸（内有地黄、山药、山茱萸、茯苓、泽泻、牡丹皮、附子、肉桂）有所不同。曾有大夫跑到钱乙的诊室质疑他用错了药，他耐心解释道："张仲景的八味组合是用于成年人的，小孩阳气足，按照原来的配方，可能会过于燥热，引起小儿流鼻血。所以，我去掉了肉桂和附子两味药。"这位大夫听了，连声道："钱太医用药灵活，酌情变通，在下佩服！"其弟子赶紧把老师的话记下来，后来收录于《小儿药证直诀》中。

小儿本是"纯阳之体"，在生长过程中会表现出生机旺盛、阳气当发的特点，而体内属阴的物质会相对不足，在发病过程中易患热病，阴津易伤。钱乙根据小儿体质的特殊性，对名方"金匮肾气丸"进行了改良，去掉肉桂、附子二味温热性质的药物，将原本温补肾气的药方化裁成滋阴清热之方，主治小儿先天不足、肾阴虚损诸证。此方经过后世医家的应用，在临床使用范围上不断拓展，成为滋补肾阴的专方。

### ? 复习思考题

1. 孙思邈的精湛医术被世人传颂，这与他奉行的大医精诚有怎样的联系？如何更好地让精习医术与树仁德之心相辅相成？

2. 现代医疗背景下，从医生角度出发，如何看待医生与患者之间的关系？

3. 作为一名医生，对待小儿患者与成人患者的不同之处体现在哪些方面？

4. 我们应该从老一辈优秀医家身上学习哪些优良品质？如何学习和发扬？

5. 谈谈从事乡镇基层医疗服务的人员应具备什么样的素质？

（刘　琳）

# 参 考 文 献

[1] 朱仲玉.中国通史故事：上册[M].北京：中国少年儿童出版社，2011.

[2] 李经纬.中医大辞典[M].北京：人民卫生出版社，2004.

[3] 王晓鹤.中国医学史[M].北京：科学出版社，2000.

[4] 徐建云.人工免疫史上的光辉篇章：人痘接种术[J].南京中医药大学学报，1997，13（3）：187-188.

[5] 曹东义.扁鹊文化与原创国医[M].北京：中国医药科技出版社，2017.

[6] 易平.赣文化通典：方志卷[M].南昌：江西人民出版社，2013.

[7] 刘祖贻，孙光荣.中国历代名医名术[M].北京：中医古籍出版社，2002.

[8] 周一谋.历代名医论医德[M].长沙：湖南科学技术出版社，1983.

[9] 黄雅慧，邓钰杰，寇少杰，等.李东垣生平及医学成就[J].中国中医药现代远程教育，2011，9（8）：125-126.

[10] 黄明，杨丰文，刘耀远，等.张伯礼院士谈"中医药发展这十年"[J].天津中医药大学学报，2022，41（4）：409-412.

[11] 冯立军.古代华侨华人与中医药在东南亚的传播[J].华侨华人历史研究，2003，3（1）：54-61.

[12] 黄凯文，刘菊红，曾召.粤籍华人在中医药传播中的贡献与作用[J].中医药管理杂志，2022，30（22）：5-9.

[13] 朱京海，赵群.红色卫生文化概论[M].北京：高等教育出版社，2020.

[14] 王林松，郭秀芝.中国医科大学校友风采录[M].沈阳：辽宁人民出版社，2013.

[15] 王煜.抗战老兵：不该被遗忘的人[J].新民周刊，2016，872（1）：82.

[16] 胡杨.从简政到整政：陕甘宁边区"精兵简政"再研究[J].日本侵华南京大屠杀研究，2022，17（1）：23-36.

[17] 史天社.李鼎铭先生人生成功之路探析[J].西部学刊，2014，16（4）：45-47

[18] 李幼昌，杨荣辉，李焜.李继昌医师学术经验初探[J].云南中医杂志，1982（4）：13-15.

[19] 李芳，李振奇.白求恩国际和平医院输血科：解放军石家庄血站简介[J].人民军医，2009，52（9）：552.

[20] 栗龙池.国际主义医士之光：怀念印度友人柯棣华大夫[J].中国医学人文，2019，5（1）：19-22.

[21] 卢祥之.蒲辅周：人民的好医生[J].前进论坛，2006，10（10）：34-35.

[22] 何其行.良医志国医魂：父亲何世英逝世二十周年祭[J].天津中医药，2010，27（2）：89-90.

[23] 刘颖.北京同仁堂的医药文化：走向世界的传统中医药[J].廊坊师范学院学报（社会科学版），2019，35（3）：86-90.

# 复习思考题答案要点

# 模 拟 试 卷

# 《课程思政案例》教学大纲